中國의 高句麗研究

- 연구동향 · 연구자 · 연구논저목록 -

李 仁 哲

2006

백산자료원

머리말

우리 민족은 한반도와 만주대륙에 걸쳐 넓게 터전을 잡고 웅혼한 기상을 떨치며 살아온, 유구한 역사를 가진 민족이다. 이러한 우리 민족의 역사 가운데 만주대륙에서 펼쳐진 역사를 1940년대부터 중국학자들이 저들의 역사라고 주장하기 시작했다. 그러나 이러한 주장은 당시 일부 소수의 학자들만의 주장이었기 때문에 그다지 문제가 되지는 않았다.

그러던 것이 1980년대에 한중간에 교류가 시작되면서부터 중국이 한국에 대해 관심을 갖게 되었고, 그로 인해 고구려·고조선·부여·발해 등 한국고대국가에 대한 중국학자들의 관심도 높아져, 이들 고대국가에 대한 중국학자들의 논문도 점차 증가되는 추세를 보여 왔다. 불행히도 이러한 증가 추세는 한국고대국가의 역사상을 올바르게 구명하기 보다는 왜곡하는 방향으로 전개되었다.

1990년대에 중국학계에서는 '一史兩用'의 주장이 우세한 추세를 보였다. 여기서 '一史兩用'이란 하나의 고구려 역사를 중국사로도 쓸 수 있고, 한국(조선)사로도 쓸 수 있다는 것으로, 현재의 한(조)중국경 즉 압록강을 기준으로 해서 고구려의 평양천도 이전의 역사는 중국사로, 평양천도 이후의 역사는 한국(조선)사로 서술할 수 있다는 주장이다. 하지만 이러한 주장은 90년대 말부터 비판을 받기 시작했다. 그 비판의 요지는 한 나라의 역사가 수도를 옮긴다고 해서 역사의 귀속이 달라질 수 있느냐 하는 것이었다. 그 결과, 2000년대 초에는 고구려는 본래 중국의 영토 안에서 건립된 소수민족지방정권이고, 천도 후에도 그 성격이 변하지 않았기 때문에 고구려와 그 역사가 중국에 귀속된다는 주장이 중국학계에서 대세를 이루게 되었다.

이러한 중국의 주장은 시대를 거슬러 올라가 단군조선의 역사는 부정하고, 기자조선과 위만조선을 중국인이 세운 국가라 설명하고, 위만조선의 영역에 한사군이 설치되었고, 한사군 가운데 현도군 경내에 고구려라는 소수민족지방정권이 건립되었으며, 멸망하기까지 그 성격이 변하지 않았다는 것으로 정리되었다. 이 주장에는 고구려를 세운 민족이 중국한족과 기원이 같다는 설명이 덧붙여지기도 하고, 아예 한족이 고구려인의 다수를 차지하였다거나, 고구려인이 중국문화의 영향으로 漢族化되었다고도 한다. 이들 주장에 따르면 고구려가 중국의 지방정권이므로 고구려를 계승한 발해도 중국의 지방정권이라는 논리가 성립한다. 결국, 기자조선부터 발해에 이르기까지 한반도 중부 이북은 중국의 영토였고, 중국의 일개 지방이었으며 그 곳에서 벌어진 역사도 중국의 역사에 속한다는 것이 중국의 주장이다.

문제는 이러한 주장을 소수의 중국학자들이 하고 있는 것이 아니라 중국정부가 나서서 중국사회과학원 변강사지연구중심을 통하여 '동북공정'이라는 이름으로 추진하기 시작했다는 사실이다. 이 사실이 국내에 알려지자 온 국민이 하나가 중국의 역사왜곡에 분노하고 그 대책을 요구하였다. 마침내 대한 국민 모두의 뜨거운 성원에 힘입어 고구려연구재단이 2004년 5월에 출범하여 2년 동안 활동을 해왔다.

중국외교부 홈페이지에 해방이전 한국사 서술 부분이 사라지고, 중국 중고교 개정교과서에서 한국사에 대한 서술이 없어져 중국의 한국사 왜곡이 중단된 것으로 착각하기 쉽지만 이는 고구려를 중국의 지방정권으로 보는 또 다른 역사왜곡의 표피적 현상에 지나지 않는다. 중국사회과학원 변강사지연구중심 홈페이지와 집안박물관 입구에는 고구려는 중국의 소수민족지방정권이라는 글이 여전히 게시되어 있고, 중국의 고구려유적 곳곳에도 비슷한 내용의 글귀가 남아 있다. 고구려가 중국의 지방정권임을 논증하는 중국학자들의 논문도 꾸준한 증가추세를 보이고 있다.

이 책은 중국에서 나온 고구려 논문과 저서의 목록을 작성하고 이를 연대순·학자별·분야별로 정리한 부분, 중국학계의 고구려연구 동향을 분석한 부분, 그리고 중국의 주요 고구려 연구자를 정리한 부분으로 이루어져 있다. 이 책에서 집계한 바에 따르면 2006년 6월까지 중국에서 나온 고구려 관련 연구 저서는 199권이고, 논문은 1460편이다. 2006년 7월 4일 현재 CNKI 검색을 통해서 확인되는 논문이 1162편에 불과하다는 사실을 보더라도 이 책의 논저목록이 충실하게 작성되었음을 알 수 있을 것이다. 특히나 이 책에서는 중국의 주요 고구려 연구자 신상을 파악하여 수록하였다. 손자병법에 知彼知己이면 百戰不殆라 하였다. 이 책은 바로 知彼를 위해 마련된 책이다. 知彼를 했으면 知己를 하고 百戰의 대책을 마련해야 한다.

중국의 고구려사 왜곡 주장을 방치할 경우, 중국의 주장이 사실인 것처럼 되어, 오늘의 한국인은 후손들에게 조상과 조상들이 세운 국가와 자랑스러운 역사를 중국인에게 빼앗긴 부끄러운 조상으로 남게 될 것이다. 그 뿐 아니라 중국의 역사왜곡이 북한지역을 중국영토화하기 위한 사전 정지작업이라면 중국의 역사왜곡을 분쇄하지 않을 경우, 민족분단이 영원히 고착화되어 국토통일이 불가능해지고, 우리 민족은 한반도 중부 이남의 좁은 영토에 살아갈 수밖에 없게 될 것이다.

우리 한국인 모두는 고구려 역사 문제가 결코 단순한 과거의 역사 문제가 아니라 과거와 현재 그리고 미래가 달린 우리 민족 최대의 중대 사안임을 깨달을 필요가 있다. 그 깨달음 위에 설 때 비로소 우리가 고구려사를 왜 연구해야 하고, 중국의 역사 왜곡에 어떻게 대처해야 하는지가 선명해질 것이다.

2006년 7월 4일

충무로에서 이 인철

목 차

제1장

중국의 고구려연구 동향

1. 중국의 고구려연구자 숫자와 그 연구동향

고구려를 연구하고 있는 중국학자들은 얼마나 될까? 필자가 이 책의 고구려논저목록을 통해 파악한 바에 따르면, 2006년 6월까지 1편이상의 고구려 논문을 발표한 학자는 모두 612명이다. 이 중에 논문 제2저자를 제외한, 단독 저자와 논문 제1 저자는 도합 550명이다. 이들 중국학자가 저술한 고구려 관련 저서는 지금까지 모두 199권이고, 논문은 1460편이다. 연대별 발표량은 〈표 1〉과 같다.

〈표 1〉 연대별 중국학계의 고구려논문·저서 발표량

년대	~1949	1950~	1960~	1970~	1980~	1990~	2000~	합계
논문	37	14	20	6	307	573	503	1,460
저서	7	1	2	3	43	87	56	199

중국학자들이 쓴 고구려 논문과 저서는 위의 〈표 1〉과 〈그래프 1〉을 통해서 보는 바와 같이 대부분 1980년대 이후에 나왔고, 1980년대와 1990년대로 가면서 발표량이 급격히 증가하였다. 그래프에는 2000년대에 들어서 논문과 저서의 발표량이 줄어든 것처럼 보이나 이는

<그래프1> 중국의 고구려논문·저서 발표동향

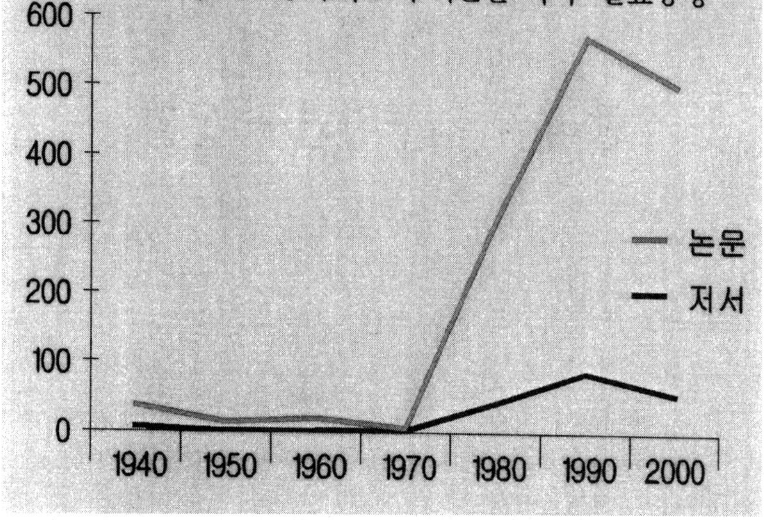

2006년 6월까지만 집계된 때문이다.

1980년대 이후에 중국에서 발표된 연평균 논문의 숫자를 보면, 80년대에 30편, 90년대에 57편, 2000년대에 77편이고, 저서는 각기 80년대에 4.3권, 90년대에 8.7권, 2000년대에 8.6 권이다. 2000년대에 들어와서 중국학자의 고구려논문 발표가 크게 증가한 원인은 동북공정이 실시된 때문이다. 2000년에 발간된 저서의 숫자가 90년대와 비슷하지만 동북공정의 결과물들이 책으로 집중 발간되게 되면 2000년대에 중국학자들이 출간하는 저서의 숫자가 급격히 증가할 것이 예상된다.

1편 이상의 고구려 논문을 쓴 한국학자는 350명이고, 고구려로 박사학위를 받은 한국 학자는 31명이다. 2006년 6월 현재 국사편찬위원회 한국사연구휘보에서 고구려를 검색해보면, 고구려 저서가 581권, 논문이 2237편으로 나오지만 이 숫자에는 중국, 일본, 북한에서 나온 논문이 포함되어 있다. 순수하게 한국학자들이 쓴 고구려 연구 성과만을

조사해보면 저서가 95권이고, 논문은 879편이다. 한국고대사학회 홈페이지에서 〈한국사 서지 검색〉을 통해 파악할 수 있는 2004년까지 한국학자의 고구려 저서는 94편이고 논문은 743편이다. 중국의 고구려연구자가 한국학자의 숫자보다 많고, 그들이 발표한 고구려 저서와 논문의 숫자도 한국학자의 그것에 비해 훨씬 많은 것이 현실이다. 이는 기본적으로 중국의 인구가 13억으로 한국 인구에 28배나 많고, 동북 3성의 인구 만해도 요녕성이 4,217만명(2004년 기준), 흑룡강성이 3,811만(2001년 기준), 길림성이 2,658만(2003년 기준)으로 도합 1억 686만 명이어서 한국인구 4,598만 명의 2배를 훨씬 넘기 때문에 불가피한 현상이다. 중국의 전체 인구가 많으니 그 중에 역사학자도 한국에 비해 많고 그들이 1~2편씩만 고구려논문을 써도 전체 고구려논문의 양이 한국학자들의 그것에 비해 많게 될 것은 당연하기 때문이다. 다만, 한국에서는 고구려연구재단이 설립된 이후에 고구려 관련 연구 성과들이 크게 늘어나고 있는 현상은 중국의 동북공정에 학문적으로 대응한다는 차원에서도 바람직한 일로 사료된다.

중국학자들 중에 3편 이상의 고구려 저서를 발표한 사람은 22명이다. 그 가운데 한국에도 몇 차례 온 적이 있는 孫進己가 22편의 저서

〈표 2〉 3편 이상 고구려 저서 발표 중국학자. ( )는 공저

1. 손진기	22(10)	9. 왕면후	5(1)	17. 이대룡	3(2)
2. 경철화	16(9)	10. 요의전	5	18. 유자민	3(2)
3. 강맹산	9(6)	11. 양춘길	5(5)	19. 강유공	3(2)
4. 박진석	8(4)	12. 풍영겸	4(2)	20. 이종훈	3(2)
5. 장벽파	6(2)	13. 장박천	4(2)	21. 이국강	3(3)
6. 마대정	6(3)	14. 위존성	4(2)	22. 예군민	3(3)
7. 손홍	6(6)	15. 이건재	4(3)		
8. 이전복	5	16. 강유동	3		

를 발표하여 출간저서 숫자에서 선두를 차지하였고, 그 다음은 『중국 고구려사』라는 책으로 한국에 널리 알려진 耿鐵華가 차지하였다. 공저를 제외한 단독저서는 손진기가 12권, 경철화가 7권, 이전복과 요의전이 5권, 박진석・장벽파・왕면후가 4권, 마대정・강유동이 3권 순이다.

5편 이상의 고구려논문을 발표한 중국학자는 55명이고, 그 중에 가장 많은 고구려논문을 발표한 학자는 역시 손진기로 73편의 논문을 썼다. 그 다음이 경철화로 70편의 논문을 발표했다. 공저를 포함하여 6편 이상의 고구려 논문을 발표한 학자는 47명이다. 공저를 제외한 단독 논문 6편 이상을 발표한 학자는 42명이다.

55명의 학자들 중에는 박사학위 소유자는 5명이다. 박사학위가 없는 학자들은 〈표 3〉을 통해서 보는 바와 같이 대부분 신분이 교수 혹은 연구원이다. 박사학위가 있어도 교수나 연구원이 되기 어려운 한국의 실정과 비교하면 한중 양국의 취업 환경이 크게 다름을 알 수 있다. 이들 중국학자들은 고구려 논문 이외에도 漢, 魏晋南北朝, 隋・唐, 渤海, 遼・金 등에 관한 논문도 많이 발표하고 있어, 요즘말로 하면 일종의 '멀티 플레이어'에 해당한다.

현재까지 중국에서 고구려만을 주제로 박사학위를 받은 사람은 박찬규, 고재휘, 한상호 등 모두 3명이다. 여기에 한국에서 박사학위를 받은 재중교포 서일범과, 고구려・백제・신라・왜의 관계사를 연구하여 2003년에 暨南大學에서 '公元四至七世紀東北亞政治關系史硏究'라는 논문으로 박사학위를 받은 熊義民을 합치면 5명이다. 하지만 이들은 중국에서 3편의 이상의 저서를 발표한 학자들의 대열에도 들지 못하였고, 5편 이상 논문을 발표한 학자의 대열에도 박찬규 만이 들었다. 고구려 박사학위 소유자가 아닌 학자가 더 많은 논문을 발표하여 고구려사를 왜곡하고 있는 상황에서 한국의 고구려 박사학위 소유자가 31명이라는 숫자는 의미가 없어 보인다. 그보다는 오히려 한국에서는

〈표 3〉 5편 이상 고구려 논문 발표 중국학자[1]			
1. 손진기(r)	73(4)	29. 이낙영(p)	11(5)
2. 경철화(dp)	70(12)	30. 이숙영(p)	11(6)
3. 이전복(r)	33(2)	31. 장박천(p)	10
4. 유자민(p)	32(3)	32. 진승양(p)	10(2)
5. 왕면후(p)	26	33. 강맹산(dp)	9
6. 장벽파(p)	26	34. 강유동(p)	9
7. 박진석(p)	21	35. 주향영(r)	9(2)
8. 위존성(dp)	19	36. 강유공(p)	9(4)
9. 양지룡(p)	18(1)	37. 장설암(r)	8
10. 방기동(r)	18(3)	38. 고복순(p)	8(1)
11. 왕건군(r)	16	39. 왕순신(p)	8(1)
12. 유영지(r)	16	40. 손옥량(r)	8(1)
13. 이건재(r)	15	41. 왕우랑(p)	7(1)
14. 양춘길(p)	15(13)	42. 유거(r)	7(1)
15. 이덕산(p)	14	43. 도홍지(p)	6
16. 손인걸(r)	14(1)	44. 고명사(p.d)	6
17. 손홍(r)	14(3)	45. 조덕전(r)	6
18. 범리(r)	13(4)	46. 고명학(p)	6(1)
19. 이대룡(r)	12	47. 임지덕(r)	6(4)
20. 윤국유(p)	12	48. 왕승례(r)	5(1)
21. 양군(p.d)	12	49. 조서근(r)	5
22. 장복유(r)	12(3)	50. 한승(d.p)	5
23. 무가창(r)	11(1)	51. 묘위(l)	5
24. 박찬규(p.d)	11	52. 마대정(r)	5
25. 진대위(r)	11	53. 장국경(p)	5
26. 부랑운(p)	11	54. 마일홍(r.d)	5
27. 서덕원(p)	11	55. 유훤당(r)	5(1)
28. 서건신(p)	11		

1) 〈표〉에서 p는 교수, d는 박사, dp는 박사지도교수, r은 연구원, l은 강사이다. 〈표〉에는 1명만이 강사로 나타난다.

지속적으로 고구려전공자를 양성하여 질과 양 모든 측면에서 중국을 능가할 수 있는 연구역량을 집적하고 그들이 안심하고 중국의 역사왜곡에 대처할 수 있게 하는 연구 환경 조성이 필요하고 본다. 특히 고구려고고학 전공자의 양성은 급히 해결해야 할 과제이다.

〈표 4〉연대별 중국학자의 고구려논문 발표숫자

80년대	90년대	2000년대
1. 경철화 24	1. 손진기 31	1. 손진기 23
2. 손진기 19	2. 경철화 24	2. 경철화 22
3. 왕건군 14	3. 유자민 19	3. 장벽파 19
4. 유영지 13	4. 범리 14	4. 유자민 13
5. 방기동 12	5. 이전복 14	5. 양군 11
6. 이전복 10	6. 양춘길 14	6. 왕면후 10
7. 박진석 6	7. 박진석 12	7. 손홍 9
8. 손옥량 5	8. 양지룡 12	8. 장복유 8
9. 왕면후 5	9. 왕면후 11	9. 박찬규 8
10. 고명학 5	10. 윤국유 11	10. 이덕산 8
11. 손인걸 5	11. 위존성 10	11. 강유동 8
12. 위존성 5	12. 서건신 9	12. 이대룡 8
13. 장국경 5	13. 부랑운 8	13. 이숙영 8
14. 진대위 5	14. 무가창 7	14. 고복순 7
15. 임지덕 5	15. 이건재 7	15. 서덕원 7
16. 고명학 5	16. 주향영 7	16. 유거 6
17. 강맹산 4	17. 조덕전 6	17. 양지룡 6
18. 양통방 4	18. 장박천 6	18. 이전복 6
19. 장설암 4	19. 장벽파 6	19. 이건재 6
20. 고명사 4	20. 진승양 6	20. 손인걸 6
	21. 이덕산 6	21. 이낙영 6
	22. 손인걸 6	22. 도흥지 5
	23. 왕순신 6	23. 왕우랑 5
	24. 장설암 5	24. 마일홍 5
	25. 강맹산 5	25. 묘위 5
	26. 진대위 5	26. 강유공 5

연대별로는 1980년대에 5편이상의 고구려 논문을 발표한 중국학자는 16명이고, 1990년과 2000년대에는 공히 26명이다. 그러나 2000년대의 논문 숫자는 6년 6개월 동안의 것만 파악되었기 때문에 2000년대 들어와서 5편이상의 고구려논문을 발표할 학자의 숫자는 90년대에 비해 2배는 될 것으로 예상할 수 있다.

<u><그래프 2> 중국학자 고구려논문발표 변화상</u>

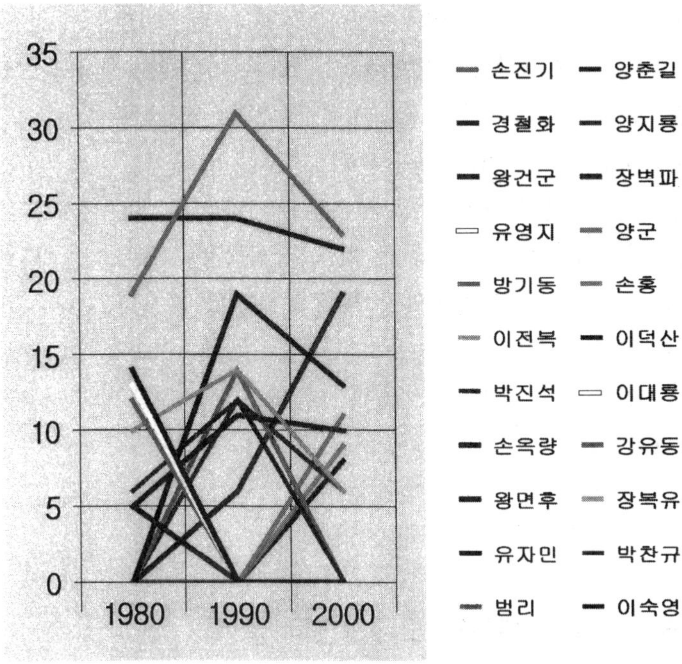

30년 동안의 연구 성과를 비교해보면 손진기와 경철화가 가장 많은 논문을 발표하였다. 〈그래프 2〉를 통해서 보면 손진기와 경철화가 다른 군소학자들과는 다른 상위집단을 형성하고 연구 활동을 하고 있음

을 보여주고 있다. 손진기, 경철화 다음으로는 80년대에는 왕건군, 유영지, 방기동, 이전복, 박진석이 6편 이상의 논문을 발표했다. 90년대가 되면 그들 학자 중에 왕건군, 유영지, 방기동의 활동이 급격히 줄어드는 반면에 손진기, 경철화, 이전복, 박진석은 연구 활동을 계속하고 있고, 유자민, 범리, 양춘길, 양지룡, 왕면후, 윤국유가 11편이상의 논문을 발표하여, 논문 발표 순위에서 10위권에 진입하였다. 이 중에 왕면후의 경우에는 80년대에 5편, 90년대에 11편의 논문을 발표하여 연구 활동의 지속적인 증가추세를 보였다.

2000년대가 되면 손진기와 경철화, 유자민, 왕면후의 경우에는 여전히 활발한 연구 활동은 전개하지만 범리, 이전복, 양춘길, 박진석, 양지룡, 윤국유의 경우에는 활약상이 상대적으로 크게 감소한 모습을 보인다. 대신에 장벽파, 양군, 손홍, 장복유, 박찬규, 이덕산, 강유동, 이대룡, 이숙영 등이 8편 이상의 논문을 발표하며 2000년대를 주도할 새로운 학자집단으로 부상했다. 퇴조한 학자들이 고고학이나 금석문 쪽에 관심이 있는 학자들이라면 새롭게 등장한 학자들은 대부분 귀속문제나 정치, 족원, 문화 등을 연구하는 학자들이라는 점을 주목할 필요가 있다. 이런 변화가 기성학자의 퇴조와 신진학자의 등장이라는 자연 현상에 따른 것이기도 하지만, 그 변화의 흐름 속에 동북공정을 진행한 이후에 중국학계의 연구동향이 고구려 역사를 중국사에 편입시키는데 집중되었음이 여실히 드러난다.

2. 중국학계의 분야별 고구려연구 동향

현재까지 중국에서 나온 1460편의 고구려논문 전부를 분야별로 분류해보면, 광개토왕비문을 중심으로 한 금석문 연구가 155편으로 으뜸을 차지한다. 특히 1940년대 이전의 고구려연구 논문은 모두 금석

〈표 5〉 중국학계의 분야별 고구려 논문편수

분야	편수	분야	편수	분야	편수
금석문	155	귀속	76	종교 신앙	12
고분	105	사회경제	32	신화 전설	25
벽화	100	자연과학	6	석각 서체	18
정치	106	성곽	147	대외관계	84
민족	136	건축	6	전쟁	40
지리	86	문화	69	학술회의	18
고고	73	도로	6	연구사	49
유물	43	민속	36	사료해석	32
합계	804		378		278

문에 관한 것으로 그것도 광개토왕비에 관한 논문이 대부분을 차지하였다. 금석문 다음으로는 성곽이 147편, 민족문제 136편, 정치 106편, 고분 105편, 벽화가 100편 등의 순이다. 다만, 벽화가 고분 안에 그려진 그림으로 보아 고분벽화를 고분의 범주에 넣어 고분 하나의 카테고리로 분류한다면, 고분에 관한 연구가 205편으로 금석문보다 많게 된다.

시기별로 보면 중국의 고구려연구동향을 살펴보면, 1940년대 이전에는 금석문 연구가 고구려연구의 전부를 차지하였다. 1950년대에서 1970년대까지는 고구려논문이 30년 동안 40편 밖에 나오지 않아 고구려에 대한 중국학자들의 관심이 거의 없었음을 보여준다. 그런 가운데서도 고분과 벽화에 관한 논문이 가장 많은 숫자를 차지하였지만 관련 논문은 30년 동안 도합 18편에 불과했다.

<그래프 3> 중국의 전체 고구려논문 분야별 분포

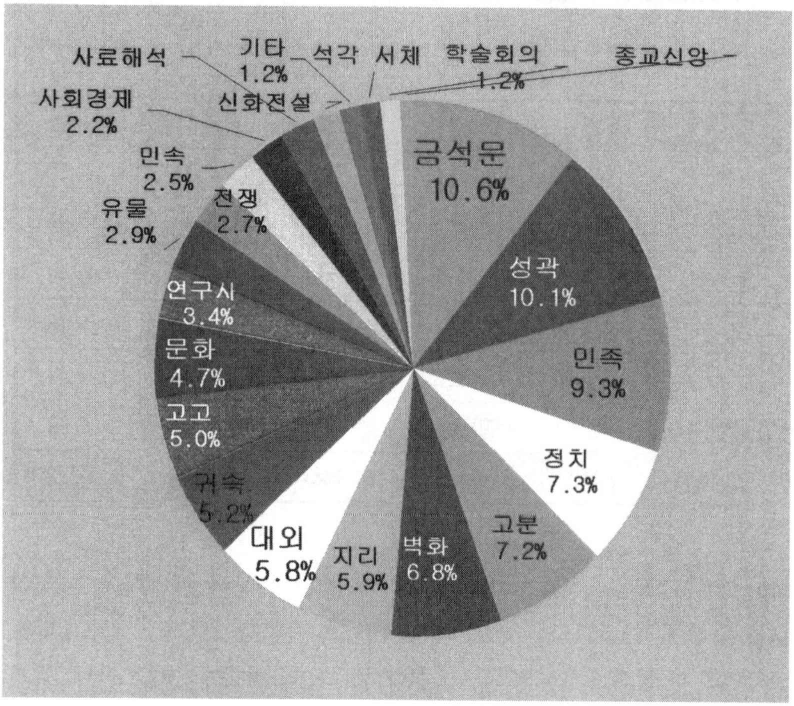

〈표 6〉 중국의 50-70년대 고구려논문

분야	금석문	고분	벽화	민족	고고	귀속	성곽	건축	기타
논문수	4	9	9	3	5	1	4	3	2

<그래프 4> 중국의 50-70년대 고구려논문 분포

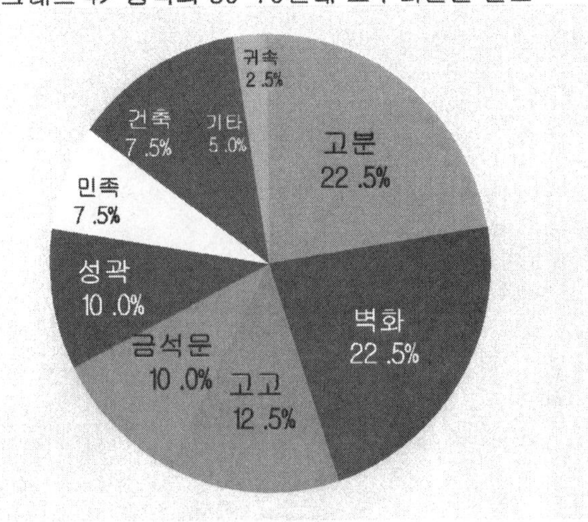

1980년대에 중국학자들의 고구려 연구 논문이 갑자기 증가하였다. 이러한 변화는 중국이 1978년에 개혁실용주의를 채택하여 대외개방정책을 추진하였고, 83년 5월에 중국민항기의 춘천 불시착 사건이 발생한 이후에 양국 간에 체육, 관광, 이산가족, 친척방문 등 비정치적인 영역에서 교류가 이루어짐으로서 한국에 대한 관심이 증대된 것에 기인한다. 중국은 1986년 서울 아시아게임과 1988년 서울올림픽에 대규모 선수단을 파견하였는데 이 또한 중국학자들에게 고구려에 대한 관심을 촉발하였던 것으로 판단된다.

〈표 7〉 중국의 80년대 고구려논문

분 야	금석문	고분	벽화	정치	민족	지리	고고	사료해석
논문수	44	28	30	17	31	16	21	8
분야	유물	사회경제	성곽	문화	민속	대외관계	전쟁	기타
논문수	18	17	46	3	6	5	6	8

<그래프5> 중국의 80년대 고구려논문 분포

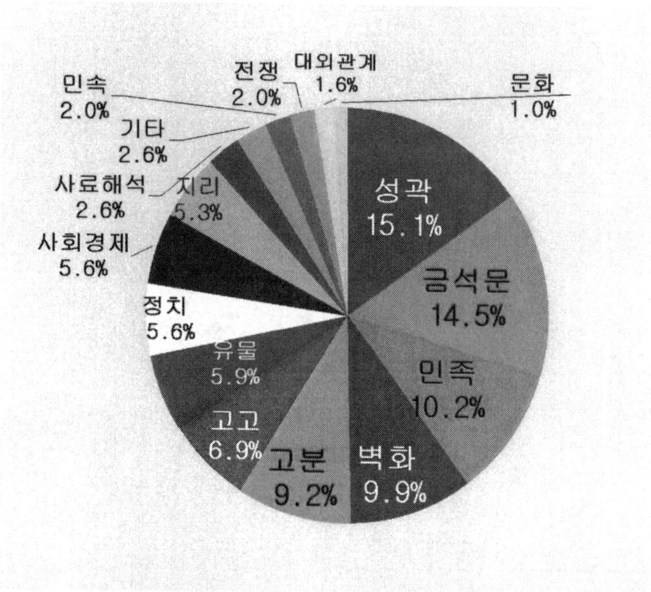

80년대에 논문이 가장 많이 나온 분야는 성과이고, 그 다음은 금석문, 민족문제, 벽화의 순이다. 여기서도 벽화를 고분에 포함시키면 고분이 58편으로 가장 많다. 따라서 1980년대에 중국학계의 고구려연구는 광개토왕비를 중심으로 한 금석문 연구와 성과, 벽화, 고분, 유적, 유물 등 고고학적 연구가 주류를 이루었던 것으로 정리할 수 있다.

〈표 8〉 중국의 90년대 고구려 논문

분야	금석문	고분	벽화	정치	민족	지리	고고	유물	귀속	사료해석
논문수	57	41	40	44	54	33	27	19	19	11
분야	사회경제	성곽	문화	민속	신화전설	석각서체	대외관계	전쟁	연구사	기타
논문수	11	69	30	21	14	6	24	16	18	19

<그래프 6> 중국의 90년대 고구려논문 분포

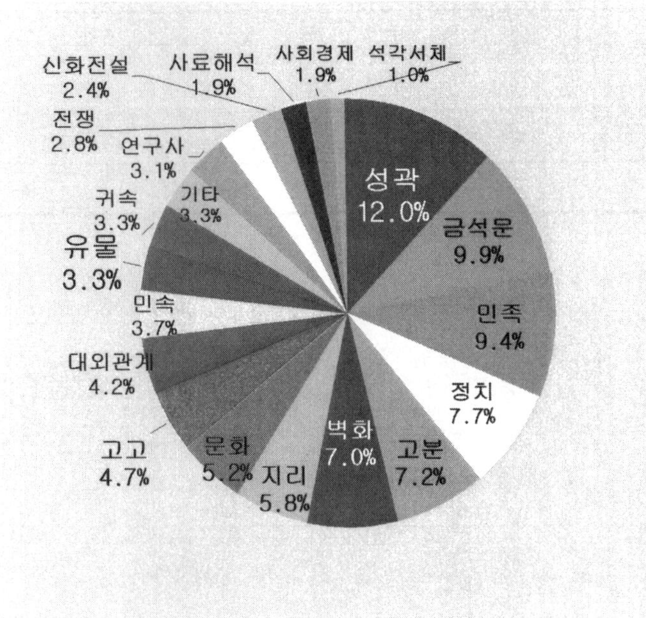

90년대에도 성과과 금석문에 관한 논문이 가장 많이 발표되었다. 그 다음으로 민족, 정치에 관한 주제를 다룬 논문들이 발표되었다. 하지만 고분과 벽화에 관한 논문도 각기 41편과 40편씩으로 많은 숫자를 차지했다. 고분과 벽화를 단일 분야로 통합하여 분류할 경우, 모두 81편으로 90년대에도 고분 연구가 가장 관심이 많이 가는 주제였다. 90년대에 새롭게 나타난 변화의 양상은 정치와 민족을 주제로 한 논문의 숫자가 증가하여 이 분야가 중국학계에서 이슈가 되었고, 고구려 정권(국가)과 역사의 귀속·계승 문제가 새로운 쟁점 연구 분야로 등장했다는 사실이다. 동북공정의 발단이 되는 고구려국가와 역사의 귀속과 계승 문제가 90년대부터 활발히 논의되기 시작했음을 보여주는 것이다.

〈표 9〉 중국의 2000년대 고구려 논문

분야	금석문	고분	벽화	정치	민족	지리	고고	귀속	성과	사료해석
논문수	13	27	21	45	48	37	20	55	28	13
분야	문화	민속	종교신앙	신화전설	석각서체	대외관계	전쟁	학술회의	연구사	기타
논문수	36	9	8	9	9	55	18	11	28	13

<그래프7> 중국의 2000년대 고구려논문 분포

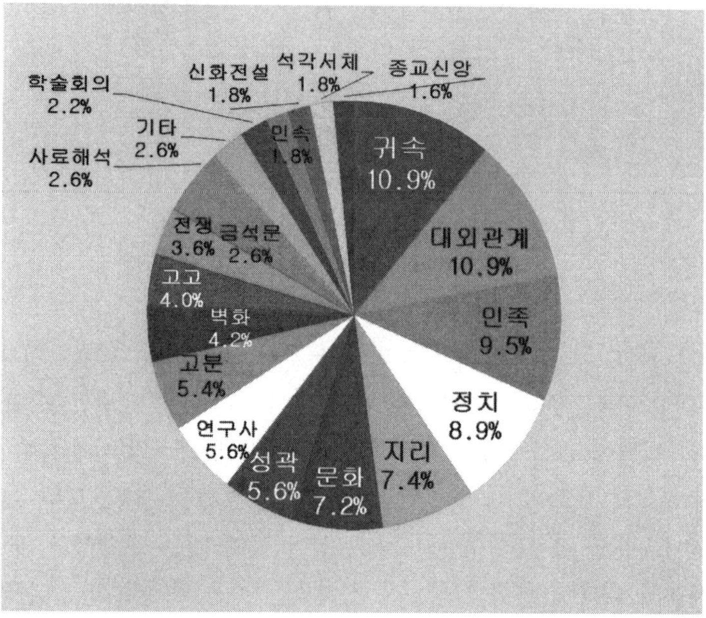

2000년대에 와서는 금석문이나 성곽, 고분, 벽화에 관한 논문의 숫자는 상대적으로 감소하고, 귀속문제와 대외관계를 다룬 논문이 가장 많이 발표되었다. 그 다음으로 논문이 많이 나온 분야는 민족문제와 정치 분야였다. 고분과 벽화에 관한 논문을 합치더라도 이 시기의 논

문발표 숫자에서 으뜸을 차지하지 못한다. 전반적으로 금석문이나 고고학, 미술사적 연구경향이 퇴조하고 귀속 문제와 같은 역사이론적인 연구나, 그것을 뒷받침하는 국내정치나 조공책봉과 같은 대외관계에 관련된 연구, 고구려민족의 기원이 중국 한족과 같음을 주장하는 族源에 관한 연구, 고구려에 중국문화의 영향을 강조하는 연구 등이 2000년대에 연구의 주류를 형성했다.

이렇게 된 배경에는 2000년에 들어오면서 고구려 귀속문제에 대한 논의가 절정을 이루었을 뿐 아니라, 중국사회과학원 변강사지연구중심을 통해 동북공정을 추진한 결과로, 고구려가 중국의 소수민족지방정권이었음을 논증하고, 그 역사도 중국사에 속한다는 주장을 반복적으로 보강하여 논문을 발표하는 중국학계의 연구동향이 자리하고 있다. 그래프〈5〉와 〈6〉의 고구려논문 분야별 분포가 비슷한 양상인 반면에, 그래프 〈7〉이 전혀 다른 분포를 하고 있는 것은 바로 동북공정이라고 하는 인위적인 연구동향 조장의 결과로 빚어진 현상인 것이다.

고구려가 중국의 소수민족지방정권, 다시 말해 고대중국의 일부이고 그러기 때문에 고구려 역사도 중국사에 속한다는 주장을 관철시키기 위해 중국이 동북공정을 추진하였고, 그 추진결과가 연구동향의 변화로 명백히 드러난 만큼, 그에 대한 적절하고도 지속적인 대응을 하는 것은 한국인의 몫일 것이다.

제 2 장
중국의 고구려연구자

1. 姜孟山

1939년 7월생. 길림성화룡인. 조선족. 연변대학 사범학원 역사계 교수, 박사생도사. 조선역사연구소. 1964년7월 연변대학 역사계 졸업. 길림성사회과학원 .연변교육출판사(현재의 동북조선민족교육출판사) 근무. 1978년6월 연변대학 역사계 교수, 1980년 조선문제연구소 근무. 부소장. 소장 역임. 동북아연구원원장. 중국조선사연구회부회장. 길림성조선·한국학회 부이사장. 延邊佛學硏究會會長 등 역임.

저서: 『朝鲜简史』, 『朝鲜通史』, 『中国正史中的朝鲜史料』 『新罗人』 15부. 论文: 『中国佛教文化和新罗人金乔觉』, 『高勾丽初期两个高勾丽国家』, 『熊津百济和中国的关系』 등 50여 편.

2. 姜維公

1962년생. 길림 농안인. 장춘사범학원 역사계 교수. 장춘사범학원 도서관장.

저서: 『高句丽研究』初编, 中朝关系史译文集

3. 姜維東

1971년생. 남자. 길림 농안인. 장춘사범학원 동북아연구소 연구원. 부교수. 중국고대사와 동북지방사 연구.

저서: 『당려전쟁사』 (2001) 『동북지방민족사증』 (2005)

4. 耿鐵華

1947년 5월 1일생. 남자. 한족. 길림 부여인. 1981년 동북사범대학 역사계 先秦史 전공 졸업. 1982년 역사학 석사학위. 현 통화사범학원 고구려연구소 소장. 역사계 교수. 중국고고학회 회원, 중국조선사연구회 이사, 길림성역사학회 상무이사. 중국 동북 민족 역사와 문화, 고구려 역사와 고고 전공.

Tel.0435-3208060. gglyjs@yahoo.com.cn

주요 논저: 호태왕비신고, 고구려와당연구 『高句丽史籍汇要』(合著), 『中国学者高句丽研究文献叙录』(合编), 『高句丽历史与文化』(合编), 『高句丽历史与文化』研究』(合编), 『高句丽归属问题研究』(合编) 등 저서. 中国文明起源的考古学研究, 先秦时期的宦官, 好太王碑无完整拓本, 冉与中原高句丽碑, 高句丽, 集安出句丽陶初步研究, 高句丽壁画四及其文化渊源, 高句丽起源和建国总是探索 등 논문 90여편.

5. 顧軍

여자. 1963년1월 생. 1988년7월 북경사범대학 역사계 졸업. 현재, 북경연합대학 응용문리학원 역사계 부교수, 역사계당지부 서기 겸 부주임.

북경민속연구여개발전업위원회 부회장.

국제아세아민속학회 회원. 북경연합대학 북경학연구소 북경문화연구실 부주임.

주요담당강좌: 중국현대사, 중국민속학, 중국근대사료학, 중국전통문화개론, 중화문물고적려유

주요논문:

1. 『日韩铜铎文化源出中国东南沿海考』『北京联合大学学报』1992.
2. 『朝鲜半岛"婿留妇家"婚与百越"入赘"习俗的比较研究』『民间文学论 坛』1996.
3. 『韩半岛与中国百越地区发酵型饮食文化比较研究』『中国民间文化』1997年. 등 24편.

주요저서: 『中国民俗学教程』, 2003.『长生久视的胜境——古代仙山道观』, 1996. 『中国报刊辞典』, 1992. 『文化遗产报告－－世界文化遗产保护运动的理论与实践』, 2005. 『中国传统文化通论』, 2005.

6. 高明士

1965년 대만대학 역사학계 졸업. 1983년 일본동경대학 문학박사. 대만대학 역사학계 교수. 대만대학 사자배육중심 주임. 대만대학 역사학계주임 등 역임. 일본동경대학 동양문화연구소, 한국 서울대학교 국사학과에서 연구.대만대학 "호괄기념강좌"강좌교수. 현재, 현장대학 전임강좌 교수. 대만대학 명예교수, 대만대학 동아문명연구중심 동아교육연구실 소집인.

저서: 『战后日本的中国史研究』(1982,1996) 『韩国教育史研究』(1995). 『中国教育制度史论』(1999) 『隋唐贡举制度』(1999), 『中国传统的

政治与教育』(2003), 『东亚教育圈形成史论』(2003), 『东亚古代的政治与教育』(2003、2004), 『中国教育史』(2004) 등

7. 顧銘學

1927년 요녕 의현 출생. 만주족. 중국공산당원. 길림성사회과학원 조선·한국연구소 연구원. 1953년 중국인민대학 외교계 연구생 졸업. 동북사대 역사계 교수 역임. 길림성사회과학원 조선사연구소 부소장 연구원 역임.

저서: 『魏志高句丽传解说』1980. 『朝鲜知识手册』 1985. 『高句丽研究资料(三)』1981. 『高句丽研究资料(四)』 1981.

논문: 战国时期燕韩关系的再探讨 『社会科学战线』 1990年.

8. 高福順

1965년생. 男. 길림 서란인. 장춘사범대학 역사계 부교수. 사학석사. 동아연구중심 부주임.

9. 顧向明

1965년생. 여자. 강소성 비주인 임기사범학원 역사와 사회학계 교수. 위진남북조수당사 전공.

10. 權赫秀

남자. 조선족. 1962년 1월생. 1983년7월, 동북사범대학 역사계본과

졸업. 1986년7월, 동북사범대학 역사계 연구생 졸업. 역사학석사. 1986년7월-1993년8월 동북사대 역사계 조교, 강사, 동북사대 동북아연구중심 부비서장 겸임. 1993 년 9월-1999년 8월, 한국정신문화연구원 졸업. 문학박사. 박사학위논문 『리홍장적조선인식여정책연구』(1875-1895). 2000년1월-12월, 한국정신문화연구원 초빙연구원. 2001년 8월-2004년 7월, 동북사범대학 역사계 부교수. 2004년 7월 동북사범대학 역사문화학원 중국사계 교수. 중국근현대사학과 조부조장、동북사대 동북사연구소 연구원, 동북사대 소수민족 교직공련의회 부회장 겸비서장 등을 겸임하고 있음.

주요논저: 『古代中国高句丽历史丛论』 黑龙江教育出版社(2001) 공저. 『古代中国高句丽历史续论』 中国社会科学出版社(2003) 공저. 朝韩学界好太王碑研究述评 『东北边疆历史与现状系列研究工程通讯』(2004).

11. 金毓黻

(1887-1962) 호. 静庵, 요녕 요양인, 1887년생。1907년 요양 계화고등소학 졸업. 봉천성립 중학당을 거쳐 1913년 북경대학 문과 입학. 1916년 졸업. 봉천성 제일중학 교원. 심양문학전문학교등교교원. 1925년 봉천성의회 비서. 1929년 3월 동북행정위원회 비서. 1930년 3월 요녕성 정부 비서장. 1931년 3월 심양 동북대학 대학위원회 위원, 5월 요녕성 정부위원 겸 교육청청장. 918 시 일본군에 체포. 1932년 여름 보석으로 풀려남. 만봉천공서 참사관, 겨울 만봉천도서관 부관장. 1933년 10월 일만문화협회 이사, 겸 협회『만주학보』주편. 1934년 가을 봉천통지관 총찬 겸 동북대학 사지계 교수. 1936년 7월 남경중앙대학 사학계 교수. 1937년 4월 안휘성 정부위원 겸 비서장. 11월 사직, 중경

으로 감. 1938년 봄 중앙대학 사학계 교수 겸 주임. 1939년 동북대학 주지 동북사지경제연구실. 1941년 가을, 동북대학 사학교수 겸 문과연구소 주임. 1943년 가을, 삼민주의청년단 중앙간부학교 교수. 1944년 4월, 중앙대학 문학원 원장. 1945년 9월 국민정부 감찰원 감찰위원, 중앙대학 교직. 1949년1월 북경대 문과 연구소 교수. 1952년9월 중국과학원 역사연구소 제3소연구원. 1962년8월3일 북경에서 75세로 사망.

저서: 『渤海国志长编』.『辽海丛书总目提要』.『中国史』.『东北古印钩沉』.『辽会要作法』.『东北通史』.『中国史学史』.『宋辽金史』.『明清内阁大库史料』(第一辑明代) 等. 편저:『文溯阁四库全书书前提要』.

12. 譚其驤

1911년생. 역사지리학자. 절강가흥인. 1930년 상해기남대학 졸업. 1932년 연경대학연구원 졸업. 북평보인대학, 북경대학, 연경대학, 청화대학 임교, 1940년~1950년 절강대학 부교수, 교수. 1950년 상해복단대학 교수. 역사계 주임, 역사지리소 소장. 중국과학원 학부위원. 교육사업에 수십년 종사. 1992년 사망. 주요저서: 중국역사지도집.

13. 都興智

남자. 몽고족. 1950년1월 요녕성 와방점시 출생. 1982년 길림대학 역사계 고고학학사. 1985년 길림대학 연구생원 동북지방사 전공, 사학석사. 현재, 요녕사범대학 역사계 교수. 동북지방사, 요.금사 연구. 중국고대사(오대송료금원명청).고고학통론.동북지방사.료금사.문물감상 강의. 저서 10부, 논문 50여 편.

14. 佟達

무순시문화국 副局長.

15. 董万侖

1925년12월 ,대련시 금주에 출생. 동북사대 졸업. 연변대학, 하얼빈 사범대학 역사계 교수. 동북사 연구. 고대동방민족과 문화 연구의 전문가. 1987년 정년퇴직. 1992년 흑룡강성 문사연구관 관원. 2004년12월 3일10시55분 하얼빈에서 병으로 서거. 향년80세. 동북대륙·조선반도 고민족고문화연구의 신학과를 개척.

저서: 『동북사강요』『청조조전』『흑룡강유역암화비각연구』

논문: 70여 편.

16. 董峰

집안출생, 집안시문물국 부국장.

17. 佟柱臣

남자. 만주족. 1920년 요녕성 흑산현에서 출생. 1941년 길림고등사범학교 제3반 (역사지리계) 졸업. 중국역사박물관 고고부 부주임, 북경대학 논문도사 역임. 1961년 중국과학원 고고연구소에 파견. 1979년 중국고고학회 이사, 고고연구소 연구원. 연구생원 고고계 교수. 향수국무원 발행 정부특수진첩 받음. 전문저서 6종, 논문 106편.

저서: 『中国新石器研究』(巴蜀书社出版, 1995). 『中国边疆民族物质文

化史』(巴蜀书社出版，1991年). 『中国东北地区和新石器时代考古论集』(文物出版社, 1989). 中国新石器时代文化的多中心发展论和发展不平衡论-论中国新石器时代文化发展的规律和中国文明的起源 『文物』(1986년2기)

18. 滕紅岩

남자. 한족. 62년 9월 길림성 요원시 출생. 84년 7월 동북사대 역사계 졸업. 1989. 통화유사 역사교원. 2005.11 통화사원 역사계 교원. 현재, 부교수. 중국사회생활사전공. 길림성 역사학회 회원.

전화 3208076 EMAIL xiaofuzi008@yahoo.com.cn

담당강좌: 1.中国社会生活史2.世界古代史3.世界当代史4.当代国际关系史5.美国政治制度史6.宗教历史与文化。

저서: 『高句丽历史与文化』2000年.『渤海文史资料简编』.2004.

논문: "高句丽与倭的关系"『高句丽历史与文化』研究』,1997年.

"浅析中原王朝对高句丽政权的册封"『高句丽归属问题研究』, 2001年.

"试论韩国统一政策的发展变化"『通化师院学报』2002年.

"中原王朝对高句丽政权的册封新探"『通化师院学报』2004年.

19. 馬大正

1939년 9월 상해에서 출생. 한족. 중국공산당원. 1960년 산동대학교 역사계 졸업. 1963년7월 산동대학 역사계 중국근대사 전공 연구생 졸업. 1964-1987년 중국사회과학원 민족연구소에서 연구. 1987년부터 지금까지 중국사회과학원 중국변강사지연구중심에서 연구. 1987-1994년 변강중심부주임. 1994년-2001년 변강중심 주임. 1990년 연구원.

중국변강력사와 현상연구 그리고 당대, 청대민족사 연구에 장기간 종사. 현재, 중국고대변강정책, 중국변강연구사, 당대중국변강관리의 연구 및 중국변강학 이론구조 등을 주로 연구. 중국정부와 사회과학원이 시행하는 여러 가지 중점 연구 프로그램을 주관하고 있음.

중국 사회과학원 학술위원회위원. 중국 변강사지연구중심 학술위원회주임. 박사지도교수. 중국사회과학원 중국역사문화 정보연구중심주임, 중국사회과학원 신쟝발전연구중심주임, 중국변강지역사 및 사회연구 운남지소장을 겸임. 중국사학회이사, 중국 중앙아시아 문화연구회이사장, 중국민족사학회부회장, 신쟝위구르자치구 국제경제문화발전중심이사, 대만소수민족연구회이사, 중국도시인류학회 상무이사, 중국해양법학회 상무이사, 중국인민경찰대학 및 동북사범대학 동북민족과 강역연구중심에서 겸임교수.

『중국동북변강연구』(2003, 북경 중국사회과학원출판사)

주소 : 북경시 왕부정대가 동장호동 1호 중국사회과학원 변강사지연구중심 (우편번호 : 100006)

연구분야: 疆域史. 民族史.

저서:

1. 『蒙古族历史人物论集(合编)』, 中国社会科学出版社, 1981年 ;
2. 『准噶尔史论文集上, 下册(合编)』, 中国社会科学院民族研究所铅印本, 1981年 ; 1984年
3. 『厄鲁特蒙古史论集(合著)』, 青海人民出版社, 1984年
4. 『新疆蒙古族社会历史, 宗教调查资料汇编(合编)』, 刊『新疆宗教研究资料』第9辑 1985年
5. 『准噶尔史略(合著)』, 人民出版社, 1985年 1988年
6. 『蒙古律例.回疆则例(编)』, 全国图书馆文献缩微复制中心, 1988年
7. 『满文土尔扈特档案详编(合编)』, 民族出版社, 1988年 1989年

8.『卫拉特蒙古史入门(合著)』, 青海人民出版社, 1989年 1990年
9.『中国古代边疆政策研究(主编)』, 中国社会科学出版社, 1990年
10.『清代边疆开发研究(主编之一)』, 中国社会科学出版社, 1990年
11.『清代新疆稀见史料汇辑(编者)』, 全国图书馆文献资料夏制缩微中心, 1990年
12.『新疆乡土志稿(合编)』, 全国图书馆文献资料夏制缩微中心, 1990年
13.『中国民族关系史纲要(合著)』, 中国社会科学出版社, 1990年
14.『中国少数民族历史人物辞典(副主编之一)』, 中国社会科学出版社, 1990年 1991年
15.『中国边疆史地论集(副主编)』, 黑龙江教育出版社, 1991年
16.『漂落异域的民族---17至18世纪的土尔扈特蒙古(合著)』, 中国社会科学出版社, 1991年 1992年
17.『卫拉特蒙古简史(上册)(合著)』, 新疆人民出版社, 1992年 1993年
18.『边疆与民族---历史断面研考』, 黑龙江教育出版社,1993年
19.『古代中国的北部边疆(合著)』, 内蒙古人民出版社,1993年；又刊『内蒙古历史与文化』(合著), 内蒙古人民出版社, 2000年
20.『世界百科名著大辞典.社会和文文科学卷(任民族卷主编)』, 山东教育出版社, 1992年
21.『中国历史大辞典.清史上(合著)』, 上海辞书出版社, 1993年 1994年
22.『清代的边疆政策(主编之一)』, 中国社会科学出版社, 1994年
23.『西域考察与研究(主编之一)』, 新疆人民出版社, 1994年
24.『清代蒙古的历史与宗教(编者)』, 黑龙江教育出版社, 1994年 1995年
25.『中国历史大辞典.民族史卷(编委之一)』, 上海辞书出版社, 1995年 1996年
26.『卫拉特蒙古史下册(合著)』, 新疆人民出版社, 1996年
27.『清代新疆稀见奏牍汇编.道光朝卷(主编之一)』, 新疆人民出版社, 1996年
28.『中国民族史大辞典(编委之一)』, 吉林教育出版社, 1996年 1997年

29. 『20世纪的中国边疆研究——一门发展中的边疆学科的演进历程(合著)』. 黑龙江教育出版社, 1997年
30. 『清代新疆稀见奏牍汇编, 同治, 光绪, 宣统朝卷(主编之一)』, 新疆人民出版社, 1997年
31. 『天山问穹庐』, 山东画报出版社, 1997年 1998年
32. 『吴丰培边事题跋集(编者之一)』, 新疆人民出版社, 1998年
33. 『西域考察与研究续编(主编之一)』, 新疆人民出版社, 1998年 2000年
34. 『中国边疆经略史(合著)』, 中州古籍出版社, 2000年
35. 『中亚五国史纲(主编之一)』, 新疆人民出版社, 2000年
36. 『海角寻古今』, 新疆人民出版社, 2000年 2001-2002年
37. 『古代中国高句丽历史丛论(合著)』, 黑龙江教育出版社, 2001年
38. 『中国边疆研究论稿(独著)』, 黑龙江教育出版社, 2002年8月
39. 『国家利益高于一切--新疆稳定问题的观察与思考(独著)』, 新疆人民出版社, 2002年12月 2003年
40. 『跬步集－－新疆史探微』, 兰州大学出版社
41. 『古代中国高句丽历史续论』, 合著, 中国社会科学出版社
42. 『国家利益高于一切』, 新疆人民出版社
43. 『中国边疆史地研究论集续编』, 论文集, 主编, 黑龙江教育出版社
44. 『中国东北边疆研究』, 论文集, 主编, 中国社会科学出版社
45. 『中国新疆：历史与现状』, 合著, 新疆人民出版社

논문

1. 试论僧格时期准噶尔人民的抗俄斗争(合著), 『新疆大学学报（社科版)』1979年1-2期
2. 十八世纪初准噶尔人民抗俄斗争的重要一页(合著), 『中俄关系史论文集』, 世界人民出版社, 1979年

3. 苏联史学界利用俄国档案资料研究准噶尔历史情况简述,『中俄关系研究会通讯』1979年2期；又刊『民族研究通讯』1980年2期
4. 清朝闭关锁国政策及其历史启训(笔名吴常,合著),『解放军报』1979年2月10日 三版
5. 论洪秀全早期革命思想的形成和拜上帝会(合著),『文史哲』1979年4期；又刊香港『景风』64-65期, 1980年12月
6. 古代维吾尔族著名学者---马赫穆德.喀什噶尔(笔名马安.合著),『民族团结』1979年1期
7. 僧格(笔名马炜)『民族团结』1979年4期 1980年
8. 跋涉数千里、一心向祖国---渥巴锡与土尔扈特蒙古重返祖国的斗争(合著),『光明日报』1980年11月4日, 四版
9. 论杜尔伯特三车凌维护国家统一的斗争(合著),『清史研究集』第一辑, 中国人民大学出版社, 1980年
10. 论罗卜藏丹津叛乱与清政府的善后措施(合著),『新疆大学学报(社科版)』1980年3期；又刊『中国蒙古史学会论文选集1980年』, 内蒙古人民出版社, 1981年；中国人民大学书报资料社『中国古代史』1981年4期『厄鲁特蒙古史论集』, 青海人民出版社, 1984年
11.『民族史译文集』简介(笔名闵丁),『民族研究通讯』1980年2期
12. 有关民族研究的内部『集刊』和『动态』(笔名戚边),『民族研究通讯』1980年2期 1981年
13. 略论十七世纪前期厄鲁特及和托辉特人民的抗俄斗争(合著),『中俄关系问题』1981年1期
14. 噶尔丹与沙俄,『西北史地』1981年2期；又刊『蒙古历史人物论集』中国社会科学出版社, 1981年,『厄鲁特蒙古史论集』, 青海人民出版社, 1984年
15. 论准噶尔贵族对南疆的统治(合著),『新疆大学学报(社科版)』1981年

2期；又刊『中国民族关系史研究』中国社会科学出版社, 1984年；中国人民大学书报资料社『中国少数民族』1981年3期,『厄鲁特蒙古史论集』, 青海人民出版社, 1984年

16. 试论渥巴锡(合著), 『民族研究』1981年1期；又刊『中国蒙古史学会论文选集1980年』内蒙古人民出版社, 1981年, 『蒙古历史人物论集』, 中国社会科学出版社 1981年；中国人民大学书报资料社『中国古代史』1981年6期,『厄鲁特蒙古史论集』, 青海人民出版社, 1984年
17. 厄鲁特蒙古历史论文索引(笔名闵丁), 『民族研究通讯』1981年2期
18. 外国传教士与太平天国革命---对西方传教士破坏太平天国革命阴谋活动的揭露,『太平天国史学术讨论会论文选集』第三册, 中华书局, 1981年
19. 中国民族关系史研究学术座谈会讨论历史上的中国及民族关系的主流问题(合著)『光明日报』1981年6月22日, 四版；又刊『新华文稿』1981年8期
20. 中国民族关系史学术座谈会在京举行(笔名马炜), 『人民日报』1981年6月29日 三版
21. 『'蒙古自治'运动始末』简介(笔名马伟), 『光明日报』1981年5月4日, 三版
22. 『蒙古族历史人物论集』出版, 『光明日报』1981年8月17日, 三版
23. 一九八○年民族史研究概况, 『民族研究通讯』1981年2期
24. 一九八○年民族研究诸学科学术讨论会简表(笔名闵丁), 『民族研究通讯』 1981年1期
25. 一九八○年民族研究诸学科学术讨论会论文篇目汇集(笔名闵丁), 『民族研究通讯』1981年1期 1982年
26. 土尔扈特蒙古系谱考述(合著), 『民族研究』1982年1期；又刊『中国蒙古史学会论文选集1981年』内蒙古人民出版社, 1982, 『厄鲁特蒙古史论集』青海人民出版社, 1984年

27. 土尔扈特蒙古史研究简述(合著),『内蒙古师范学院学报』1982年3期；又刊『厄鲁特蒙古史论集』青海人民出版社, 1984年
28. 清政府对蒙古族土尔扈特部的安置,『清史研究集』第二集, 中国人民大学出版社, 1982年
27. 厄鲁特蒙古喇嘛僧咱雅班第达评述(合著),『新疆大学学报(社科版)』1982年3期；又刊『厄鲁特蒙古史论集』青海人民出版社, 1984年
30. 略评兹拉特金的『准噶尔汗国史』(合著),『中俄关系问题』1982年2期
31. 苏联史学界利用俄国档案研究准噶尔史述评,『伊犁师范学院学报(社科)』1982年2期；又刊『中国史研究动态』1983年12期
32. 新疆蒙古族社会历史考察队考察工作总结(合著),『新疆社会科学研究』1982年 24期
33. 新疆蒙古族社会历史考察简记(合著),『资料与情报』1982年4期
34. 一九八一年少数民族历史研究综述(合著),『中国历史学年鉴(1982)』; 又刊 『民族研究通讯』1982年2期
35. 民族关系史学术讨论会,『中国历史学年鉴(1982年)』42、1981年中俄关系史研究综述,『中外关系史学会通讯』1982年1期
36.『北方民族原始社会形态研究』出版(笔名闵丁),『光明日报』1982年5月20日三版
37. 有关清末青海, 西藏的二部史料---『豫师青海奏稿』和『联豫驻藏奏稿』(笔名闵闻),『民族研究通讯』1982年2期
38.『明清彝族社会史论丛』简介(笔名戚边),『民族研究通讯』1982年2期
39. 一九八一年民族研究诸学科学术讨论会论文篇目汇集(笔名闵丁),『民族研究通讯』1982年2期 1983年
40. 土尔扈特蒙古东返人户数考析,『历史档案』1983年1期；又刊『厄鲁特蒙古史论集』青海人民出版社, 1984年,『边疆与民族---历史断面研究』一书中『土尔扈特蒙古东返史事考』文中, 黑龙江教育出版社,

1993年

41. 顾实汗生平述略(合著), 『民族研究』1983年2期；又刊『厄鲁特蒙古史论集』青海人民出版社, 1984年
42. 新疆蒙古族社会历史考察纪略(合著), 『光明日报』1983年1月12日, 三版
43. 建国以来首次对新疆地区蒙古族进行综合性考察工作, 『史学情报』1983年1期
44. 伊犁考古散记, 『伊犁河』1983年3期
45. 论洪仁玕革新思想的形成及其历史地位(合著), 『太平天国史论文集---纪念太平天国起义130周年』, 广东, 广西人民出版社, 1983年
46. 中国中亚文化研究协会首届学术讨论会纪略(笔名闵丁), 『民族研究』1983年6期
47. "中国民族史地资料丛刊"三十种概述(笔名闵丁), 『民族研究动态』1983年3期
48. 中国历史大辞典民族史分卷编撰情况(笔名卞文, 合著), 『民族研究动态』1983年3期 1984年
49.『康熙谕阿玉奇汗敕书』试析(合著), 『民族研究』1984年2期
50. 渥巴锡承德之行与清政府的民族统治政策(合著), 『新疆大学学报(社科)』1984年1期；又刊『厄鲁特蒙古史论集』青海人民出版社1984年
51. 厄鲁特蒙古史研究综述, 『民族研究动态』1984年2期；节刊『中国史研究动态』 1984年8期
52. (苏) 迪雷科夫著：厄鲁特蒙古封建法的整理和研究, 『民族译丛』1984年4期
53. 匈奴史研究的回顾与小结(笔名闵丁), 『民族研究动态』1984年4期
54. 中国西北史地学术讨论会记述(笔名闵丁), 『民族研究』1984年1期 1985年
55. 土尔扈特蒙古东返始于何时, 『中国历史大辞典通讯』1984年4期；又

刊『新疆社会科学』1985年1期；『新华文稿』1985年5期；『边疆与民族-历史断面研究』中『土尔扈特蒙古东返史事考』一文

56. 新疆和硕特蒙古扎萨克所考述,『蒙古史研究』第一辑, 内蒙古人民出版社, 1985年；又刊『边疆与民族---历史断面研考』黑龙江教育出版社, 1993年

57. 长孙晟述论, 『民族研究』1985年6期；又刊『边疆与民族---历史断面研究』黑龙 江教育出版社, 1993年

58. 读『准噶尔的历史与文物』(合著), (清史研究通讯)1985年2期

59. 一九八四年厄鲁特蒙古史研究论述, 『蒙古学资料与情报』1985年2期

60. 一本研究匈奴史的资料工具书---读『匈奴历史年表』(笔名闵丁), 『民族研究动态』1985年1期

61. 中国蒙古史学会第五届年会综述(笔名闵丁), (民族研究)1985年2期

62. 中国古代民族关系史学术讨论会纪述(笔名闵丁), 『民族研究』1985年3期

63. 日本学者芳松宽等访问中国社科院民族研究所(笔名闵丁), 『民族研究』1985年6期

64. "西南民族研究丛书"已出版三本民族史专著(笔名闵丁), 『中国民族史研究通讯』1985年9期 1986年

65. 略论十八世纪二十---五十年代的土尔扈特汗国(合著), 『新疆社会科学』1986年6期

66. 一九八五年清代漠西蒙古历史研究综述, 『清史研究通史』1986年2期

67. 僧格, 『清代人物传稿』上编第二卷, 中华书局, 1986年

68. 卫拉特史学术讨论会综述(笔名闵丁), 『民族研究』1986年5期

69. 卫拉特史学术讨论会在博乐市召开(笔名锷玛), 『光明日报』1986年12月31日三 版

70. 『准噶尔史略』出版(笔名闵众), 『光明日报』1986年7月16日三版

71. 中国民族史学会首届学术讨论会综述(合著), 『光明日报』1986年2月5

日三版；转载『新华文摘』1986年4期

72. 中国民族史学会首届学术讨论会纪要(合著), 『中国民族史研究通讯』总6期
73. 独健老师生命的最后一天(合著), 『中国民族史研究通讯.特刊』
74. 巨星落, 民族史痛失掌航人---记翁独健教授遗体告别仪式(合著), 『中国民族史研究通讯.特刊』1987年
75. 中国边疆史地研究的几个问题(合著), 『西北史地』1987年3期
76. 台湾学界边疆史研究一瞥, 『中国边疆史地研究报告』第一辑
77. 伏尔加河畔土尔扈特汗国的建立及其与俄国的关系(合著), 『西北史地』1987年4期
78. 再论渥巴锡, 『中国民族史研究』, 中国社会科学出版社, 1987年
79. 罗卜藏扎尔桑史事述叙, 『民族史论丛』第一辑, 中华书局, 1987年；又刊『边疆与民族---历史断面研考』, 黑龙江教育出版社, 1993年
80. 一九八六年清代漠西蒙古研究综述, 『清史研究通讯』1987年4期；又刊『卫拉特史论文集』
81. 中国民族史入门丛书.前言，首载『青海民族史入门』青海人民出版社, 1987年
82. 正在编撰中的『中国民族史入门丛书』(笔名闵丁), 『民族研究动态』1987年2期
83. 『中国民族史入门丛书』即将出版(笔名闵丁), 『新疆社会科学』1987年1期 1988年
84. 清代边疆史地论著索引.前言，中国人民大学出版社, 1988年
85. 试论〈雍正谕土尔扈特汗敕书〉与满泰使团的出使(合著), 『民族研究』1988年1期
86. 深化清代边疆开发研究之管见, 『清史研究通讯』1988年3期
87. 中国边疆史地研究学术讨论会闭幕词, 『中国边疆史地研究导报』

1988年4期

88. 新的起步---中国边疆史地研究中心工作回顾：1987年(笔名边众),『中国边疆史地研究导报』1988年1期
89. 中国蒙古史学会会员大会暨第六次学术讨论会纪述(笔名闵丁),『民族研究』1988年1期
90. 台湾的边政研究所(笔名马炜),『中国边疆史地研究导报』1988年2期
91. 『中国边疆史地资料丛刊』简介(笔名马炜),『中国边疆史地研究导报』1988年3期
92. 杜恩显教授简介(笔名马炜),『中国边疆史地研究导报』1988年2期
93. 李学智先生著述目录(笔名马炜),『中国边疆史地研究导报』1988年2期 1989年
94. 开展中国边疆史地研究的几点思考,『中国史研究动态』1989年3期
95. 中国古代边疆政策研究综述(上)(下),『中国边疆史地研究导报』1989年3、4期；又刊『中国古代边疆政策研究』, 中国社会科学出版社, 1990年;『边疆与民族---历史断面研考』黑龙江教育出版社, 1993年
96. 新疆地方志与新疆乡土志稿,『中国边疆史地研究导报』1989年6期；又刊『新疆乡土志稿』全国图书馆文资料复制缩微中心, 1992年；『边疆与民族---历史断面研考』, 黑龙江教育出版社, 1993年
97. 前进中的回顾---写在学术专栏"中国边疆史地研究"终刊之时(合著),『西北史地』1989年4期；又刊『中国边疆史地研究导报』1989年6期
98. 一项有希望的事业---中国边疆史地研究中心工作回顾：1988年(笔名边众),『中国边疆史地研究导报』1989年1期
99. 清前期土尔扈特蒙古与祖国的关系(合著),『中国古代民族关系史研究』福建人民出版社, 1989年
100. 略论雍正年间清政府两次派住俄国的使团(合著),『中俄关系问题』1989年4期又刊『外交学院学报』1989年4期

101. 1771年后伏尔加河畔的卡尔梅克人((苏)额尔德尼著), 『民族译丛』1989年 6期
102. 650-820年唐蕃关系述论, 『民族研究』1989年6期；又刊『中国边疆史地论集』黑龙江教育出版社, 1991年；『边疆与民族---历史断面研考』, 黑龙江教育出版社 1993年 1990年
103. 清代边疆开发研究概述(上) (下) (合著),『中国边疆史地研究导报』1990年1, 2期, 又刊『清代边疆开发研究』, 中国社会科学院出版社, 1990年
104. 稳中求进的一年---中国边疆史地研究中心工作回顾：1989年(笔名边众), 『中国边疆史地研究导报』1990年1期
105. 抓好中国边疆史地研究的两个重点(笔名边众), 『中国边疆史地研究导报』1990年4期
106. 探索并实施开放性的科研工作方法(笔名边众), 『中国边疆史地研究导报』1990年5期
107. 台湾学界对边疆研究理论与方法的研讨, 『中国边疆史地研究导报』1990年6期
108. 卫拉特蒙古史研究述评『蒙古学10年, 1980-1990』, 内蒙古人民出版社, 1990年
109. 全国第二届卫拉特史学术讨论会篇记(笔名闵丁), 『民族研究』1990年1期 1991年
110. 论当前开展中国边疆史地研究的几个问题(笔名边众), 『中国边疆史地研究』
111. 中国古代边疆政策和当代边界问题研究刍议, 『思想战线』1991年3期
112. 略论清代边疆政策的研究, 『清史研究』1991年2期
113. 西域研究的前瞻, 『西域研究』1991年1期
114. 『康, 雍, 乾经营和开发北疆』序(合著), 中国社会科学出版社, 1991年

115. 禹贡学会(笔名马炜),『中国边疆史地研究』1991年2期

116. 论噶尔丹的政治和军事活动,『民族研究』1991年2期;又刊『边疆与民族---历史断面研考』黑龙江教育出版社, 1993年 1992年

117. 当代中国边疆研究者的历史使命,『中国边疆史地研究』1992年2期, 又刊『边疆与民族---历史断面研考』, 黑龙江教育出版社, 1993年

118. 论禹贡学会的学术组织工作,『中国边疆史地研究』1992年1期. 又刊『边疆与民族---历史断面研考』, 黑龙江教育出版社, 1993年

119. 20世纪新疆考察述论,『中国边疆史地研究』1992年3期, 又刊『边疆与民族---历史断面研考』, 黑龙江教育出版社, 1993年

120. 略论若松宽的清代蒙古历史与宗教研究,『西北民族研究』1992年1期, 又刊『清代蒙古的历史与宗教』, 黑龙江教育出版社, 1994年

121. 平定准噶尔, 噶尔丹,『中国大百科大全.历史』, 中国大百科全书出版社, 1992年 1993年

122. '20世纪西域考察与研究'国际学述讨论会综述,『中国社会科学』1993年2期

123. 关于海南省海疆管理和南沙海域现状调查(合著),『中国边疆史地研究报告』1993年1-2期

124. 边疆城市研究日益引起学者重视---中国都市人类学会, 第一届全国学术讨论会侧记,『中国边疆史地研究』1993年3期

125. 『中国边疆民族管理机构沿革史』序(合著), 中国社会科学出版社, 1993年

126. 清末土尔扈特蒙古郡王帕勒塔述论,『庆祝王镜翰先生八十寿学术论文集』, 辽宁大学出版社, 1993年 1994年

127. 有清一代新疆考察述论,『西域考察与研究』, 新疆人民出版社, 1994年

128. "20世纪西域研究"国际考察队考察记述,『西域考察与研究』, 新疆人民出版社1994年

129. 1978年以来近代边疆问题研究述评(上)、(下),『中国边疆忠地研究』1994年3、4期

130. 边疆城市发展诸因素试析---以新疆的博乐市为例,『都市化与民族现代化---中国都市人类学第一次全国学术讨论会论文集』, 中国物资出版社, 1994年

131. 19世纪末承德的城市与居民---评俄国旅行家波兹德涅耶夫的承德见闻,『山庄研究』, 紫金城出版社, 1994年

132. 『清代新疆流放名人』序, 新疆人民出版社, 1994年 ; 又刊『西域研究』1994年2期

133. 读〈西域地理图说注〉,『中国史研究动态』1994年5期

134. 清代西迁新疆之察哈尔蒙古的史料与历史,『民族研究』1994年4期 ; 又刊『清代西迁新疆察哈尔蒙古满文档案馆编』之代前言、全国图书馆文献资料缩微夏制中心, 1994年

135. 中国边疆资料东瀛寻访琐记,『中国边疆史地研究』1994年2期

136. 坚持全方位开放, 推动中国边疆研究的发展,『社会科学管理』1994年2期

137. 办好边疆中心, 推动中国边疆研究的发展,『中国社会科学院通讯』1994年3月21日 八版 1995年

138. 略论当代中国边疆的稳定与发展,『中国边疆研究通报』第一集, 新疆人民出版社1995年

139. 中国古代边疆政策和当代边界问题研究, (香港)『中国研究』1995年2期

140. 『中国疆域史』序二, 武汉出版社, 1995年

141. 扩大中国边疆史地研究的视野---"十八世纪中国与世界"国际学术讨论会纪闻(笔名边丁),『中国边疆史地研究』1995年3期

142. 清朝政府治理新疆的得失, 国家民委民族问题研究中心委托项目1996年

143. 二十世纪的中国边疆史地研究,『历史研究』1996年3期
144. 安定北疆,『治乱镜鉴』北京出版社, 1996年
145. 民国初年土尔扈特蒙古亲王帕勒塔述论,『海峡两岸中国少数民族研究与教学研讨会论文集』(台湾)中国边政协会编印
146. 慕尼黑"宋代至清代中国与周边"研讨会记述,『中国边疆史地研究』1996年3期
147. 德国慕尼黑大学东亚研究所,『中国社会科学院通讯』1996年9月10日, 1996年20期 1997年
148. 寻求边疆史与社会史研究的交汇点,『北京日报』1997年9月7日, 四版
149. "夺权"斗争亲历记---贵州农村"四清"小记之一,『老照片』第四辑, 山东画报出版社, 1997年
150. "中国边疆探察丛书", 还想再说几句, 山东画报出版社, 1997年
151. 『寻找被遗忘的王朝』主编手记, 山东画报出版社, 1997年
152. 『无声的塔克拉玛干』主编手记, 山东画报出版社, 1997年
153. 『鲜卑石窟寻访记』主编手记, 山东画报出版社, 1997年
154. 『叩开辽墓地宫之门』主编手记, 山东画报出版社, 1997年
155. 『西南访古卅五年』主编手记, 山东画报出版社, 1997年 1998年
156. 清代边疆史研究刍议,『清史研究』1998年2期;又刊中国人民大学书报资料中心复印报刊资料『明清史』1998年5期(K24)
157. 一条鲜为人知的哈萨克草原通道,『西域考察与研究续编』新疆人民出版社1998年摘要刊『新疆经济报』1998年2月17日题为『专家发现新疆历史上一条新丝路』;论点又摘发于『北京晚报』1997年11月30日, 十二版
158. 从中国边疆研究的发展到中国边疆学的构筑,『中国社会科学院通讯』改版试刊8号, 1998年10月8日, 三版
159. 边疆稳定与禁毒斗争(合著),『中国边疆研究通报』二集, 新疆人

民出版社 1998年

160. 『雍正朝满文朱批奏折全译』序, 黄山书社, 1998年
161. 『吴丰培边事题跋集』后记之后，新疆人民出版社, 1998年
162. “民国边疆游记新读”丛书.前言(第一本『国民政府密使赴藏纪实(原名康藏轺征)』), 民族出版社, 1998年
163. 新疆生产建设兵团研究的有益尝试(合著), 『中国边疆史地研究』1998年1期
164. 民族团结, 人心所向---读『民族团结教育读本』, 『新疆日报』1998年6月9日, 七版
165. 夺权斗争亲历记--贵州农村“四清”小记之一, 『老照片』第四辑, 山东画报出版社, 1998年
166. 劳动亦乐---贵州农村“四清”小记之二, 『老照片』第五辑, 山东画报出版社1998年
167. 民族、民风与民情---贵州农村“四清”小记之三, 『老照片』第六辑, 山东画报出版社, 1998年 1999年
168. 从中国边疆研究的发展到中国边疆学的构筑, 『光明日报』1999年1月8日, 七版
169. 中国边疆研究：回顾与前瞻, 『人民日报』1999年10月23日, 六版
170. 『清代边疆满文档案目录』序(合著), 广西师范大学出版社, 1999年
171. 『土尔扈特部落史』序, 当代中国出版社, 1999年
172. 解读历史之结的力作---荐介『18世纪的中国与世界』, 『北京日报』1999年4月25日；又刊『清史研究』1999年2期
173. 清代边疆研究的总汇创新---读马汝衍、成崇德主编『清代边疆开发』, 『中华读书报』1999年5月26日, 七版
174. 感谢与寄望—祝贺『民族研究』复刊20周年, 『民族研究』1999年4期
175. 第二届中国边疆史地学术讨论会述要(笔名边丁), 『光明日报』1999年

12月10日七版

176. 第二届中国边疆史地学术讨论会综述(笔名边丁),『中国边疆史地研究』1999年4期

177. 世纪之交新疆历史研究回顾与展望学术研讨会纪要(笔名边众),『中国边疆史地研究』1999年4期

178. 对云南禁毒工作的建议和思考(合著),『云南禁毒研究论文集』,群众出版社1999年

179. 抓住重点,深化当代中国边疆稳定问题研究,『中国社会科学院通讯』1999年6期 1999年3月12日,三版

180. 国家利益高于一切---『民族自决还是民族分裂』专家讨论会发言摘要,『新疆日报』1999年6月29日,七版

181. 独立人格与独立思考---“钱钟书给中国知识界留下了什么”笔谈,『光明日报』1999年1月15日,六版

182. 『喜马拉雅寻觅』主编手记,山东画报出版社,1999年

183. 『草原寻梦—内蒙古岩画考察纪实』主编手记,山东画报出版社,1999年

184. 『大江跨境前的回眸』主编手记,山东画报出版社,1999年

185. 『版纳絮语』主编手记,山东画报出版社,1999年

186. 『谜中王国探秘---渤海国考古散记』主编手记,山东画报出版社,1999年 2000年

187. “中国边疆通史”总序,中州古籍出版社,2000年

188. 中国的边疆与清王朝的边疆政策,『明清档案与历史研究论文集』下册,中国友谊出版公司,2000年

189. 中华民族从多元到一体,『中南民族学院学报』2000年2期

190. 中国学者高句骊历史研究的百年历程,『中国边疆史地研究』2000年1期

191. 百余年中国学者的高句丽历史研究历程,『黑土地的古代文明』,远方出版社 2000年

192. 『1906-1908年马达汉西域考察图片集』序言，山东画报出版社，2000年
193. 清代边疆民族史的卓绝拓荒---马汝衍教授学术成就述评，『清史研究』2000年4期
194. 开拓与创新---荐『18世纪的中国与世界』，『清史研究』2000年1期
195. 近代东北亚国际关系史研究的新进展---谈姜龙范著，『近代中朝日三国对间岛朝鲜人政策研究』，『中国边疆史地研究』2000年4期
196. 西部大开发：热浪中的冷思考(座谈会发言)，『半月谈』2000年4期
197. 开发不仅仅是经济问题，社会稳定战略同样重要，『报刊文摘』2000年3月2日一版(1419期)
198. 西部大开发与社会稳定战略，『国家安全通讯』2000年9期
199. 实施替代种植,探索禁毒之路(合著)，『中国社会科学院院报』2000年7月18日总 34期
200. 用学术精品诠释有为才能有位(发言汇集)，『中国社会科学院通讯』6期，2000年 1月25日
201. 中国边疆史地研究中心试建云南，东北科研工作站(笔名边丁)，『光明日报』2000年7月4日，C.3版
202. 我院边疆研究工作的回顾与展望，『中国社会科学院院报』45期，2000年8月29日
203. 深化研究，拓展领域---从边疆史地研究到建立边疆学，『中国社会科学院院报』45期，2000年8月29日
204. 中国社会科学院中国边疆史地研究中心十年事业发展规划(摘要)，『东北民族与疆域研究动态』2000年1期
205. 人生一次难得的学习经历，『辞书书讯』2000年4月3日七版，(53-54期合刊)
206. "边地文化探踪丛书"写在前面，新疆人民出版社，2000年 2001年
207. 中国古代的边疆与边疆政策，『光明日报』2001年2月13日.B.3版/

『新华文摘』2001年6期全文特载
208. 思考与行政---以边疆研究深化与边疆中心发展为中心,『中国边疆史地研究』2001年1期
209. 当代屯垦人对毛泽东屯垦思想的加新研究(合著),『光明日报』, 2001年7月31日 B.2版
210. 寻找历史和未来结合部的新尝试---读『西域文化的回声』(边丁),『中国边疆史地研究』2001年3期
211. 在『清史』编纂座谈会上的讲话(2001年4月5日, 中国人民大学逸夫会议中心),『清史研究』2001年3期
212. 在由我会(中国中外关系史学会)参与发起和主办的"中国2000年丝绸之路与西北少数民族国际学术研究会"上的总结报告,『中国中外关系史学会通讯』第16期.(2001年10) 2002年
213. 关于边疆研究若干问题的思考,『中国边疆史地研究』2002年1期
214. 组织跨学科力量对中国边疆重大问题研究进行联合攻关,『中国边疆史地研究』2001年4期；此文还刊于『文汇报』2002年7月19日；『中国社会科学院院报』2002年7月18日，第4版；『社会科学管理』2002年2期.
215. 新疆历史纵论,『中国边疆史地研究』2002年3期
216. 中国古代边疆政策与边疆治理,『从文明起源到现代化--中国历史25讲』(全国干部学习读本), 人民出版社，2002年2月；此文还刊发于『西域研究』2002年4期；此文摘要刊发于『科学中国人』2002年9期；『医院领导决策参考』2002年11期
217. 让我们到太阳升起的地方去！--18世纪土尔扈特蒙古东返始末,『科学中国人』2002年4期
218. 认识斯文-赫定『老照片』第22辑，山东画报出版社，2002年4月
219. 中国学术界的声音--读『英国俄国与中国西藏』,『中国边疆史地研

究』2002年2期

220. 研究者与管理者共同努力落实, 『光明日报』2002年5月28日, B.2版

221. 『关于"东北工程"的几个问题』, 载『中国东北边疆研究』, 社科出版社, 2003年

222. 『论中国古代的边疆政策』, 载2003年7月29日『光明日报』

223. 『关于构筑中国边疆学的构想』, 载『中国边疆史地研究』, 2003年第3期

224. 『试论高句丽历史研究的几个问题』, 载2003年6月24日『光明日报』, 合著 2004年

225. 『当代中国的边疆与民族问题』, 中国人民公安大学出版社, 2004年5月

226. 『土尔扈特女儿』序, 农村读物出版社, 2004年6月

227. 『"清史"不留遗憾－－访清史编撰委员会副主任马大正研究员』, 『新民晚报』2004年6月7日

228. 『国家清史编撰委员会副主任马大正谈我们为什么要重修一部清史』, 『新京报』2004年6月9日

229. 『中国疆域的形成与发展』, 『中国边疆史地研究』2004年第3期, 2004年8月 2005年

230. 『东北边疆历史研究的回顾与思考』, 『北华大学学报』社科版2005年第1期

231. 『国家清史纂修工程2004年度工作总结』, 『清史编纂通讯』2005年第1期

232. 『日野强和他的<伊犁纪行>评述』, 『中国社会科学院学术委员会集刊』第1辑, 社科文献出版社2005年1月

외국학술지 발표논문

1. 中国边疆史地研究中心简记(中见立夫日译), 日本『东方学』第80辑(1990年)

2. 丝绸之路中国新疆民族与考古研究的现状与展望, 日本『丝绸之路——

文明交流的过 去、现在、未来』1993年

3. A Summary of the International Symposium on 20th Century Field Study and Research of the Western Region (An Academic Summary), Social Sciences in China,1994.4.
4. An Overview of 20th Century Xinjiang Explorations, Social Sciences in China. 1995.1.
5. Humanities：ChineseAcademyofSocialSciencesForum (4), Foreign Affairs Bureau, Chinese Academy of Social Sciences, Beijing：Economic Management Publishing House, 2000.12
6. Humanities：ChineseAcademyofSocialSciencesForum (3), Foreign Affairs Bureau, Chinese Academy of Social Sciences, Beijing：Economic Management Publishing House, 2000.12

20. 馬一虹

여자. 1965년 9월 요녕성 심양시 출생. 한족. 중국사회과학원 역사연구소 중외관계사연구실 부연구원. 1986년 요녕대학 역사학과 졸업. 동대학 연구생부에서 世界地區史國別史 전공. 근세일본 대외관계사를 주로 공부. 1989년 석사학위. 일본에 유학, 일본연구소 역사연구실에서 중일관계사연구에 종사. 1992년 고대사연구로 전공을 바꾸어, 1996년 4월 일본 국학원대학 대학원에서 들어가 고대동아사를 전공하고 2000년 3월에 역사학 박사학위를 획득. 2000년3월에서 8월까지 국학원대학대학원 특별연구원. 2000년 8월 중국사회과학원 역사연구소 중외관계사연구실에서 박사후과정. 2002년6월부터 중국사회과학원 역사연구소 중외관계사연구실에 근무. 현재. 중국 중외관계사학회 부비서장. 전공. 고대대외관계사, 고대동북아사.

저서:『渤海国与东亚细亚』1995. 논문:『渤日通交在唐代中日友好交流

史上的地位』1993.『唐授大祚荣"渤海郡王号"考』2002.「从唐墓志看入唐高句丽遗民归属意识的变化－－以高句丽末代王孙高震一族及权势贵族为中心」2006.

주소: 北京建国门内大街5号/ 电话:(86-10-85195833(O)/传真: (86)(10)65276131
이메일: yihong@yeah.net

21. 苗威

1968년생. 여자. 길림성 이수인. 연변대학 사범학원 역사계 강사
「试论隋与高句丽战争」(2000)

22. 武家昌

요녕성 문물고고연구소 연구원.

23. 武玉环

1950년생 여자. 길림 장춘인. 역사학박사. 길림대학 문학원 역사계 교수. 박사생도사. 요금원사. 주소: 길림 장춘 130012.

24. 朴文一

1932년생. 길림성 용정인. 조선족. 중국공산당원. 1952년 연변대학 역사계 졸업. 연변대학 교수, 교장, 중국조선역사연구회회장, 중국민족사학회고문등 역임.

저서: 『 조선간사』『고구려역사문제연구론문집』 등

25. 朴眞奭

1926년생. 길림성 도문시 출생.

연변대학 역사계부주임.연변박물관주비처주임.연변대학 조선문제연구소 역사연구실주임 등 역임. 저서: 『중조경제문화교류사연구』『호태왕비여고대조일관계연구』 등.

26. 朴燦奎

남자. 1963년 9월 25일생. 1986년 연변대학 역사계 졸업. 1989년 연변대학 조선문제연구소 국별사석사연구생 졸업. 1998년 연변대학 국별사박사연구생 졸업. 1989년 7월-1992년 3월 연변대학 역사계세계사 교연실 교원. 1992년 4월-1994년 9월 연변대학 교무처 사배과 과장. 1994년 9월-1999년 11월 연변대학 조선문제연구소 교원. 1999년 12월 -2001년 3월 연변대학 과연처 부처장. 2001년 4월 2003년 12월 연변대학 동방문화연구원 부원장. 2003년 12월-현재 연변대학 동북아연구원 부원장. 중조한일문화비교연구중심 부주임.

저서: 『삼국지고구려전연구』(2001) 고구려사연구』(2003) 『초기고구려사연구』(2004)

전화: 273-2173. 2463. 팩스: 273-2462. 272-3600

이메일 ckpiao1106@yahoo.com.cn / ckpiao@hanmail.net

주소-133002 吉林省 延吉市 公园路 105号

27. 方起東

남. 1939년 5월생. 2005년 타계. 절강성 선거인. 1960년 서북대학 역사계 고고전공 졸업. 같은 해 길림성박물관 관원. 1982년 길림성 고고연구실 부주임. 1983년부터 길림성 문물고고연구소 부소장, 소장. 중공당원. 연구원. 길림성고고학회 명예이사장. 길림지역고고와 고구려 고고. 고구려고고에 40여년 종사.

저서: 『好太王碑』, 『好太王碑 · 四.五世纪的东亚与日本』 『高句丽遗迹』.

논문: 集安东台子高句丽建筑遗址的性质和年代, 中国文物地图集 · 吉林分册 『历史与考古信息』 · 东北亚 등.

28. 范犁

남자. 집안시박물관. 통화사범학원 고구려연구소 근무. 현재, 정년퇴직.

29. 付朗云

전 동북사범대학 역사계 교수.

30. 費馳

1971년생 여자 길림 반석인 통화사범대학 역사문화학원 강사. 박사 연구생. 중국근대사. 동북민족과 강역사 전공.

31. 徐建新

1953년생. 중국사회과학원 세계역사연구소 부교수. 석사생도사.

논문: 好太王碑原石拓本的新发见及其研究(共著), 北京现存好太王碑原石拓本的调查与研究-以王少箴旧藏本和北京图书馆藏本为中心-, 关於北京大学图书馆所藏好太王碑原石拓本, 好太王碑の谜を解く-北京で发见えれた原石拓本について

32. 徐德源

1927년생. 吉林市人. 만주족. 民盟盟員, 요령성 文史館館員. 1953년 동북사범대 역사계 졸업. 요녕대학 역사계 교수. 현재, 정년퇴직. 碩士生導師. 한국연구중심연구원. 전공: 世界中世紀史, 일본과 조선고대사. 동북변강사. 1994년 퇴직. 최근저서: 세계통사(공저)

33. 徐日范

남자. 조선족. 1962년생. 2000년 단국대학에서 박사학위 취득. 연변대학 교수. 延邊大學 朝鮮韓國硏究中心 常務副主任

34. 孫啓林

남자. 한족. 1944년9월 길림 덕혜 출생. 1970년 동북사대 정치교육계 졸업. 1973－1977. 금일성종합대학 조선어언문학계 류학. 1985. 8－1987. 8 금형직사대연구원 유학. 1995. 4－1995. 11 한국교육개발원 교환교수. 1999. 3－1999. 6 조선금형직사대, 고급방문학자. 2000. 1－2000. 6 서울대학교 “KB21”동북아교육연구단 공동연구. 현재. 동북사범대학 교수. 박사생도사. 교육과학학원 교수위원회 위원. 동북사범대학 국제여비교교육연구소 부소장. 조선－한국학연구중심 주임.

논문: 「关于朝鲜、韩国学者高句丽史观点述评」2000. 「二战后朝鲜史学界的高句丽研究概况」『高句丽归属问题研究』2000.

35. 孫金花

여자. 조선족. 1962년 10월 길림성 통화에서 출생. 1985년7월 사평사범학원 역사계 졸업. 1985년 통화사범학원 역사계 부임, 현재 부교수.

주요 논저: 『中国学者高句丽研究文献叙录』 1998年1月. 『高句丽历史与文化』 吉林文史出版社 2000年. 长寿王迁都及其陵墓考 论通化师院学报 2000年6期. 韩国高句丽研究会及研究状况 『高句丽归属问题研究』 2001年4期.

전화: 0435－3208074. EMAIL: Sunjinhua5656@163.com

36. 孫玉良

1936년 11월 중국길림성 덕혜현에서 출생. 1958년 8월 동북사범대학 역사계 수학. 1962년 8월 東北文史研究所에 들어가 古文古史 연마. 1962년 2월 길림성혁명위원회에 들어가 근무. 1981년 2월 길림성사회과학원 역사연구소에서 동북사연구에 종사, 주전공 고구려사와 발해사. 1992년 연구원. 1996년 퇴직.

주요저서: 『渤海国』 『高句丽简史』 『渤海国史料全编』 『中国东北史』(고구려, 발해, 수당 부분 집필) 『西汉文景盛世』 『二十六史精华』 『吉林省百科全书』 『关东文化大词典』 『静晤室日记』 论文30余篇.

37. 孫仁杰

남자. 1952년생. 集安市博物馆 馆员.

38. 孫進己

남자. 1931년 5월1일 강소성 무석 출생. 1957년 동북인민대학 역사계 졸업. 길림 장춘 해룡 등지서 근무. 1978년부터 사회과학원 역사소에서 근무. 조리연구원.부연구원.연구원。지방과 전국 학회 이사장, 부이사장, 비서장 등 직무. 1991년 심양시동아문화연구소 소장. 1992년 심양동아연구중심주임 겸 동아문고주편. 중국요금거란여진사연구회 이사장. 중국조선사학회 고문. 중국중외관계사학회 학술위원.연변대학 중조한일관계연구중심 학술위원회위원.민진중앙출판위원회 위원. 민진요녕성학위회 부주위. 민진요녕성위출판위원회 고문. 요녕성문사연구관관원. 심양출판사특약편심. 영국황가련맹과학원 영예원사. 한국국사편찬위원회 해외사료편찬연구원.

E-mail: SunJinJi@163.com. sydyyjy@pub.sy.lnpta.net.cn

주소: 中国 沈阳市 泰山小区 19楼 361号.

전화: 8686-1195 우편번호:110031

저서:

1. 『东北民族史稿』第一分册、第二分册，专著，1977年油印稿，收『东北历史地理论著汇编』.
2. 『女真字典』，工具书，油印内部发行1980年.
3. 『东北民族关系史总论』，专著，1985年东北民族史研究班讲义，国家六・五规划项目.
4. 『室韦史研究』，合著，北方文物杂志社1985年.

5. 『东北民族源流』，专著，黑龙江人民出版社1987年初版，1989年再版，韩国东文选出版社1991年韩文版，国内外十家报刊评介，辽宁省规划三等奖.
6. 『女真史』，合著，24.5万字，吉林文史出版社1987年出版.
7. 『东北历史地理』第一卷，合著，黑龙江人民出版社1989年版，国家七，五规划项目.
8. 『东北历史地理』第二卷，合者，黑龙江人民出版社1989年版，国家七、五规划项目.
9. 『东北各民族文化交流史』，专著，春风文艺出版社1992年，获全国优秀图书奖.
10. 『东北各民族文化交流史』修订本，专著，该书于1992年出版后，到国内外好评.韩国正在翻译出版社中.中央民族大学拟以此书作为研究教材，因书已售完，春风文艺出版社已与作者签约再版.作者对原稿修订增补二万字.
11. 『东北亚民族史论研究』，专著，中州古籍出版社1995年出版.
12. 『东北民族史研究』(一)，专著，中州古籍出版社1995年版.
13. 『北方民族史研究』(一)，专著，中州古籍出版社1995年版.
14. 『东北亚研究』，专著系列，本人主编，已出二十三册，中州古籍出版社1995年版.
15. 『东北亚历史地理研究』，主编，中州古籍出版社1998年
16. 『高句丽国史』，专著，国家九・五规划资助项目，2000年内部出版送审本.
17. 『高句丽族史』，专著，国家九・五规划资助项目，2000年内部出版送审本
18. 『历史上政权民族归属理论研究』，专著，国家九・五规划资助项目，2000年内部出版送审本.
19. 『沈阳城市的起源与发展』，专著，1供市委市政府领导参考 2000年.

20. 『沈阳城市起源与发展』，通俗本，供市委市政府参考.
21. 『中国北方各族人物传』(7卷本)，著作，主编，辽海出版社2002年版.
22. 『东北史地研究』，合著，待刊.
23. 『中华民族的形成发展』，合著，待刊.
24. 『文明论』，合著，待刊.
26. 『韩国朝鲜国民族史』(合著)，2004年8月，国家社会科学基金后期项目2005年.

논문

1. 北魏隋唐的均田制和农村公社, 1956年.
2. 西周的土地占有形态, 1957年.
3. 原始社会的土地占有形态, 1958年.
4. 前资本主义的土地占有形态, 1958年.
5. 工役制－－封建制向资本主义的过渡形态, 1959年.
6. 海龙沿革考, 1961年.
7. 吉林省历代舆地图说 (上), 1962年.
8. 东北民族历史地理 (上), 1964年.
9. 海龙古代近代史, 1962年.
10. 柳河上游的新石器遗址, 1964年.
11. 海龙女真摩崖石刻,『社会科学战线』1979年2期.
12. 辽朝北界考,『北方论丛』1979年5期.
13. 确定民族源流的标准,『辽宁大学学报』1980年5期.
14. 论科研人才成长的规律,『社会科学动态』1980年3、5期.
15. 满族是女真族共同体的发展新阶段,『吉林社科通讯』1980年10期.
16. 论特殊的过渡时期,『社会科学辑刊』1981年1期.
17. 辽春州考, 0.5万字,『内蒙古历史文物』1981年1期.

18. 北方民族的多源多流和主源主流,『求是』1981年4期, 首倡民族多源多流说,为多种报刊引用转载.
19. 我国人才制度的演变和改革,『社会科学动态』1981年13期.
20. 略论人才的分类 待刊.
21. 东北民族的源流,『辽宁社会科学院学术论文选』(1979-1981)历史分册.
22. 汉族开发东北的历史,『辽宁社会科学院学术论文选』(1979-1981)历史分册.
23. 我国历史上民族关系的几个问题,『辽宁社会科学院学术论文选』(1979-1981) 历史分册, 1981年全国民族关系史座谈会交流, 1984年编入中国社会科学出版社, 出版之『中国民族关系史研究』.
24. 论我国历史上南北民族的关系--兼评"南北对立论"及"征服王朝论" 『辽金契丹女真研究』1982年1期. 收入『探頣索隐集』, 黑龙江人民出版社1993年.
25. 松花江沿革考,『北方论丛』1982年2期.
26. 我国古代北方各族发式之比较研究, 1.3万字,『辽金契丹女真史研究动态』1982年2期 ;『博物馆研究』1984年2期, 全文转载加图.
27. 我国古代北方各族的葬俗试析,『东北师大学报』1982年3期
28. 鲜卑源流考,『黑龙江文物丛刊』1982年3期.
29. 渤海的族源,『学习与探索』1982年3期.
30. 渤海建国的几个问题, 黑龙江民族源流学术讨论会交流.
31. 渤海疆域考北方论丛, 1982年4期,『渤海史论著汇编』及『人大报刊资料』转载多种书刊引用.
32. 满族文学史研究范围,『满族文学研究』1982年.
33. 明坊州考,『社会科学战线』1982年3期.
34. 东北古代各族社会性质几个理论问题, 1982年东北古代各族社会性质学术会交流.

35. 公有制向私有制过渡诸形态的区别,『辽宁史学会1982年学术论文选集』.
36. 四至十世纪的契丹社会性质,『黑龙江文物丛刊』1983年3期.
37. 契丹的胞族外婚制,『民族研究』1983年1期.
38. 室韦地理考述,『社会科学战线』1983年2期.
39. 高句丽的社会性质,『朝鲜史通讯』4期1983年.
40. 民族、语族、种族, 中国人类学会第二次会议交流,『北方论丛』1983年5期,『探頣索隐集』全文收录,黑龙江人民出版社1993年版.
41. 契丹族的起源, 东北民族源流与分布学术讨论会交流.
42. 契丹部落组织发展变化初探,『社会科学辑刊』1984年4期.
43. 东北民族源流与分布学术讨论会综述,『民族研究』1984年1期.
44. 女真源流考,『史学集刊』1984年4期.
45. 各族间经济文化密切交往是我国民族关系史的主流, 1984年东北史学术讨论会交流,『探頣索隐集』全文转载, 黑龙江人民出版社 1993年版.
46. 辽代女真族的范围和起源, 中国辽金史研究会第二次学术会议交流.
47. 东北民族关系史的分期, 东北史地学术讨论会交流,『民族研究动态』1984年4期摘录介绍.
48. 民族共同体的发展、扩大、分化、变异, 东北民族源流与分布学术讨论会交流.
49. 中华各族并不都是炎黄子孙, 1984年报中央民委, 同类提法至1989年始见报刊.
50. 开原县的沿革,『东北地方史研究』1984年1期.
51. 汉真番郡考,『黑龙江文物丛刊』1984年3期.
52. 肃慎挹娄的考古文化,『学习与探索』1984年5期.
53. 关于"中华民族"——驳斥斯拉德科夫斯基对我国民族关系的歪曲.
54. 室韦部落的发展及其流向,『黑河学刊』1984年3期.
55. 评江上波夫的骑马民族征服王朝论,『辽金契丹女真史研究』1-4

期合刊.

56. 辽代女真的族体,『东北地方史研究』1984年创刊号.
57. 女真史研究的内容和范围, 1984年女真史学术讨论会交流.
58. 辽代女真部落的分布, 1984年全国金史首届学术讨论会交流.
59. 东北史资料信息工作的回顾与展望, 1984年东北民族历史 考古资料信息学术会议开幕词,『图书馆研究』1986年2期, 对推动东北史资料信息工作有重大作用.
60. 关于契丹和女真史研究,『辽金契丹女真史研究』1984年1期,『社会科学战线』1985年1期摘刊.
61. 金代女真族和各族的关系, 中国辽金史学会1985年年会交流.
62. 关于古民俗研究的若干问题, 1985年古民俗学术会开幕词.
63. 掀起渤海史研究的新高潮, 1985年全国渤海史讨论会发言, 收入『高句丽 渤海史研究集成』(4), 哈尔滨出版社1997年版.
64. 怎样在科研上有所突破, 1985年东北民族史论研究班讲稿.
65. 积极开展秽貊史的研究,『松辽文物』1985年1期.
66. 东北民族史研究的回顾与展望,『东北地方史研究』1985年1期.
67. 辽代女真和高丽的关系,『朝鲜史研究』1985年.
68. 地名由来和建置沿革,『地名丛刊』1985年2期.
69. 室韦的起源,『求是学刊』1985年2期.
70. 辽代女真的习俗和宗教艺术,『克山师专学报』1985年1期.
71. 勿吉和靺鞨的物质文化,『博物馆研究』1985年1期.
72. 肃慎、挹娄、勿吉的社会性质『北方论丛』1985年2期.
73. 通古斯及其族源,『社会科学战线』1985年3期.
74. 室韦及其先人和我国各族的关系,『黑河学刊』1985年4期.
75. 考古文化与民族共同体,『辽宁省丹东, 本溪地区考古学术讨论会文集』, 1985年.

76. 历代东北民族的分布(上),『东北地方史研究』1985年2期.

77. 历代东北民族的分布(下),『东北地方史研究』1986年1期.

78. 契丹早期地域考,『辽金契丹女真史研究』1986年1期.

79. 中华民族的形成过程,『四平民族研究』1986年1期.

80. 秽貊文化的探索,『辽海文物学刊』1986年1期; 韩国骊江出版社出版之『东北亚历史与考古』, 1992年.

81. 秽貊源流考,『松辽文物』1986年2期.

82. 开拓契丹史研究的新阶段,『辽金契丹女真史研究』1986年2期.

83. 东北诸民族的形成发展过程,『东北地方史研究』1987年4期.

84. 女真史研究中的几个问题,『辽金契丹女真史研究』1987年2期.

85. 唐代契丹族的地方建置,『辽金契丹女真史研究』1988年2期.

86. 秽貊史研究中的几个问题,『东北史研究导报』1988年1期.

87. 民族史的编写体例,『辽金契丹女真史研究』1989 年2期.

88. 关于地方史研究的几个问题,『抚顺史研究』代前言, 辽沈书社1989.

89. 金代女真的社会性质,『辽金史论集』(第四集), 书目文献出版社1989年.

90. 研究民俗的演变规律为移风易俗作贡献,『古民俗研究』代序, 吉林文史出版社1990年版.

91. 关于高丽钱币的几个问题, 『辽宁金融』 1990年10期, 『中国金融』1991年2期转载.

92. 关于民族历史地理的研究, 1990年国际中国历史地理学术会议大会发言.

93. 明确学会工作任务改变学会工作方针, 1990年中国辽金史学会基层工作会议开幕词.

94. 小私有制发展诸阶段,『社会科学战线』1991年2期.

95. 论辽文化与契丹文化, 1991年8月大同中国辽金契丹女真史 五次年会交流,『辽金史论集』(第六集)文物出版社2001年版.

96. 韩民族的形成过程, 1991年国际朝鲜史学术会议发言稿, 收入『东北亚 民族史论研究』, 中州古籍出版社1995年版.

97. 丹东史的若干问题 辽金契丹、女真史考古学术会议报告, 1991年8月·丹东.

98. 人类学在东北民族史的应用,『人类学应用论集』, 学林出版社1992年.

99. 东北民族分布研究中的一些理论问题,『东北地方史研究』1989年2期.

100. 研究东北史三十年,『东北亚历史与文化』, 辽沈书社1992年.

101. 科研之路,『东北亚历史与文化』, 辽沈书社1992年.

102. 渤海民族的形成过程,『韩国北方民族史会议论文集』1992年, 汉城,『北方文物』1994年2期. 收入『东北民族史研究』(一), 中州古籍出版社1994年版.

103. 关于民族教育史研究中的几个问题,『辽宁教育史志』1992年第3集.

104. 新罗统一朝鲜半岛南部在朝鲜民族形成中的作用 1992年威海中国朝鲜史学术会议发言.

105. 渤海的归属, 1992年韩国汉城北方民族史学术会议发言, 收入『东北亚民族史论研究』, 中州古籍出版社1994年版.

106. 开创女真史研究的新阶段, 1992年本溪女真史国际学术会议开幕词.

107. 改革社会科学研究促进东亚文化发展, 1992年 沈阳东亚文化 国际学术会议开幕词.

108. 市地科研工作者要走向全国科研队伍的前列, 1992年阜新契丹史国际学术会议开幕词,『阜新辽金史研究』(第一辑) 序, 1991年.

109. 渤海对日友好, 对唐归顺的外交方针, 1993年沈阳中国与日本 国际学术讨论会发言, 收入『东北亚民族史论研究』, 中州古籍出版社1995年版.

110. 东北民族教育史与东北民族源流,『辽宁教育史志』1993年第3集.

111. 高句丽的归属, 1993年7月集安高句丽国际学术会议, 为驳国外学者攻击我国的即席发言, 韩国多家报刊摘载, 受到我国外交部门重视, 后加工成1万字的长文,收入『东北亚民族史论研究』, 中州古籍出版社1995年版.

112. 中国古代北方文化是农牧文化交融的产物, 1993年赤峰北方民族文化史国际学术会议交流, 收入『东北亚民族史论研究』, 中州古籍出版社1995年版.

113. 金代城市经济的发展, 1993年全国金史学术会议发言.

114. 黑水靺鞨考, 1993年黑龙江博物馆七十周年馆庆学术会议发言.

115. 古朝鲜的归属及疆界, 1993年长春中朝边界史学术会议发言, 收入『东北亚民族史论研究』, 中州古籍出版社1995年版.

116. 七至十三世纪的中朝边界(合著), 1993年长春中朝边界 史学术会议交流, 收入『东北亚民族史论研究』, 中州古籍出版社1995年版.

117. 关于旅游文化的若干问题, 1994年哈尔滨旅游文化学术会议发言.

118. 二千年前我国在黑龙江的建置－－真番郡, 『辽金史论集』(第八集), 吉林文史出版社1994年版.

119. 探索社会科学研究改革之路, 『社会科学研究管理文集』1995年.

120. 加强东北区域文化研究, 促进东北文化经济的繁荣, 1995年沈阳东北区域文化学术会议开幕词, 『民主杂志』1996年1期.

121. 关于东北文化发展战略的几点思考, 1995年东北区域文化发展战略学术会议开幕词.

122. 促进东北亚各国协作的战略方针, 1995年长春东北亚发展战略研讨会发言, 摘入会议要报供国家和地方领导参考.

123. 継承陈会长遗志, 加强辽金史研究, 1995年沈阳中国辽金史 第六届年会发言.

124. 东北亚研究总序『东北亚研究』, 中州古籍出版社1995年版.

125. 东北亚文化研究前言, 0.4万字, 『东北亚文化研究』, 中州古籍出版社1995年版.

126. 文明论笔记(正), 『东北亚文化研究』, 中州古籍出版社 1995年版.

127. 文明论笔记(续) 『东北亚文化研究』, 中州古籍出版社 1995年版.

128. 东北亚各族文明形成发展理论的研究, 『东北亚文化研究』, 中州古籍出版社 1995年版.

129. 关于民俗理论的研究, 『东北亚文化研究』, 中州古籍出版社1995年版

130. 中国辽金及契丹女真史研究会第六届年会会议纪要 『中国辽金契丹女真史研究』1996年1期, 『阜新辽金史论集』(第一辑), 1991年.

131. 坚持就是胜利『阜新辽金史研究』(第二辑)序, 1995年.

132. 継承发展谭其骧先生的学术思想, 不断推进边疆史地的研究, 1996年上海国际历史地理学术会议学术报告.

133. 关于高句丽归属问题的几个争议焦点, 1997年编入『高句丽、渤海研究集成』, 哈尔滨出版社1997年版；收入『东北民族史研究』(一), 中州古籍出版社1994年版；『中朝边界研究文集』, 吉林省社会科学院1998年转载；『高句丽归属问题研究』, 吉林文史出版社2003年转载.

134. 高句丽史学术研讨会会议纪要, 1996年高句丽史学术会议交流.

135. 中国在东北亚经济协作中的地位及对策, 1996年沈阳东北亚研究协作会议交流.

136. 东北亚研究协作会议纪要, 散发与会各单位.

137. 『中国考古集成』总序, 『中国考古集成・东北卷』, 北京出版社 1997年版.

138. 中国考古集成・东北卷 前言, 『中国考古集成・东北卷』, 北京出版社1997年版.

139. 关于高句丽研究的国内外动态, 1997年7月全国朝鲜汉文古籍整

理研究会发言.

140. 总结本世纪研究成果,开创新世纪的研究水平, 1997年8月阜新全国辽史契丹史学术会开幕词.中国辽金契丹女真史研究会据此制定了跨世纪的研究规划.

141. 改革科研手段, 避免重复劳动,『阜新辽金史研究』(第三辑)序, 1997年.

142. 关于长春城市形成中的几个问题, 1997年长春城市学术讨论会发言稿长春市社科院正编集出版.长春市委书记亲自听了发言, 并依据发言确定了长春城市起源.

143. 关于东北亚研究中的几个问题, 1997年哈尔滨与东北亚学术会议大会发言.

144. 鞍山地方史研究 序, 辽宁民族出版社1997年版.

145. 对辽宁文化建设的几点建议, 1997年社会主义初级阶段辽宁文化建设座谈会发言, 编入『社会主义初级阶段的辽宁文化建设』, 辽宁人民出版社1998年1月出版, 在省政协全体会议上散发.

146. 关于远东史研究的几个问题,『北方文物』1997年3期.

147. 面向市场, 改革社会科学研究体制, 『改革开放与市场经济文选』, 西南财经大学出版社出版.

148. 探索社会科学改革之路, 1997年社会科学改革座谈会交流, 收入『社会主义初级阶段的辽宁文化建设』, 辽宁人民出版社1998年版,『民主』杂志1983年3期摘刊,『二十世纪中国社会科学 典范文献』转载.

149. 中国民族研究集成总序, 『高句丽渤海研究集成』, 哈尔滨出版社1997年版

150. 高句丽渤海研究集成前言, 『高句丽渤海研究集成』, 哈尔滨出版社 1997年版

151. 高句丽族的起源,『高句丽渤海研究集成』哈尔滨出版社 1997年版

152. 高句丽国家的建立和发展,『高句丽渤海研究集成』哈尔滨出版社

1997年版.

153. 高句丽王国的管辖范围, 『高句丽渤海研究集成』 哈尔滨出版社 1997年版.

154. 高句丽民族分布的变迁, 『高句丽渤海研究集成』, 哈尔滨出版社 1997年版.

155. 高句丽王国的民族分布, 『高句丽渤海研究集成』, 哈尔滨出版社 1997年版

156. 高句丽王国的都城, 『高句丽渤海研究集成』, 哈尔滨出版社 1997年版

157. 高句丽王国的地方建置, 『高句丽渤海研究集成』, 哈尔滨出版社 1997年版

158. 高句丽王国和中央皇朝的关系, 『高句丽 渤海研究集成』, 哈尔滨出版社 1997年版.

159. 高句丽族和周边各族的关系, 『高句丽渤海研究集成』, 哈尔滨出版社 1997年版, 国家九・五项目阶段性成果.

160. 高句丽族的社会制度, 『高句丽渤海研究集成』, 哈尔滨出版社 1997年版

161. 高句丽的文化, 『高句丽渤海研究集成』, 哈尔滨出版社 1997年版.

162. 高句丽的习俗, 『高句丽渤海研究集成』, 哈尔滨出版社 1997年版.

163. 高句丽国改称高丽的时间, 『高句丽渤海研究集成』, 哈尔滨出版社 1997年版.

164. 高句丽国家的灭亡, 『高句丽 渤海研究集成』 哈尔滨出版社 1997年版

165. 高句丽民族的流向, 『高句丽渤海研究集成』, 哈尔滨出版社 1997年版

166. 沈阳石台子高句丽山城城名及建立时间考, 『北方文物』 2000年1期, 被科技创新与持续发展研讨会评奖.

167. 粟末靺鞨的汉化及建立渤海国, 『高句丽渤海研究集成』 哈尔滨出版社 1997年版.

168. 渤海国的民族构成,『高句丽渤海研究集成』哈尔滨出版社 1997年版
169. 唐代渤海民族的分布及渤海人的西迁,『高句丽渤海研究集成』哈尔滨出版社1997年版.
170. 定安国兀惹国及燕颇的活动,『高句丽渤海研究集成』, 哈尔滨出版社1997年版, 国家九·五项目阶段性成果.
171. 渤海族的经济社会性质,『高句丽渤海研究集成』, 哈尔滨出版社1997年版, 国家九·五项目阶段性成果.
172. 渤海国和邻族、邻国的关系,『高句丽渤海研究集成』, 哈尔滨出版社1997年版, 国家九·五项目阶段性成果.
173. 唐代渤海族的文化,『高句丽渤海研究集成』, 哈尔滨出版社 1997年版, 国家九·五项目阶段性成果.
174. 渤海族的习俗,『高句丽渤海研究集成』, 哈尔滨出版社 1997年版
175. 渤海人大延琳、高永昌、古欲的反辽,『高句丽 渤海研究集成』, 哈尔滨出版社1997年版.
176. 渤海国的建置、官制、人口『高句丽渤海研究集成』, 哈尔滨出版社1997年版, 国家九·五项目阶段性成果.
177. 渤海国的疆域与都城,『高句丽渤海研究集成』哈尔滨出版社 1997年版, 国家九·五项目阶段性成果.
178. 唐代渤海之五京,『高句丽渤海研究集成』, 哈尔滨出版社 1997年版, 国家九·五项目阶段性成果.
179. 唐代渤海国之十府,『高句丽渤海研究集成』, 哈尔滨出版社 1997年版, 国家九·五项目阶段性成果.
180. 关于社会主义初级阶段文化建设理论的探讨, 收入『社会主义初级阶段的辽宁文化建设』, 辽宁人民出版社1998年1月版.
181. 中国考古集成·华北卷, 前言, 哈尔滨出版社1997年出版.
182. 北方史界人物, 序, 黑龙江人民出版社1995年.

183. 东北亚历史地理研究前言，中州古籍出版社1998年.
184. 关于中国区域历史地理的研究与编写，中州古籍出版社1998年.
185. 中国文献中的滨海地区和黑龙江流域的古代民族，1万字，俄罗斯远东地区历史与考古学术会议论文，『北方民族』1999年2期，『庆祝中华人民共和国建国五十周年大型理论文集』.
186. 东北民族史研究的若干问题，日本东洋文库学术讲演稿，『民族研究』1999年3期，21世纪理论研究与实际，中国世纪改革与 新世纪优秀学术成果将此文评奖.
187. 高句丽的归属，『中朝边界研究文集』转载，吉林社会科学院 1998年印.
188. 契丹史研究，序，内蒙古科学技术出版社1999年版.
189. 沈阳城市起源和沿革，『沈阳日报』2000年摘刊，『沈阳建城始源论文集』，沈阳出版社2000年.
190. 沈阳历代人物传记，传记，供市委市政府参考.
191. 建立科学的朝鲜史体系而努力，2000年5月在中国朝鲜史学术会议的学术报告.
192. 十年来辽金契丹女真史研究总结，『辽金契丹女真史研究』2000年1期，『阜新辽金史研究』第四集序，社会出版社2000年版.
193. 三国志 · 高句丽传研究，序，吉林人民出版社2000年版.
194. 关于高句丽归属研究中的几个问题，在公元1-7世纪东北考古文化讨论会的报告，『东疆学刊』 2001年3期，『人大报刊资料 · 世界史』2000年1期，转载『继往开来中国改革开放 与现代化建设成果总览』及『中华学术博览 1997-2002年珍藏版』均编入此文.
195. 对东北民族史研究方法的一些体会，刊于东北民族疆域学术会议论文集『黑土地的古代文明』，远方出版社2001年版.
196. 中国统一多民族国家的形成与发展，『史学集刊』2001年3期，『人大报刊资料 · 民族本』2001年10期全文转载.

197. 高句丽历史研究综述,『社会科学战线』2001年第5 期,『中华之光－－全国优秀学术成果文献』评为一等奖. 中国改革发展战略研究汇编委会授于中国改革发展理论突出贡献奖并编入以上两个文献汇编.

198. 论辽文化－－兼评所谓"第三文化",『辽金史论集』(第六集), 文物出版社2001年版.

199. 传统文化与现代化, 在民进辽宁省学委会的学术报告, 2001年.

200. 沿着张博泉先生开拓的道路前进, 迎接地方史辽金史的高潮到来, 辽金东北史学术会议,2001年・长春.

201. 为发展我国社会科学而奋斗, 应文史馆要求而写.

202. 东北民族史研究综述,『辽宁社科志』2001年版.

203. 国际法中关于确定土地民族政治归属的原则, 收入『中国东北民族与疆域研究』, 百花文艺出版社2001年版.

204. 旧的历史不会重演,新式侵略必须抵制, 收入『勿忘九・一八』, 2001年.

205. 中国北方民族历史文化论稿, 序, 甘肃人民出版社2001年版.

206. 让渤海史研究成为促进东北亚各国友好的桥梁, 2001年10月在宁安渤海史会上的报告报告, 『东北边疆民族通讯』『渤海史文汇』『博物馆研究』2002年4期等内部发表,『东疆学刊』2002年1期.

207. 高句丽文物考古研究综述, 在韩国汉城高句丽研究第七界学术会议的学术报告, 收入中韩二种文字, 发表于『高句丽遗迹发掘和遗物』, 学研文化社2001年版.

208. 少说多做, 加强高句丽史研究,『北方民族』2002年1期.

209. 高句丽的起源及前高句丽文化的研究,『社会科学战线』2002年2期, 编入『新时期全国优秀学术成果文献』一书.

210. 马克思主义与人类文化的发展,『民主』2002年1 期.

211. 20世纪的东北民族史研究 『20世纪的辽宁史学』, 辽宁大学出版社2002年.

212. 在继承吸收的基础上创建中华民族的文化，在5月民进中央召开的海峡两岸学者中华传统文化与现代化学术会议交流，中央电视台在会上专门就此文作了采访.在『叶圣陶研究通讯』第17期发表.

213. 契丹族加入中国统一多民族国家及中华民族的过程，长春东北民族与疆域讨论会交流论文.

214. 再论高句丽归属的研究，通化高句丽史学术会议交流，2002年8月.

215. 探索学术研究促进经济文化发展的道路，全国辽史契丹史学术会议开幕词，『阜新辽金史研究』(第五集)序，中国社会出版社 2002年，电视台就此作了采访.

216. 辽金契丹女真史十年研究的回顾及对新世纪研究的设想，1万字，『阜新辽金史研究』(第五集)，中国社会出版社2002年.

217. 二十世纪我国契丹女真史研究综述，『中国民族研究年鉴』2001年卷，民族出版社2002年版，其中契丹史，女真史综述分别为『阜新辽金史研究』及『阿城女真史会论文集』转载.

218. 实践是文明发展的动力，『社会科学战线』2002年4期.

219. 文明起源和形成的理论研究(上)，『学习与探索』2002年5期，全国新时期优秀成果一等奖，并编入『全国新时期人与科学获奖成果精选』.

220. 文明起源和形成的理论研究(下)，『学习与探索』2002年6期，全国新时期优秀成果一等奖，并编入『全国新时期人与科学获奖成果精选』.

221. 从渤海国和中央王朝关系的演变看渤海国归属的变化，『黑龙江民族丛刊』2002年4期.

222. 高句丽的历史地理研究综述，『东北历史地理论丛』摘刊1.1万字，哈尔滨出版社2002年.

223. 和健才交往数事，回忆录，『东北历史地理论丛』，哈尔滨出版社2002年.

224. 为探索人类文明奥秘而努力，辽宁美术出版社2002年.

225. 三个代表思想深化了对人类历史发展动力的认识，『学习和实践三个代表系列丛书」，人民画报社2002年版.

226.『渤海国史』序，黑龙江教育出版社2002年版.

227. 中国疆域形成发展理论研究，在中国民族史学术会议上的学术报告，『中南民院学报』2003年1期.

228. 中华民族的形成与发展，『史学研究』2003年1期.

229. 科研成功之路，『辽金史论集－－张博泉先生逝世三周年纪念文集』，吉林人民出版社2003年版.

230. 宇宙的发展，进化与人类文明的前途，『北方论丛』2003年6期.

231. 关于渤海归属问题的研究，『北方文物』2004年1期.

232. 人类文明的形成发展是人类群体不断巩固和扩大的过程，0.6万字，『中国精典文库』，2003年.

233.『高句丽研究』序，0.4万字.

234. 关于高句丽渤海研究中的一些问题，高句丽渤海学术会议，2003年8月・延边.收入『高句丽渤海历史问题研究论文集』，延边大学出版社2004年版.

235. 金史的内容必须重新界定，北京建都850年国际学术研讨会，2003年9月・北京.

236. 高句丽国内城定点与建城时间论辩－－兼考尉那岩城，丸都城，平壤城与黄城诸城址，全国第三届高句丽学术研讨会2003年10月，集安.『东北史地研究』2004年2期.

237. 确定建城起源的理论原则(合著)，哈尔滨城市元学术研讨会 2003年11月，哈尔滨.『东北史地研究』2004年1期.

238. 东亚文化圈发展的展望，"东亚汉文化圈与中国"国际学术会议2004年2月，上海.『东亚汉文化圈与中国关系』，中国社会科学出版社2005年版.

239. 公元3－7世纪集安与平壤地区壁画墓的族属与分期，命名，(合作)，

"高句丽古墓壁画世界"国际学术会议2004年3月, 汉城.『北方文物』2004年2期.

240. 中国高句丽史研究开放繁荣的六年, "高句丽古墓壁画世界"国际学术会议2004年3月, 汉城.『辽宁文史』2004年3期.

241. 中国民族、政权、疆域研究, 韩国国史编撰委员会2004年3月.

242. 高句丽和中朝(韩)的关系与归属, "高句丽正体性" 国际学术会议2004年6月, 汉城. 『高句丽研究』18辑, 学研文化社 2004年.

243. 要把辽史作为中华民族历史的一部分来研究(合作), 全国第三届辽史契丹史学术讨论会, 2004年8月, 阜新.

244. 要把金史作为中华民族历史的一部分来研究(合作), 全国第三届辽史契丹史学术讨论会, 2004年8月, 松原.

245. 论研究辽金史的意义及文化产业化, 在吉林省松原县乡镇干部座谈会上的讲话, 2004年.

246. 东北亚各国对高句丽土地、人民、文化的継承, "高句丽史在韩国史中的地位"国际学术会议2004年9月, 汉城.韩国・高句丽研究财团『北方史论丛』2004年. 『高句丽历史问题研究论文集』, 延边大学出版社 2005年.

247. 传统文化与现代化具有时代性, 第二届海峡两岸传统文化与现代化学术会议2004年11月, 淮安.『第二届海峡两岸传统文化与现代化学术会议论文集』.

248. 三十年来对东亚朝贡册封体系的研究, 中外关系史百年回顾与展望学术会议2004年11月, 珠海.

249. 人类文明发展的总规律(正),『辽宁文史』2005年2期.

250. 从明代中日关系看东亚朝贡册封体系的性质, 明清以来中外关系史学术研讨会2005年5月, 杭州.

251. 国史范围的确定, 高句丽历史与文化学术研讨会2005年8月, 延吉.

『高句丽史新研究』, 延边大学出版社2006年版.

252. 历史上国际关系的几种基本模式, 中国中外关系史学会第六届会员代表大会暨多元视野中的中外关系史学术研讨会2005年8月, 延吉.

253. 人类文明发展的总规律(续), 『辽宁文史』 2005年5期.

254. 我国历史上的几次民族大迁徙及民族大融合, 中国民族史学会第六届会员大会暨第十次学术研讨会论文, 2005年10月重庆.

255. 对海上丝绸之路研究的几点看法, 宁波海上丝绸之路学术研讨会2005年12月8日, 宁波.

자료

1. 『北方史地资料』主编, 1985-1987年辽宁内部资料准印证86年087号.
2. 『北方八省市考古资料论著汇编』主编, 1985-1987年辽宁内部资料准印证86年087号.
3. 『东北历史地理论著汇编』 1985-1987年 辽宁内部资料准印证86年 087号.
4. 『东北科技史论著汇编』 1985-1987年 辽宁内部资料准印证 86年 087号.
5. 『东北人物传记汇编』 1985-1987年辽宁内部资料准印证86年087号.
6. 『辽史索引』 1985-1987年 辽宁内部资料准印证86年087号.
7. 『金史语汇集成』 1985-1987年辽宁内部资料准印证86年087号.
8. 『渤海史论著汇编』 1985-1987年 辽宁 内部资料准印证 86年 087号.
9. 『契丹史论著汇编』 1985-1987年 辽宁 内部资料准印证 86年 087号.
10. 『东北古史资料丛编』(一) 主编, 资料, 辽沈书社1989年版.
11. 『东北古史资料丛编』(二) 主编, 资料, 辽沈书社1989年版.
12. 『东北古史资料丛编』(三) 主编, 资料, 辽沈书社1990年版.
13. 『东北古史资料丛编』(四) 主编, 资料, 辽沈书社1990年版.
14. 『中国考古集成 · 东北卷』(辽、吉、黑、内蒙)20册 (主编), 资料, 1996年 北京出版社 出版.

15. 『高句丽渤海研究集成』(6卷), 主编, 哈尔滨出版社 1997年版
16. 『中华民族形成与发展研究论著索引』资料, 待刊.
17. 『20年来中国精神文明建设研究论著索引』资料, 与沈阳市图书馆合编,待刊.
18. 『中国辽金契丹女真史研究论著索引』资料, 待刊.
19. 『中国考古集成 · 华北卷』(北京, 天津, 河北, 山西卷) 20册, 资料, 主编,哈尔滨出版社1997年出版.
20. 『中国考古集成 · 华北卷』(河南, 山东卷)22册, 资料, 中州古籍出版社1999年.
21. 『中国考古集成 · 西北卷』(新疆, 甘肃, 青海卷) 20册, 资料, 中州古籍出版社 2001年版.
22. 『中国考古集成·西北卷』(陕西, 宁夏卷)25册,资料, 中州古籍出版社 2002年版.
23. 『中国考古集成 · 西南卷』(云南, 贵州, 重庆, 四川, 西藏) 28册, 资料, 中州古籍出版社 2003年版.

39. 孫泓

여자. 1970년9월 길림성해룡현 출생. 1992년 요녕대학 중문계 졸업. 2000년 요녕대학 역사계 역사학석사. 1991년부터 지금까지 심양시동아문화연구소, 심양동아문화연구중심, 심양동아연구중심에서 교대, 편집, 연구 등의 직을 수행. 현재, 심양동아연구중심비서장.부연구원. 요녕성 요금거란여진사연구회 비서장. 중외관계사학회 부비서장. 중국민족사학회 요금거란여진사분회 부비서장. 중국조선사학회 이사. 중국민족사학회 회원. 중국위진남북조사학회 회원. 민진요녕성위 부녀인동위원회 위원. 민진요녕성위 사회과학연합지부 부주임.

주소 : 110031 중국 沈阳市嫩江街68号 沈阳东亚研究中心
전화 : 024-86232616(O), 024-86231158(H), 13674289876(HP)
펙스 : 024-26211114
e-mail:sunhong99@163.com,sunhong99@hotmail.com

저서(주편)

1. 『东北各民族文化交流史』(合著), 春风文艺出版社1992年版, 获第四届省社联著作类二等奖、国家优秀图书奖.
2. 『东北亚文化研究』副主编, 中州古籍出版社1995年, 获第五届省社科联著作三等奖.
3. 『东北亚历史地理研究』副主编, 中州古籍出版社1998年.
4. 『高句丽文物研究』, 国家九五社会科学基金项目.
5. 『高句丽族史』(合著), 国家九五社会科学基金项目.
6. 『历史上民族, 政权归属理论研究』(合著), 国家九五社会科学基金项目.
7. 『高句丽研究论文集』, 国家九五社会科学基金项目.
8. 『中国北方古代人物传』第二卷, 副主编, 辽海出版社2002年.
9. 『韩国朝鲜国民族史』(合著), 2004年8月, 国家社会科学基金后期项目2005年.

논문

1. 慕容燕的实际缔造者--慕容翰『东北亚历史与文化』, 辽沈书社1991年.
2. 中朝文化的交流, 东亚文化国际学术研讨会论文, 1992年8月, 沈阳被评为优秀论文.
3. 契丹的文学, 契丹史国际学术研讨会论文, 1992年9月, 阜新.收入『辽金史论集(七)』, 中州古籍出版社1995年.被评为优秀论文.
4. 女真的文学, 金史国际学术研讨会论文, 1993年8月, 阿城.收入『东北亚文化研究』, 中州古籍出版社1995年.

5. 渤海人与辽宁, '93年中国东北与日本会议论文, 1993年9月, 沈阳.
6. 公元七至十三世纪的中朝边界(合作), 中朝关系史研讨会论文1993年11月, 长春, 收入『东北亚民族史论』, 中州古籍出版社1995年.
7. 金代的渤海族, 中国辽金及契丹女真史研究会第六届年会论文, 1995年9月, 沈阳.
8. 辽代渤海族的分布, 纪念谭其骧先生诞辰85周年国际历史地理学术研讨会论文, 1996年2月, 上海.
9. 地理环境与文化发展, 国际历史地理学术研讨会论文, 1996年7月, 北京.
10. 满族文化与长白山, 满族与长白山学术研讨会论文, 1996年8月, 白山市.
11. 关于长春城市形成中的几个问题(合作)长春城市学术讨论会论文长春1997年10月.
12. 东北亚民族的形成过程(1997年).
13. 辽金时期渤海后裔中高句丽遗民的流向, 全国辽史契丹史学术研讨会论文, 1997年8月, 阜新.被评为优秀论文.
14. 高句丽民族的形成, 发展及消亡(提纲), 全国高句丽史学术研讨会论文,1998年7月, 通化.收入『全国首届高句丽学术研讨会论文集』1999年.
15. 高句丽民族的分布变迁, 区域历史地理学术研讨会论文, 1998年8月, 沈阳. 收入『东北亚历史地理研究』, 中州古籍出版社1998年. 获省社科联第六届优秀论文奖.
16. 靺鞨, 女真, 渤海, 渤海建国1300年及滨海地区远古历史考古与文化学术研讨会论文, 1998年9月, 俄罗斯・海参崴.『黑土地的古代文明』, 远方出版社2000年版.
17. 社会科学研究改革之路研讨会会议纪要『社会主义初级阶段的辽宁文化建设』, 辽宁人民出版社1998年.

18. 渤海建国时间新论, 东北民族疆域学术研讨会论文，1999年7月.
19. 对高句丽归属问题的研究(合著), 『历史上政权, 民族归属理论研究』1999年.
20. 关于渤海归属问题的研究(合著), 『历史上政权, 民族归属理论研究』1999年.
21. 从渤海国和中央皇朝关系的演变看渤海国的归属性质(合著),『历史上政权, 民族归属理论研究』1999年, 『北方文物』2004年1期.
22. 历史上政权及民族归属理论研究论著目录 『历史上政权, 民族归属理论研究』1999年.
23. 朝鲜史研究体例 (合作), 中国朝鲜史年会论文, 2000年5月延吉.
24. 中国辽金契丹女真史研究索引, 中国辽金契丹女真史第七届年会论文，2000年9月, 沈阳.
25. 辽宁地区高句丽文物研究综述, 第七届高句丽国际学术研讨会, 2001年10月，韩国汉城.『高句丽研究』12辑，学研文化社2003年.
26. 渤海史研究的几个问题, 渤海史学术研讨会论文, 2001年10月.
27. 二十世纪我国契丹女真史研究综述 (合作),『中国民族史年鉴2002年』
28. 二十世纪我国女真史研究综述 (合作), 金源文化节论文, 2002年6月，阿城.
29. 女真族加入统一多民族国家的过程, 东北民族疆域学术研讨会论文, 2002年7月，长春.
30. 吉林地区高句丽文物研究综述, 高句丽学术研讨会论文, 2002年7月, 通化.
31. 跨界民族的形成与处理, 中国民族史学会年会论文, 2002年8月, 乌鲁木齐.
32. 二十世纪我国契丹史研究综述 (合作), 第二届中国辽契丹史学术研讨会论文，2002年8月, 收入『阜新辽金史研究』第五辑, 中国社会出版社2002年.

33. 高句丽历史地理研究综述（合作),『东北历史地理论丛论集』, 哈尔滨出版社2002年版.

34. 高句丽, 高氏高丽与王氏高丽的区别『高句丽研究论集』, 国家九五社会科学基金项目.

35. 中国向朝鲜半岛移民的历史, 中国海外贸易与海外移民史学术研讨会2002年12月, 深圳.

36. 东北古代史料的编纂出版（合作), 东亚史料编纂与研究国际学术研讨会2002年12月, 韩国汉城.

37. 安抚并州效忠晋室的刘琨『中国北方各族人物传』, 辽海出版社2002年版.

38. 夏兴东部鲜卑的慕容廆『中国北方各族人物传』, 辽海出版社2002年版.

39. 首附慕容的谋士裴嶷『中国北方各族人物传』, 辽海出版社2002年版.

40. 北燕的建国者冯跋『中国北方各族人物传』, 辽海出版社2002年版.

41. 屡立战功的粟末靺鞨酋长突地稽『中国北方各族人物传』, 辽海出版社2002年版.

42. 使突厥与隋成一体的沙钵略可汗『中国北方各族人物传』, 辽海出版社2002年版.

43. 建立殊功 终致灭族的李绩『中国北方各族人物传』, 辽海出版社2002年版.

44. 助唐的突厥将领阿史那社尔『中国北方各族人物传』, 辽海出版社2002年版.

45. 唐代黑水靺鞨首领倪属利稽『中国北方各族人物传』, 辽海出版社2002年版.

46. 渤海文化研究综述, 高句丽, 渤海问题学术研讨会2003年8月, 延边,收入『高句丽渤海历史问题研究论文集』, 延边大学出版社2004年版.

47. 金代的民族构成, 北京建都850周年国际学术研讨会2003年9月, 北京.
48. 金史的内容必须重新界定, 北京建都850年国际学术研讨会, 2003年9月・北京.
49. 高句丽文化的主体, 全国第三届高句丽学术研讨会2003年10月, 集安.『东北史地』2004年12期.
50. 韩国召开〈高句丽研究现状和课题〉学术会议 『东北边疆历史与现状系列研究工程通讯』2003年3期.
51. 确定建城起源的理论原则, 哈尔滨城市纪元学术研讨会2003年11月, 哈尔滨.『东北史地研究』2004年1期.
52. 东亚文化圈的形成与发展, "东亚汉文化圈与中国"国际学术会议2004年2月, 上海.『东亚汉文化圈与中国关系』, 中国社会科学出版社2005年版.
53. 公元3－7世纪集安与平壤地区壁画墓的族属与分期, 命名(合作), "高句丽古墓壁画世界"国际学术会议2004年3月, 汉城. 『北方文物』2004年2期.
54. 中国学者高句丽归属研究综述, "高句丽正体性"国际学术会议2004年6月, 汉城.『高句丽研究』18辑, 学研文化社2004年.
55. 朝鲜半岛向中国大陆移民的历史, "登州港与中韩文化交流"国际学术会议2004年8月, 蓬莱『登州港与中韩交流国际学术讨论会论文集』, 山东大学出版社2005年版.
56. 要把辽史作为中华民族历史的一部分来研究(合作), 全国第三届辽史契丹史学术讨论会, 2004年8月, 阜新.
57. 要把金史作为中华民族历史的一部分来研究(合作), 全国第三届辽史契丹史学术讨论会, 2004年8月, 松原.
58. 高句丽与东北亚各国, 各族的关系, "高句丽史在韩国史中的地位"国际学术会议2004年9月，汉城.韩国·高句丽研究财团『北方史论丛』2004年.『高句丽历史问题研究论文集』，延边大学出版社2005年.

59. 正确认识中国传统文化的内涵，第二届海峡两岸传统文化与现代化学术会议2004年11月，淮安.『第二届海峡两岸传统文化与现代化学术会议论文集』.
60. 百年来中朝关系史研究综述，中外关系史百年回顾与展望学术会议2004年11月，珠海.
61. 从清代与朝鲜的关系看东亚朝贡册封体系的性质--兼与全海宗先生商榷，明清以来中外关系史学术研讨会2005年5月，杭州.
62. 中国与东北亚各国关系的历史，现状与未来，中国中外关系史学会第六届会员代表大会暨多元视野中的中外关系史学术研讨会2005年8月，延吉.
63. 辽宋金元时期的民族大迁徙与民族融合，中国民族史学会第六届会员大会暨第十次学术研讨会论文，2005年10月，重庆.
64. 宁波在东北亚的地位，宁波海上丝绸之路学术研讨会2005年12月8日，宁波.

주편참고자료

1. 『东北古史资料丛编』第二卷编者，全国学会古籍类二等奖，辽宁省古籍整理七·五规划重点项目，辽沈书社1989年.
2. 『东北古史资料丛编』第三卷编者，全国学会古籍类二等奖，辽宁省古籍整理七·五规划重点项目，辽沈书社1990年.
3. 『高句丽渤海研究集成』6册，常务副主编，哈尔滨出版社1997年.
4. 『中华民族形成与发展研究集成』副主编.
5. 『中国考古集成·东北卷』（辽，吉，黑，内蒙）20册，编委，北京出版社1997年.

6.『中国考古集成·华北卷Ⅰ』(京, 津, 晋, 冀) 20册, 常务副主编, 哈尔滨出版社1997年.

7.『中国考古集成 · 华北卷Ⅱ』(豫, 鲁) 22册, 常务副主编, 中州古籍出版社1999年.

8.『中国考古集成 · 西北卷Ⅰ』(青, 新, 甘)20册, 常务副主编, 中州古籍出版社2001年.

9.『中国考古集成 · 西北卷Ⅱ』(陕、宁)25册, 常务副主编, 中州古籍出版社2002年.

10.『中国考古集成 · 西南卷』(云, 贵, 川, 藏, 渝), 28册, 常务副主编, 中州古籍出版社2003年.

11.『中国考古集成·华南卷』(湘, 鄂), 25册, 副主编, 中州古籍出版社2004年.

12.『中国考古集成 · 华南卷』(闽, 粤, 琼, 桂), 20册, 副主编, 中州古籍出版社2005年.

13.『中国考古集成 · 华东卷』(苏, 皖), 28册, 副主编, 中州古籍出版社2006年.

40. 宋福娟

여자. 한족. 요녕성 부신시인. 1965년 11월 출생. 통화사범학원 부교수.
1984년 7월 부신시실험중학 졸업. 1988년 7월 요녕사범대학 지리계 졸업
1988~1990. 부신시 몽중, 1990~1997. 통화시 강철공사일중 교사.
1997~현 통화사범학원 근무. 부교수
주요강의: 人文地理, 旅游地理.
주요 논문
高句丽的水上交通『通化师院学报』2000. 6

扶余问题的探讨 东北师范大学 2000．4
两汉时期东北疆域与高句丽 高句丽归属问题研究 2001．4
高句丽与北方民族的融合『通化师院学报』2003．1

41. 辛占山

요녕성 고고연구소 소장

42. 楊軍

남자, 回族, 1967년 12월7일 요녕성 조양시 출생. 현재 길림대학 역사계 중국지방사연구실 부교수.
1989년 요녕 사범대학 역사계 역사학학사. 1992년 길림대학 역사계, 역사학석사.
1997년 길림대학 고적연구소 역사학박사.
1992년 길림대학 역사계조교. 1994년 길림대학 역사계강사. 2000년, 길림대학 역사계 중국지방사전업 부교수, 역사계 부주임.
주요 수행 연구과제:
1. 古代朝鲜半岛国家与民族的演变, 吉林省哲学社会科学规划项目, 2000-2001年.
2. 高句丽民族-国家的形成与演变, 东北边疆工程子课题, 2002-2003年.
3. 拓跋鲜卑与高句丽国家起源的比较研究, 教育部博士点基金项目, 也是吉林省哲学社会科学规划项目, 2003年起, 正在进行中.
4. 中朝边界的历史考古与政治, 教育部重大委托项目, 2001年起, 正在进行中.

주요저서: 『东北史』『高句丽民族-国家的形成与演变』『中国与朝鲜半岛关系史论』.

43. 楊昭全

1933년 5월생. 漢族. 하북 옥전인. 1958년 북경대학 東方語言系 조선어전공 졸업. 연변교육출판사 근무. 1978년부터 길림성사회과학원 조선연구소에서 한국사와 중조관계사 연구. 1988년 소장. 1993년 퇴직 후 길림성사회과학원 한국독립운동연구중심 주임. 연구원. 장기간 중조관계사 연구에 종사.

주요저서 : 『中朝关系简史』(요녕민족출판사, 1996), 『中朝边界史』(길림문사출판사, 1993) 『中朝关系通史』, 『中国－朝鲜·韩国关系史』(上,下), 『中国－朝鲜 · 韩国文化交流史』 (1-4卷), 『中国境内韩国反日独立运动史』 (1-2卷, 『大韩民国临时政府史』, 『朝鲜义勇军抗日战史』, 『朝鲜华侨史』, 『朝鲜三一运动史』, 『韩国汉诗选』, 『中朝关系史论文集』 『中国朝鲜族革命斗争史』 등.

44. 楊保隆

남자. 한족. 중국사회과학원 민족연구소 연구원. 강소성인 1932년 11월 출생, 1960년 북경정법학원 졸업. 1960년부터 내몽고역사연구소、중국과학원민족연구소에서 동북소수민족원시사회형태 및 동북민족사적연구에 종사.

저서 : 『肃慎挹娄合考』 中国社会科学出版社 (1989) 『渤海史入门』 编著青海人民出版社(1988).

논문 : 高句骊族族源与高句骊人流向 『民族研究』(1998) 各史『高句骊传』的几个问题辨析 『民族研究』(1987)

45. 梁玉多

흑룡강성사회과학원 역사연구소 부연구원

46. 梁志龍

요녕성 본계박물관 부연구원

47. 楊春吉

남. 한족. 1945년생. 길림성 농안현인。1969년 사범대학 역사계 졸업. 현. 통화사범학원 역사계 주임. 교수. 통화사원 고구려연구소 소장. 통화지구 역사학회 회장, 통화시 정협위원 등 겸임. 『简明中国通史』『历史教学』法』 등 주편. 『高句丽史籍汇要』, 『中国学者高句丽研究文献叙录』『高句丽历史与文化』 등 저서 그 외 논문 30여 편.

48. 楊通方

남자. 1924년 7월 북경대학 외국어학원 한국어전공 교수. 현재. 한국학연구중심 주임.

논저 :『中韩古代关系史论』『萁子, 卫满朝鲜王朝故地的归属』

49. 楊泓

남자. 1935년 12월 북경 출생. 만주족. 1958년 북경대학 졸업. 현재, 중국사회과학원 고고연구소 연구원. 고고학전공. 고고편집업무에 다년간 종사. 연구생원교수. 박사생도사，中國軍事百科全書古代兵器學科

主編, 中國古帽硏究會 理事長, 中國美術家協會 會員.

주요연구 : 中国汉唐考古学(包括中国佛教考古).中国美术考古学和中国古代兵器史。主要著作:『中国古兵器论丛』.『新中国的考古发现和研究』『中国大百科考古卷』,『美术考古半世纪－－中国美术考古发展史』, 외, 佛教艺术造像 논문 등.

50. 厲聲

남자. 한족. 1949년 8월 북경에서 출생. 중국공산당원. 1985년 7월 서북대학 대학원 중러관계사 석사학위 취득.

1993년~1997년 신장대학 역사학과 부주임 및 부교수. 신장대학 역사학과 주임 및 교수. 1997년 11월 중국사회과학원 중국변강사지연구중심에 들어옴. 1998년 중국사회과학원 중국변강사지연구중심 부주임 및 연구원. 2001년이후 현재 중국사회과학원 중국변강사지 연구중심 주임 및 연구원.

중국사회과학원 신장발전연구중심 부주임, 중국변강지구 역사 및 사회연구 동북지소장, 중국변강지구역사 및 사회연구 신장지소장, 중국 중앙아시아문화연구회 비서장, 중국 중러관계사학회 부회장, 중국 중외관계사학회 부회장, 중국인민대학 및 신장대학 객원교수, 신장위그루자치구 국제경제문화발전중심 이사직을 겸임하고 있음.

연구분야 : 강역사

연구과제 :

主持中国社会科学院重点项目『历代边事与边政』; 2000年立项, 2004年完成.

主持院交办项目『中国新疆 : 历史与现状』, 2002年立项, 2003年2月已完成与马大正研究员共同主持的『新疆史鉴』

(院重点), 1998年立项, 完成时间2001年. 已完成初稿.

中心重点课题：新疆反恐怖斗争研究, 1998年立项.

연구업적

저서

1. 『新疆对苏（俄）贸易（1600-1990』, 新疆人民出版社, 1995年
2. 『中俄伊犁交涉史』, 新疆人民出版社, 1995年
3. 『历史论集』(主编), 新疆人民出版社, 1995年
4. 『新疆地方史学习指导』(主编), 新疆大学出版社, 1996年
5. 『中亚五国简史』(合著), 新疆人民出版社, 1998年12月
6. 『风雨浮萍-俄国侨民在中国』(合著), 中央党校出版社, 1996年
7. 哈萨克民族历史发展的几个问题(论文), 载『西域考察与研究』(续)新疆人民出版社, 1999年；
8. 乾隆年间新疆协饷拨解及相关问题(论文), 载『清史研究』1998年第4期.
9. 2000年, 主持的研究报告：『新疆社会稳定战略研究』课题荣获社科院第三届优秀科研成果研究报告类三等奖.
10. 『中国新疆：历史与现状』, 合著, 新疆人民出版社, 2003年8月出版.

主要论文

1. 那彦成善后制外浅析『新疆大学学报』第3期
2. 新疆中俄司牙孜会谳制度研究『新疆社会科学』1988的3期.
3. 中俄司牙孜辩正『新疆大学学报』1988年第3期.
4. 新疆俄国租借地研究『新疆大学学报』1989年2期.
5. 新疆俄国贸易圈述略『喀什师院学报』1989年第一期.
6. 1989年「中俄伊犁交涉研究综述『中国边疆史地研究导报』第

四期, 独著

7. 俄茶倒灌与〈俄商借道塔城伊犁运茶赴俄条约〉『新疆社会科学』1989年第4期.
8. 新疆中俄民籍问题研究『喀什师院学报』1990年第1期.
9. 新疆俄国贸易圈研究 『西域史论丛』第三辑, 获自治区社科优秀成果一等奖, 独著
10. 〈中俄伊犁条约〉后新疆地区中俄贸易研究 『西北历史研究』(论文集) 陕西三秦出版社1990年版.
11. 改革开放以来新疆对苏边境贸易『国际贸易论坛』1991年第二期.
12. 同治年间伊犁议借俄兵案始末『西域研究』1992年第3期.
13. 盛世才时期新疆对苏贸易研究『喀什师院学报』1991年第2期.
14. 新疆对苏贸易口岸概况与现状 (0.6万字) 载『开发研究』1992年第1期.
15. 新疆对苏贸易口岸概况与现状『开发研究』1992年第1期.
16. 新疆近代历史研究回顾『中国边疆史地研究报告』1992年第2期.
17. 清代巡边制度研究『西域考察与研究』新疆人民出版社, 1994年版.
18. 新疆对苏贸易口岸概况与现状『开发研究』1992年第1期.
19. 同治年间伊犁将军议借俄兵案始末『西域研究』1993年第3期.
20. 废止俄商在新疆贸易暂不纳税始末 『中日边疆地研究』1997年第3期.
21. 清王朝对西北藩属哈萨克治理政策研究 『西北民族论丛』中国社会科学出版社, 2003年12月.
22. 沿着中国边疆史地研究的正确道路前进 『中国边疆史地研究』2003年第3期.
23. 中华民族多元一体格局与民族认同的历史性 『三教圆融两岸一体』经济管理出版社, 2003年11月.

24. 18世纪上半叶哈萨克汗国与准噶尔及俄罗斯的关系 『中国边疆史地研究论集续编』黑龙江教育出版社, 2003年12月.
25. 近代以来新疆艺术述论 (1840-1999合著, 『中国边疆史地研究』2005年第2期

51. 温玉成

남자. 1939년11월17일 흑룡강성 빈현 출생. 1959년7월 북경39중학 졸업. 1964년7월 북경대학 역사계 고고전공 졸업. 현재. 하남성 용문석굴연구소 명예소장. 연구원 (교수). 소림문화연구소 소장. 중국려유문화학회 및 중국돈황·토로번학회 이사. 돈황연구원 및 현장연구중심 연구원을 겸직. 중국동방문화연구회(CAOCS) 이사. 하남성문물고고학회 상무이사, 하남성동방문화연구회 부회장, 중앙민족대학, 정주대학, 로신미술학원 겸직교수.

저서 : 『中国石窟·龙门石窟』『龙门石窟雕刻』『中国石窟与文化艺术』『中国石窟雕塑全集·龙门卷』

논문 : 谈百济金铜大香炉 『中国文物报』1996. 韩国庆州石窟庵原型初探, 中国社科院主办『当代韩国』. 『集安长川一号高勾丽墓佛教壁画研究』. 『中国早期石窟寺研究的几点思考』2000 등 97편.

52. 王健群

1927년 8월생. 남. 요녕성 해성현인. 1950년 동북사범대학 역사학부 졸업. 1959년 소주대학 역사계 연구생 졸업. 1962년 길림성박물관 역사고고부 관원. 1978년 길림성고고연구실 주임. 1983년 길림성 문물고고연구소 소장. 1985년 연구원. 작고. 國際亞洲史學會執委, 評議員.

美國東西方中心成員.

저서 : 『好太王碑研究』, 『好太王碑与高句丽遗迹』(日文), 『四, 五世纪的东亚与日本』(日文) 등 10편, 渤海国的经济结构和社会性质－－兼谈古代中国东北地区少数民族的社会发展(1996) 등 논문 80여 편.

53. 王利群

남자. 한족. 1967년 9월 길림성 통화시에서 출생. 1987년 통화시제일중학 졸업. 1991년 동북사범대학 지리계 졸업. 1991년 이후 통화사범학원 교편. 현재 통화사범 역사계 지리전공 부교수.

논문 : 高句丽自然灾害初探 (2000).

54. 王綿厚

남자. 1945년 4월 요녕성 해성에서 출생. 1969년 북경대학 역사계 고고 전공 졸업. 1983년~1984년 길림대학 고문헌연구반에 들어가 저명 역사학가 김경방 선생 지도를 받음. 현재, 요녕성 박물관관장. 요녕대학 객좌교수. 요녕사회과학원 특요연구원. 중국요금거란여진사학회 이사. 요녕성박물관 학회 부이사장. 요녕성 사회과소령도소조 역사학 평심위원.다년간 동북역사고고와 고민족연구, 특히 동북역사지리, 교통사, 민족사와 훈인, 비각, 점지도 등 문물 연구에 주력.

주소 : 심양시 시부대로 요녕성박물관. 우편번호 110000 Tel 024-86237519.1.

저서 : 东北工程『高句丽的族源与疆域』2003-2006年. 『高句丽古城研究』2002. 등

논문 : 面向21世纪的博物馆学与交叉学科 2001. 高句丽"辽东城冢"壁

画中若干问题的考析 2000. 关于通化万发拨子遗址的考古与民族学考察 북방문물2001. 高句丽的城邑制度与山城 2001. 논문 60여 편.

55. 王小甫

남자. 한족. 1952년 7월 24일생. 사천 성도인. 1982년 8월 북경대학 역사계 중국사전공 역사학학사, 1989년7월 북경대학 역사계 박사학위(당・토번・대식관계사).

1994년 영국 케임브리지대 동방학계 박사후연구.

1982년 9월 신강사회과학원 중아소연구인원. 1989년8월 북경대학 중국중고사연구중심 강사. 1992년8월 북경대학 중국중고사연구중심 부교수. 1999년7월부터 현재 북경대학역사계, 중국고대사연구중심교수. 박사생도사

전공 : 隋唐史, 西域史, 中國与周邊關系史 ; 隋唐東北亞政治關系史考察与研究

저서 : 『中韩关系史・古代卷』(1998) 『盛唐时代与东北亚政局』(2003) 등 5편.

논문 : 隋初与高句丽及东北诸族关系试探--以高宝宁据营州为中心(1997) 朝鲜为"来朝之韩"说(1998) 唐朝与新罗关系史论--兼论统一新罗在东亚世界中的地位(2000) 등 50편.

Tel.: 62757458(사무실), 62754562 (宅) Fax: 62751650

Email: xiaofuw@pku.edu.cn，zgs0010@sina.com

홈피: http://cnhistory.net/freeyellow

56. 王純信

남자. 1939년 6월 24일 길림성 통화현에서 출생. 1960년~1989년 통화시문화관, 예술관에서 미술교육, 미술창작에 종사. 1989년~1992년 통화시 서화원 원장. 1992년 통화사범학원 미술계 주임. 교수. 장백산 민속 산수화의 탐구와 창작. 장백산 만족, 조선족, 고구려족, 한족 등 민간미술의 발굴, 정리, 연구. '일급 민간공예미술가'를 칭호 받음. 국가문화부 사문국 수여 "민간미술공작 개척자"

57. 王承礼

남자. 1928년 요녕 흥성에서 출생. 연구원.1952년 동북사범대학역사계 졸업. 길림성사회과학학회 연합회 부주석, 정협길림성위원회 위원, 정협문사자료연구위원회 부주임, 중국요금거란여진사학회부회장, 중국민족사학회 상무이사, 중국고고학회 이사, 길림성문련위원, 길림성고고협회 이사장, 동북사연구회 회장. 길림성박물관부관장, 길림성문물국 부국장, 길림성도서관학회 이사장. 1981년~1986년 길림성사회과학원 부원장. 주요논저: 『길림성력사개요』『발해간사』 논문 30여 편.

58. 王禹浪

남자. 만주족, 교수. 1956년 3월생. 1978년 흑룡강대학 철학계 졸업. 1985년 흑룡강성사회과학원 역사연구소 조리연구원. 1988년 일본유학. 1989년 일본 아세아대학 특약연구원. 1990년 동경외국어대학 공동연구원. 1991년 귀국, 하얼빈시사회과학원 지방사연구소 부연구원, 연구원, 소장. 2002년 9월 이후 대련대학 인문학원 교수, 중국동북사연구중심

주임. 일본 동북학원대학 동북문화연구소 겸직교수.

논저 : 黑龙江渤海山城的分布特征 2002. 渤海古城中的高句丽特征, 2002. 北夷索离国及夫余王城新考 2003 등 논문 60여 편.

59. 王臻

남자. 한족. 1969년 4월 산동성 제성에서 출생. 1993년 연변대학 역사계 졸업. 1999년, 동 대학 역사계 석사. 2004년 동 대학 역사계 박사. 전공: 세계사(조선사). 현재: 延邊大學 人文學院 歷史系 副教授. 장기간 中朝古代關系史 연구.

저서 : 『清代中朝日关系史研究』.

논문 : 明代女真族与朝鲜的边境贸易 「朝鲜太宗与明朝争夺建州女真所有权」. 등

60. 姚義田

1940년 요녕성 대련시 출생. 1964년 북경대학 역사계 고고 전공 졸업. 1982 요녕성박물관 조리연구원. 1992 동 부연구원. 1998 동 연구원. 2000년 퇴직.

연구분야 : 东北亚历史考古文献编译

61. 牛金娥

여자. 1965년생. 역사학석사. 동북농업대학 인문학원 부교수. 우편번호. 150030.

高句丽民族对东北开发的贡献 등 논문

62. 于逢春

1960년 요녕성 동항시 출생. 한족. 변강사지연구중심 부연구원. 1983년 8월～1985년 8월까지 요녕성도서관 근무. 1985년 9월~1988년 7월, 내몽고대학 몽고사연구소에서 석사과정 수료 및 학위 취득. 북방민족사 연구. 1989년 9월～1997년 3월까지 심양출판사에서 역사학 등의 사회과학저서 출판 작업에 종사. 1997년 4월~2000년 3월, 일본 북해도교육대학에서 석사학위 취득. 중일근대문화교육교섭사 연구. 2000년 4월～2003년 3월 일본 광도대학에서 박사과정 수료 및 학위 취득. 중국근대국가의 형성과정과 중일근대교육교섭사를 연구. 2003년부터 현재까지 중국사회과학원 변강사지연구중심 연구1부에서 진한이후의 중국국가형태와 강역변천과의 관계를 연구.

63. 熊義民

1966년생. 남. 호북성 광수인. 暨南大學 문학원 박사. 중외관계사연구 전공.

公元四至七世纪东北亚政治关系史研究(박사학위논문). 「隋炀帝第一次东征高句丽兵力新探」 등 논문.

64. 袁剛

1953년 9월 21일 강서 남창 출생. 1987년 역사학 박사학위. 현재 북경대학 정부관리학원 교수. 박사생도사. 주요연구방향: 중국정치사상사, 중국정치제도사, 중세기중국정치사. 저서 : 2권. 논문: 90여 편.

65. 魏國忠

1937년생. 하얼빈 출생. 북경대학 역사계 졸업

흑룡강성 사회과학원 역사연구소 발해사연구실 주임. 연구원

1960년 北京大學 역사계 졸업후부터 흑룡강성내 歷史教學과 研究 및 문물고고공작에 종사하고, 『渤海史考』. 『黑龍江古代簡史』. 『黑龍江歷史編年』. 『東北民族史研究』등 10종의 저서를 단독 혹은 공저하고, 조사보고와 6-70편의 논문이 있음

66. 魏存成

1954년 11월 하북성 평향현에서 출생, 漢族, 중국공산당당원. 1969년 길림대학 역사학과 졸업. 후 길림대학에 임용되었다. 1973년부터 1975년까지 북경대학에서 考古學을 전공. 1992년 교수로 승진, 1994년에는 박사생 지도교수가 됨. 길림대학 고고학계부주임과 주임을 역임하였고, 현재는 길림대학 변강고고연구중심 교수, 길림대학 문학원 고고학계 박사생 지도교수, 동북역사여변강연구중심 주임, 중국사회과학원 동북공정 전문가위원회 위원, 길림성 고구려연구중심 전문가위원회 위원으로 활동하고 있음.

〈魏晋~隋唐考古〉, 〈高句麗渤海考古〉, 〈隋唐文獻과 東北古史文獻〉, 〈中國古代建筑〉 등을 강의. 논문으로는 高句麗積石墓의 類型과 演變, 中國北方의 4~5세기 馬具, 高句麗, 渤海文化의 발전 및 관계, 集安 大形積石王陵 研究, 渤海 유적의 고고 발견과 연구 등이 있고, 저서는 『高句麗考古』(길림대학출판사, 1994), 『東北古代民族, 考古와 疆域』(길림대학출판사, 1998), 『高句麗遺迹』(문물출판사, 2002)이 있다.

67. 劉炬

길림성사회과학원 고구려연구중심 연구실 부주임.『東北史地』副主編.

68. 劉永智

1931. 3. 10 일생 요녕성 봉성현인. 1960년 동북사범대학 역사계 졸업. 중국사회과학원 길림성 분원 역사연구소 부임. 길림사회과학원 조선연구소 부소장 겸 조선역사연구실 주임, 연구원. 심양동아연구중심 부주임. 연구원. 저서:『조선지식수책』『조선전사』(하) 등.

69. 劉子敏

남자. 한족. 1938년 산동성 낙릉에서 출생. 1963년 동북사대 중문계 졸업. 현재. 연변대학 역사계 교수.

저서 :『中国正史中的朝鲜史料』『高句丽历史研究』등.

논문 : 貊族考, 战国时期燕朝关系新探 등 30여 편.

70. 劉厚生

1941년 2월 출생 1980년~현재 동북사범대학 역사학부 교수. 전공: 명청사.

길림성장백산문화연구회 부회장. 전국민족고문자연구회 이사, 길림성민족학회 이사, 흑룡강성대학 객좌교수, 길림사범대학 객좌교수, 중국사회과학원 중국변강지구 역사과 사회연구 동북공작참부참장(상무) 겸직.

연구분야 : 明清史, 东北民族과 疆域史, 满族言语文化
주소 : 길림성 장춘시 인민대가 5268호 동북사범대학 역사문화학원 (우편번호 : 130024)
전화번호 : (86-431)5099093
e-mail : liuhous@sina.com

71. 劉萱堂

남자. 1938년 5월생. 길림 장춘 출생. 현, 길림성문물고고연구소 연구원. 장기간 고구려벽화연구.

72. 尹國有

1950년 4월 3일생. 남. 한족. 길림성 통화시 출생. 길림미술학원 졸업. 동북사범대학미술계, 중앙미술학원전국고등원교미술교육교학연수반. 경극단악대연주원, 무태미술설계, 삼급미술사, 1993년부터 통화사범학원 미술계 강사, 부교수, 교수.

Tel. 0435-3208085. Lvzheng_4@163.com

저서 : 『高句丽壁画研究』 吉林大学出版社 2003年10月.『高句丽瓦当研究』(2人 合作)吉林人民出版社2001年12月

논문 : 高句丽汤谷扶桑图及汤谷扶桑观念播迁考略 『通化师院学报』 1997(2)
高句丽的鸟图腾 『北方民族』1997年
高句丽壁画中的汤谷扶桑图 『北方民族』1998年
高句丽妇女面妆与头饰考 『通化师院学报』1999年
高句丽壁画中“怪异神兽”解 『通化师院学报』1999年

高句丽壁画中的“天书”『通化师院学报』2000年
高句丽的石文化『通化师院学报』2001年
高句丽壁画中的尚鸟艺术『通化师院学报』1993(3)

73. 李健才

男, 한족, 1920년 10월 24일생 원적: 산동성 치평현 석장. 1946년-1948년8월 장춘대학 법학원경제계 3년 졸업. 1948년9월-1949년2월 길림 동북대학 2부2반 학습. 1949년2월-1953년6월, 동북사범대학 역사계 본과 졸업. 연구생 수료. 1953년7월-1957년12월 중학교원 동북사대 역사계 조교. 1958년1월-1987년12월 길림성박물관, 길림성 고고연구실, 길림성 문물고고연구소 연구원, 30년간 동북고고 동북사지의 조사연구에 종사. 1987년12월 퇴직 동북사연구에 종사. 1964년 4월-6월, 집안현 양민 고구려고분 발굴, 국내성과 환도성 고고조사 진행. 1976년4월-7월 집안 고구려고분 발굴. 1977년6월-7월, 무송현 전전자고구려고분 발굴. 7월-8월, 무송, 안도, 화룡 3현의 발해고성 고고조사 진행. 1983년 9월, 무순 노동공원 한성. 고이산성, 신빈현 영릉진 노성 한대 고성(第二玄菟郡址)

저서 : 동북사지고략, 1986년 등 다수.

74. 李國强

남자. 한족. 1963년 1월 산서에서 출생. 중국공산당원. 1988년 정주대학 역사계 연구생 졸업 역사학 석사학위 획득. 그 후 변강사지연구중심 연구부에 들어가 연구업무에 종사. 海疆史地, 西南疆域史, 中越關系史 연구. 현재 중국변강사지연구중심의 연구부 주임. 중심학술위원회위원. 연구원. 변강사지연구중심 부주임. 『중국변강사지연구』편집부의 겸임편집위원임.

주소 : 북경시 왕부정대가 동창호동 1호 (우편번호 : 100006)

연구분야 : 海疆史地. 西南疆域史. 中越关系史

연구과제수행실적:

1. 『近百年来南沙群岛研究』. 1996年立项, 完成时间1998年, 已完成.
2. 『中国边疆史地研究 : 1989-1998』, 1999年立项, 完成时间2000年, 已完成.
3. 『论证南海主权的民间史料－－『更路簿』研究』, 2000年立项, 完成时间2001年8月, 已完成.
4. 『当代中国边疆系列调研』(第三, 四期工程), 分别于1996, 1999年立项, 已完成.
5. 『中国边疆通史』, 1998年立项, 2000年完成.
6. 『云南广西边疆地区社会稳定问题研究』, 2001年立项, 完成时间为2004年12月.
7. 『中越边境形势对广西边疆地区社会稳定的影响』, 2001年立项, 完成时间为2002年12月, 已完成.
8. 『数字边疆信息化研究和建设』第1期, 2002年立项, 完成时间为2003年12月.
9. 主持“东北工程”委托课题『二战以后中朝中越政治关系发展比较研究』, 2002年立项, 完成时间2004年12月.

연구업적:

1. 中国边疆史地学术会议纪要, 『中国边疆史地研究导报』第4期, 1988年.
2. 中越陆路边界源流述略, 『中国边疆史地研究导报』1989年.
3. 南沙群岛的过去和现在, 『中国边疆史地研究导报』第3期, 1989年.
4. 劬录毕生的向达先生, 『中国边疆史地研究导报』第1期, 1989年.

5. 纪念收复南沙群岛42周年座谈会在穗举行, 『中国边疆史地研究导报』第1期, 1989年.
6. 我国边疆史地研究近况, 『新疆社会科学』第1期, 1989年.
7. 日本研究中国边疆史地之现状, 『中国边疆史地研究导报』第4期, 1989年.
8. 中国海疆的瑰宝, 『百科知识』第5期, 1990年.
9. 略论明代中越边界, 『中国边疆史地研究报告』第5辑, 1990年.
10. 辛勤耕耘四十载--访南海史地学者韩振华, 『中国边疆史地研究导报』第1期, 1990年.
11. 南沙群岛史地问题的综合研究, 『中国边疆史地研究』第1期, 合作; 1991年3月.
12. 北宋与交趾间两峒边界争端探微, 『中国边疆史地论集』黑龙江教育出版社.
13. 著名的南海史地研究专家韩振华先生, 『中国边疆史地研究』第2期.
14. 南沙群岛史地问题综合研究, 『南海诸岛 : 历史, 地理, 主权』黑龙江教育出版社, 合作;
15. 主编『中国边疆研究通报』第二集, 新疆人民出版社, 1998年
16. 边疆稳定与禁毒斗争, 论文, 合作, 『中国边疆研究通报』第二集, 998年
17. 解决南沙主权争议几个方案的解析, 『中国边疆史地研究』2000第 4期
18. 南海诸岛行政区划沿革考, 『中国边疆史地研究论文集』, 黑龙江教育出版社, 2003/12
19. 关于中国海疆史地学术研究的思考, 『院报』2000/8/29
20. 中国行使南沙群岛主权的四个历史阶段, 『21世纪的南海研讨会论文选』, 海南南海研究中心, 2000/5
21. 实施"替代种植", 探索禁毒之路, 『院报』2000/7/18 获奖成果 :
22. 『民国政府与南沙群岛』(载『近 代史研究』1994年第2期)获中国社会科学院第二届青年优秀科研成果三等奖.并或1990－1994年度边疆中

心优秀科研成果奖.

23. 『中老边界历史形成探微』获1995-1998年度边疆中心优秀科研成果奖.
24. 于海疆史地学术研究的思考『中国边疆史地研究』2001年第2期
25. 中国南海疆域研究的一部力作『中国边疆史地研究』2001年第2期
26. 在历史长河中探索中国边疆治理的演进『光明日报』2001年1月16日历史周刊
27. 中国边疆治理历史研究的佳作『人民日报』2001年4月14日理论版
28. 钓鱼岛问题研究的新突破『光明日报』2001年10月20日
29. 南海地区共同开发初探『南海研究中心』2002年6月
30. 南沙群岛问题对中越关系的影响(论文)提交"21世纪中越关系回顾与前瞻学术会议", 2002年8月, 郑州
31. 『南中国海：历史与现状』, 专著, 黑龙江教育出版社出版.
32. 南海诸岛行政区划沿革考『中国边疆史地研究论集续编』, 黑龙江教育出版社.
33. 南沙群岛对中越关系的影响『中国东南亚研究会通讯』, 2003年第1期
34. 钓鱼岛, 中国的美丽小岛『世界知识』, 2003年第14期.
35. 在探索中开拓中国边疆史地研究的新局面『中国边疆史地研究』, 2003年第2期.
36. 50年来台湾南海政策探析『中国社会科学院青年学术报告』第1卷, 社会科学文献出版社.
37. 维护我国的海洋权益『了望』2004年第39期
38. "东北工程"与中国东北史的研究『中国边疆史地研究』, 2004年12月

75. 李樂營

1962년 10월생. 남자. 한족. 길림성 통화시 출생. 1984년7월 동북사범대학 역사계 졸업.

1987년10월부터 통화사범학원 역사계 교수.

Tel.0435-3208076. Lily628099@163.com

1990년 9월~1991년 7월 북경대학역사계 조교 진수반 학습. 1999년 9월~2002년 7월 동북사범대학 석사연구생 학습. 2002년 9월~현재. 동북사범대학 박사연구생 학습.

저서 : 『中国东北民族与疆域研究』 2001. 『中国学者渤海史研究文献目录』, 2000.

논문 : 高句丽自然宗教信仰对象辨析 2003. 古代高句丽印章文化探析 ——兼与中原印章文化的比较 2001. 中国古代王朝对朝鲜"赐让土地"与中朝边界变化探析 2001. 从冉牟墓志和好太王碑看高句丽书法, 1996. 高句丽民族性格初探 1997. 高句丽法律、司法及其特点 1998.

76. 李大龍

1964년 하북 하간에서 출생. 한족. 1986년 서북대학 역사학과 졸업. 1986년~2000년까지 중국사회과학원 민족연구소 『민족연구』편집부에서 편집 작업을 담당. 편집부 부주임. 2000년 8월부터 『중국변강사지연구』잡지주편, 편집부 주편.

研究領域: 漢唐邊疆史研究. 民族關系. 高句麗. 中原王朝와 邊疆民族使者來往. 都護制度. 高句麗方面의 研究가 학계에 비교적 큰 영향.

저서:

1. 『两汉时期的边政与边吏』, 黑龙江教育出版社1996年出版, 1999年再版.
2. 『古代中国高句丽历史论丛』, 中国社会科学院重点课题, 黑龙江教育出版社2000年版.

3. 『斑玛陆离的婚俗』, 中央民族大学出版社1999年出版.
4. 中国少数民族禁忌『中国文化杂说』第5卷, 燕山出版社1996年版.
5. 『都护制度研究』, 黑龙江教育出版社2003版.
6. 『古代中国高句丽历史研究续论』, 国家重点东北工程项目, 中国社会科学出版社2003年版.
7. 『汉唐藩属体制研究』, 中国社会科学出版社2004年待版.
8. 『新疆史鉴』, 新疆人民出版社待版.
9. 『20世纪西部开发史』, 主编, 黑龙江教育出版社2004年待版.

논문

1. 东汉度辽将军述论『内蒙古社会科学』1992年第2期.
2. 述论王莽的民族政策『民族研究』1992年第1期.
3. 西汉前期和亲政策新论『民族研究』1993年第4期.
4. 两汉重要边吏的选拔和任用制度述略『中国边疆史地研究』1993年第3期.
5. 西域都护的设立不是乌孙和西汉关系转变的标志『西域研究』1993年第1期.
6. 唐朝派往回纥的使者述论『民族研究』1994年第2期.
7. 隋王朝与突厥互使述论『内蒙古社会科学』1994年第5期.
8. 唐朝派往突厥的使者述论『北方文物』1994年第4期.
9. 东汉王朝使匈奴中郎将略论『中国边疆史地研究』1994年第4期
10. 两汉时期中央王朝派往匈奴的使者述论『中国民族史学会第4次学术讨论会论文集』, 中央民族学院出版社1993年.
11. 高丽与唐王朝互使述论『黑龙江民族丛刊』1995年第1期.
12. 唐王朝与西突厥互使述论『民族研究』1995年第5期.

13. 由使者来往看唐王朝与薛延陀的关系 『内蒙古社会科学』1996年第4期.
14. 突厥派往唐朝的使者述论『北方文物』1996年第1期.
15. 唐王朝与新罗互使述论『黑龙江民族丛刊』1996年第2期.
16. 吐谷浑与隋唐王朝互使述论『西北民族学院学报』1997年第2期.
17. 东汉王朝护羌校尉考述『民族研究』1996年第2期.
18. 温序为东汉王朝第一任护羌校尉考『西北民族学院学报』1996年第2期.
19. 略论西汉时期陈汤经营西域『民族研究』1989年第5期.
20. 西汉西域屯田与使者校尉考辨『西北史地』1989年第3期.
21. 西汉西域都护略论『中国边疆史地研究』1991年第2期.
22. 西汉郎官及其在治理西域中的统治 『新疆社会科学』1989年第6期.
23. 也谈'澶渊之盟'形成的原因『中央民族学院学报』1991年第3期.
24. 从高句骊县到安东都护府—高句骊和中央王朝的关系述论『民族研究』1998年第3期.
25. 使者与汉文化的传播—以唐代为例 『汉族地域文化研究』广西人民出版社, 1999年11月版.
26. 西汉派往西域的使者述论『民族研究』1990年第6期.
27. 全国民族理论研讨会综述『民族研究』1989年第2期.
28. 中国民族史学会第4届学术讨论会综述『民族研究』1993年第2期.
29. 中国西域楼兰学与中亚文明学术讨论会综述『民族研究』1996年第1期.
30. 中国民族史学会第六次学术讨论会综述『民族研究』1996年第6期.
31. 世界民族学会讨论会综述『民族研究』1997年第6期.

32. 98国际汉民族学术讨论会综述『民族研究』1998年第6期.
33. 西夏文献整理研究的新成果－大型珍贵文献〈俄藏黑水城文献〉陆续出版『民族研究』1997年第4期.
34. 一部研究边臣疆吏的力作－〈清代伊犁将军论稿〉读后 『民族研究』1997年第5期.
35. 东夷校尉考述『黑龙江民族丛刊』1999年第3期.
36. "用夏变夷"与刘敬的和亲建议『内蒙古社会科学』2000年第2期.
37. 使者与唐朝边疆民族管理体制『民族研究』2000年第1期.
38. 东北亚跨界民族问题学术讨论会述要『民族研究』1999年第6期.
39. 唐代使者来往礼仪考『黑龙江民族丛刊』2000年2期.
40. 中国边疆研究的汇总创新之作 『中国边疆史地研究』2001年第1期.
41. 历代王朝北疆经略及与北疆民族关系研究 『中国边疆史地研究』2001年第3期.
42. 唐代单于都护府的几个问题『中国边疆史地研究』2002年第2期.
43. 唐代安东都护府的几个问题『黑龙江民族丛刊』2002年第3期
44. 20世纪汉唐都护制度研究『西北民族史研究』2002年.
45. 从校尉到都护：唐代东北边疆民族管理机构的转变『中国东北边疆研究』, 中国社会科学出版社2003年.
46. 唐代安南都护府的几个问题『中国边疆史地研究』2003年第2期；
47. 唐代安北都护府的几个问题『北方文物』2004年第2期.
48. 关于高句丽侯驺的几个问题『学习与探索』2004年第5期.
49. 古国觅踪(寻找消失的高句丽) 『中国国家地理』2004年6月号.
50. 高句丽史研究的又一部力作-〈中国高句丽史〉评介 『中国边疆史地研究』2003年第4期.
51. 试论有关高句丽历史研究的几个问题『光明日报』2003年6月24日.

52. 传统夷夏观与中国疆域的形成－中国古代疆域形成理论探讨之一『中国边疆史地研究』2004年第1期.
53. 五代至明中国正史将高句丽写入王氏高丽传, 朝鲜传原因试析『高句丽渤海历史问题研究论文集』, 延边大学出版社2004年版.
54. 刘渊政权的出现与北方民族主动认同“中国”的开始－中国古代疆域形成理论探讨之二『中国边疆史地研究』2005年第2期.
55. 简论曹操对乌桓的征讨及意义『史学集刊』2005年第2期.
56. 西汉时期藩属体制的建立和维系『学习与探索』2005年第3期.
57. 从汉唐藩属体制看高句丽政权归属, 2004年8月“高句丽历史讨论会”参会论文, 『高句丽历史问题研究论文集』, 延边大学出版社, 2005年.
58. 汉唐边事与边政十题(中国社会科学院重大项目历代边事与边政课题的组成部分, 每题1万至2万字不等), 待出版.
59. 高句丽古国寻踪『中国国家地理』, 2004年6月.
60. 刘渊政权的出现与北疆民族主动认同“中国”的开始－中国古代疆域形成理论探讨之二『中国边疆史地研究』2005年第2期.
61. 简论曹操对乌桓的征讨及意义『史学集刊』2005年第3期.
62. 西汉藩属体制的建立和维系『学习与探索』2005年

77. 李德山

남자. 1962년 6월생. 흑룡강성 오상시인. 1984年 동북사범대학 도서관학계 졸업, 문학학사. 1990년 동북사범대학 역사계 졸업. 역사학석사. 동북사범대학 역사계 교수. 동북사범대학 고적소부소장, 『古籍整理研究學刊』副主編. 중국역사문헌연구회회원, 중국박물관학회회원, 중국근대사사과학회회원, 길림성역사학회 상무이사, 장백산문화연구회 부비서장, 중국사회과학원 중국변강사지연구중심"邊疆歷史与社會研究東北工作站"副秘書長. 길림성사회과학원 객좌교수, 장춘사범학원객좌교수, 통화사범학원객좌교수

주소 : 길림성 장춘시 인민대가 5268호. 우편번호:130024.

E-mail : lids640@nenu.edu.cn

전공 : 동북지방사, 동북지방고문화, 고전문헌학

수행연구과제 :

『东北古民族与东夷的渊源关系』

东北工程 项目『中国东北古民族发展史』

东北工程 项目『朝鲜半岛古代民族与国家的起源与发展』

吉林省社科基金『中国古朝鲜族研究』.

저서 :『东北古民族与东夷渊源关系考论』(1996).『中国东北古民族发展史』(2003)

主编 :『中国东北民族与疆域研究』(2001).『二十五史典故』(2002).

그 외 논문 68편.

78. 李方

여자. 1955년 1월 호북성 무한출생. 한족. 1978년 7월~1982년 1월 무한대학 역사학과에서 역사학을 전공. 1982년 2월~2001년 5월까지 중국문물연구소에 근무하면서 출토문서 및 비문고석연구에 종사함. 1996년 9월~2000년 7월, 수도사범대학 역사학과에서 중국고대서북지구역사를 전공으로 박사과정수료 및 학위 취득. 2001년 5월부터 중국변강사지연구중심에서 중국고대서북지구역사연구에 종사함. 박사 및 연구원.『중국변강사지연구』편집부에서 편집 작업도 겸하고 있음.

79. 李凭

남자. 1948년 9월 19일 생. 한족. 원적 강소성 강양시. 1981년 산서대학 역사계 석사학위. 같은 해 산서인민출판사 편집 담당. 1989년 북경대학 역사계 박사학위. 같은 해 북경도서관 연구실 주임. 1991년 서목문헌출판사 사장, 1993년 총편집 겸임. 1996년 중국사회과학원 역사연구소 연구원. 진한위진남북조연구실 주임. 현재, 상해사범대학 교수. 중국사회과학원 역사연구소 겸직 박사생도사. 주요저서. 『北魏平城时代』 社会科学文献出版社, 2000. 『东方传统』, 中国发展出版社, 1999. 등. 魏燕战争前後北魏与高句丽交往 2002 등 논문60여편.

80. 李淑英

1955년 2월생. 여자. 한족. 길림성 집안현 출생. 1975~1977 동북사대 역사계 졸업.

1985~1988 동북사대 역사계 연구생. 1977~1980 집안시제사중학 교사. 1981~1998 집안시제일중학 교사. 1999~2005 통화사범학원 역사계 교수. 역사계교법교연실주임.

Tel.0435-3208076 gglyjs@yahoo.com.cn

저서 : 『高句丽归属问题研究』(副主编)2000. 『中国高句丽学者与研究综述』(合著),吉林文史出版社2005.

논문 : 高句丽人饮酒酿酒考, 冉牟墓志集释, 高句丽传说的汉文化本体, 朝鲜学者近年来高句丽考古研究概况, 中国学者对高句丽历史的研究, 五女山城不是纥升骨城, 高句丽纥升骨城新考, 好太王碑文烟户, 奴客诸词语补释, 高句丽王陵及相关问题研究, 高句丽建国时间考论, 两汉时期高句丽的封国地位

81. 李殿福

1934년생. 동북인민대학 역사계 졸업. 현 길림성문물고고연구소 연구원

『高句丽・渤海の考古と历史』.『东北考古研究』.『中国内　高句丽遗迹』.『集安高句丽墓研究』. 集安高句丽壁画墓初探, 高句丽 文化. 高句丽金铜.石雕佛造像及中原郡碑-谦谈高句丽易名　高丽之时. 南朝鲜发见 '高句丽拓境碑'

82. 李宗勳

1961년생. 1983년 연변대학 역사계 졸업. 1998. 연변대 역사계 박사. 1983~1995년 연변대 역사계 교편. 1995~1997년 조선연구소 1997년부터 현재　역사계 주임교수、소장. 고대동아관계사 전공

주소 : 中国 吉林省 延吉市 ☏0433-275-1418

학교주소 : 中国 吉林省 延吉市 公园路 105号 延边大学 朝鲜问题研究所 史学科

연변대 박사1호 ☏86-0433-275-1418(집). 273-2231(연구실)

83. 李春祥

남자. 한족 길림성 통화. 1965년 6월생 중국고대사 전공.

1987년7월 동북사범대학 역사계 본과 졸업. 통화사범학원 임교, 1997년 동북사범대학 위진남북조사연구생졸업, 역사학석사학위, 현재 역사요적, 중국사학사, 훈고학, 중국고대사 등연구. 현재 : 통화사범학원 역사계 부교수.

전화 0435－3208076 EMAIL Lichunxiang99@126.com
주요 논저 :
中国学者高句丽研究文献叙录 1998.1.『高句丽历史与文化』2000.4.
从正史高句丽传看高句丽政权的内属性 2002.1.

84. 林至德

길림성 집안박물관 관장. 서거.

85. 張久和

1963년생. 내몽고 呼和浩特市人. 내몽고대학 몽고사연구소 소장. 연구원 사학박사. 동북방민족사연구에 종사.
논문. 两晋十六国时期慕容鲜卑与高句丽的关系 등.

86. 張國慶

남자. 한족. 1957년생. 1980년9월 요녕대학 역사계 입학. 1984년7월 대학본과 졸업 역사학학사. 졸업 후 중공철도부 당교당사교연실 및 요녕사회과학원『사회과학집간』편집부 업무. 현재. 요녕대학 역사문화학원 교수. 전공: 遼史, 契丹史, 東北地方史及北方民族史. 저서:『遼代契丹習俗史』,『中國古代兵器史』,『中國國家机构史』,『中國古代北方民族文化史』,『黃河文化史』등. 논문 80余 篇

87. 張博泉

1926년에 출생 2000년에 작고. 字 在清, 호 東梁, 만주족, 요녕요양인, 길림대학 역사계 교수, 中國元好問學會副會長

88. 張碧波

남자 1930년 길림성 부덕현 출생. 1956년 동북사범대학 중문과 고전문학연구반 졸업. 1956年 哈爾濱師范大學 中文系 교수. 1985년부터 흑룡강성사회과학원 문학연구소연구원. 1994년 퇴직.

저서에 『中国文学简史』『中国文学史论』 등 다수. 1985년 이후 文化史研究. 国家社会科学"七五"重点项目"中国古代北方民族文化史"课题를 담당. 중국고대북방민족문화사, 중국북방문화사, 동북민족과 강역 등을 연구, 우편번호 150080.

89. 張福有

남자. 한족. 1950년 3월 길림 집안에서 출생. 中央党校 연구생 졸업. 연구원. 길림성 집안현위 판공실 부주임. 농공부 부부장. 通化地委辦公室 부주임. 길림성연구실 부주임. 吉林省委 부비서장 겸 辦公廳 부주임. 白山市委 부서기, 市政協 주석. 党組書記(正廳長級)겸 吉林省委 선전부 부부장. 중국작가협회 회원, 중화시사학회 회원, 장백산문화연구회 회장, 장백산 诗社 부사장, 길림성 정협위원. 현재, 길림성사회과학원 부원장. 연구원. 동북사지 잡지사 사장.

90. 蔣非非

여자. 1993년8월 역사학박사. 1993년9월, 북경대학 역사계 강사
1998년1월부터 북경대학 역사계 부교수
전공 : 진한사, 중국고대경제사 ; 진한사회정치사, 전국진한상인지주
저서 : 『중한관계사』 고대권 (1998) 『중국상업통사』제1권, 진한부분 (2004).
jiangff@mail.china.com

91. 張雪岩

여자. 1946년생. 집안박물관 연구원.

92. 程尼娜

여자. 한족. 1953년12월6일 심양시에서 출생. 1985년1월 길림대학 력사계 동북지방사 전공 졸업. 역사학 석사학위. 길림대학 역사계 교편. 동북구역사 및 요금사 전공. 정치제도사 연구에 치중. 1994년~1996년 일본축파대학 역사인류학계 방문학자. 동북아구역정치사를 중점연구. 2002년 길림대학 행정학원 정치학이론 전공. 법학박사학위 획득. 현재, 길림대학 문학원 역사계 교수. 중국지방사연구실주임.길림대학『史學集刊』副主編 겸임. 中國世界民族學會 理事, 吉林省民族學會 理事.

93. 趙書勤

여자. 집안박물관 부연구원.

94. 趙永春

1953년 7월생 남. 길림성 유수인. 1977년 동북사범대학 역사계 졸업. 현재, 길림대학 문학원 역사계 교수. 길림사범대학 북방민족연구소 소장. 吉林省哲學社會科學"十五"規划歷史學科專家組成員 중국요금사학회 이사, 길림성역사학회 상무이사 부비서장, 길림성민족학회 이사 겸임. 장기간 요금원사 연구

저서 : 『金宋关系史研究』『元世祖忽必烈』 4편. 편저: 『中国通史』 20여편. 논문: 关于中国历史上疆域问题的几点认识 『中国边疆史地研究』2002. 등 70 여편.

주소 : 长春市 朝阳区 前卫路. 우편번호 130012
Tel. 5168722 Email: jljdzyc@sina.com.

95. 趙紅梅

동북사범대학 역사문화학원 박사연구생.

96. 周向永

1958년생. 남자. 1986년 요녕대학 역사계 졸업. 현재 철령시박물관 부관장. 관원.

辽宁铁岭张楼子山城调查 등 논문.

97. 曾憲姝

여자. 한족. 1951년 6월 길림성 매하구시 출생.

1972. 10. 동북사범대학 역사계 졸업. 1975. 8. 해룡현 제6중학 교사. 1975.9～1978 해룡사범학교 부교장. 1978년 이후 통화사범학원 현재

역사계당총지서기
부교수. 전화 0435-3208075
주요논문 :
高句丽诸王血统考略『通师学报』1998(2)
朝鲜学者对古朝鲜及高句丽『历史研究』的主要学术论点 『高句丽归属问题研究』
高句丽好太王时期的扩张活动『通化师范学院学报』1996.
试评高句丽太祖王『高句丽历史与文化』研究』1997年6月
저서:
『中国学者高句丽研究文献叙录』吉林人民出版社, 1998年1月 副主编

98. 陳大爲

남자. 요녕성 문물고고연구소 근무. 현재, 정년퇴직.

99. 秦升陽

1963년 11월생. 남. 한족. 길림성 휘남현 출생. 1980.7. 길림성 휘남현 제6중학 졸업

1984.7. 동북사범대학 역사계 졸업. 1984. 7～현재. 통화사범학원 역사계 교편. 1986.9～1988.1 화중사범대학 역사연구소 연수. 현재. 통화사범학원 역사계 부교수. 역사계 부주임.

저서 : 『中国学者渤海史研究文献目录』2000. 『高句丽历史知识问答』2003.
논문 : 隋唐君臣对高句丽归属问题的认识 2001. 高句丽军事扩张及其疆域变迁 2003. 高句丽人口问题研究 2004. 高句丽王城、王陵及贵族墓葬 2004. 高句丽自然宗教信仰活动及俗制的解析 2005. 高句丽法律问题研究 2005.

100. 馮季昌

남자. 만주족. 1948년 9월 29일생. 1982년 요녕대학 역사계 졸업. 졸업후 지금까지 요녕대학 교편. 1983년~84년 상해 복단대학 역사지리연구소 연구생과정. 1984년~85년 요녕대학 역사계 중국고대사 진수반, 연구생과정.

현재, 요녕대학 역사계 부교수. 석사연구생도사. 역사지리연구중심 주임. 중국지리학회 역사지리전업위원회 위원. 심양시유려학회이사.

저서 : 『동북역사지리연구』『중국고대역사지도집』『요하유역고대민족정권』 등. 논문 100여 편.

101. 馮永謙

남자. 소년시절 사서오경을 학습. 1954년(19세)에 동북문물공작대에 들어가 고고학자 이문신 밑에서 요양 등 고고발굴에 참가. 漢魏壁畵古墳 발굴. 1956년 환인수고, 사첨자수고 축조시 高力墓子, 二道岭子, 連江, 北甸子, 大把, 米倉溝, 董家船營 등 村의 고구려고분 발굴. 오녀산성 조사. 前屯, 西沙窩, 洼渾沐, 下洼子, 轄子伙洛, 洼子伙洛, 古城子, 江南河, 東社 등지의 고구려고분 발굴. 1960년대에도 北票 西官營子 北燕 馮素弗家族墓 등 발굴. 90년대까지 발굴에 각종 종사. 요녕성 문물고고연구소 연구원. 중국요금거란여진사학회장 역임.

102. 郝慶云

여자. 하얼빈학원 인문학원 부교수. 인문학원부원장.

1985년 대학졸업 이후 줄곧 동북민족문화사 연구.

E-mail: a178989@mal.hl.cn

저서 : 『战后国际关系史』2002. 『文化人类学视野下的黑龙江流域文明研究』2004. 『渤海国史』2004.

논문 : 肃慎族系长白山观念透析 『渤海国初建之际国号考』 渤海国主体民族的族属, 试论历史学科研究性学习的教学模式.

103. 韓昇

남자. 1957년 10월 출생. 하문대학 역사계 교수. 박사. 박사연구생도사. 하대 종교학연구소겸직 교수. 중국당사학회 이사. 복건성 역사학회 이사. 일본 당대사학회 회원.

1982년1월 하문대학 외문계 본과 졸업, 1992년 하문대학 역사연구소 연구생 졸업, 박사. 일본 동경외국어대학 유학. 동경대학 동양문화연구소 명치대학문학부 객좌연구원. 주요연구방향: 위진수당사, 고대동아국제관계사.

주요저서 :

1. 『日本古代的大陆移民研究』, 文津出版社,1995.
2. 『隋文帝传』, 人民出版社, 1998.

논문 :

1. 四至六世纪百济在东亚国际关系中的地位和作用 『百济社会的诸问题』, 韩国忠南大学百济研究所, 1994.
2. 唐朝对高句丽政策的形成与嬗变 『东北亚研究』1995(2).
3. 隋と高句丽の国际政治关系をめぐって 『中国古代の国家と民众』1995.
4. "魏伐百济"与南北朝时期东亚国际关系 『历史研究』 1995年 第3).
5. 唐平百济前后的东亚国际形势 『唐研究』1,1995.
6. 隋炀帝伐高丽之迷 『漳州师院学报』1996년 제1기.

7. 隋炀帝“辽东之役”刍议『军事历史』1997(2).

8. 对外政策：七世纪的唐朝与高句丽『中国古代社会研究』, 1998.

9. 隋朝与高句丽关系的演变『海交史研究』1998(2).

제 3 장
중국의 고구려저서 목록

제1부 연대순 저서목록

杨颐	1887	『好太王碑考订』	
盛昱	1889	『好太王碑释文』	
王志修	1895	『高句丽永乐好太王碑考』	
	1909	『旧拓好太王碑』	上海有正书局
金毓黻	1927	『辽东文献征略』	
金毓黻	1941	『东北通史』-上,	四川三台东北大学
	1942	『朝鲜国地丛书』	重庆东方出版社
王立达	1953	『朝鲜简史』	
李文信	1962	『辽宁史迹资料』	辽宁省博物馆
王承礼 李健才	1964	『吉林省历史概要』	吉林省博物馆
孙进己	1977	『东北民族史稿』1	
付朗云	1979	『东北古代史论文索引』	吉林师大历史系东北史研究室
	1979	『文物考古工作30年』	文物出版社
张博泉 苏金源 董玉瑛	1981	『东北历代疆域史』	吉林人民出版社
国家文物管理局	1981	『中国名胜词典』	上海辞书出版社
	1982	『东北考古与历史』 1	文物出版社
姜孟山	1982	『高句丽的足迹』	延边人民出版社
付朗云 杨旸	1983	『东北民族史略』	吉林人民出版社

赵廷贵 张羽	1983	『吉林市市区文物志』	吉林省文物志编委会
林至德 耿铁华 付佳欣张雪岩 孙仁杰	1984	『集安县文物志』	吉林省文物志编委会
“刘慧娟, 郑谭毅, 志白 编”	1984	『东北市悬沿革及地名由来』	
姜孟山	1984	『高句丽史话』	延边人民出版社
中国社会科学院考古研究所	1984	『新中国的考古发现和研究』	文物出版社
朴真奭	1984	『中朝经济文化交流史研究』	辽宁人民出版社
张殿甲 付佳欣 徐元江 李雪涛	1984	『浑江市文物志』	吉林省文物志编委会
王建群	1984	『好太王碑研究』	吉林人民出版社
杜勇 杨再林 朴发渊 金哲洙 王春荣	1985	『延吉市文物志』	吉林省文物志编委会
张博泉	1985	『东北地方史稿』	吉林大学出版社
孙进己	1985	『东北民族关系史总论』, 1985年 东北民族史研究班讲义, 国家六五规划项目.	
	1986	『中国北方八省市考古论著汇编』	吉林省社会科学院历史所
王光普 杨立新 王其仁	1986	『通化市文物志』	吉林省文物志编委会
付佳欣 辛愚胜 满承志	1986	『通化县文物志』	吉林省文物志编委会
刘勤 丁贵民 严长录 等	1986	『长白朝鲜族自治县文物志』	吉林省文物志编委会
朴真奭 姜孟山 朴文一 金光洙	1986	『朝鲜简史』	延边教育出版社
张博泉	1986	『东北历史名人传』	吉林文史出版社
姚义田	1986	『辽宁省考古学文献目录(1900-1985)』	辽宁省博物馆 考古所
黄定天 等	1986	『东北史论文资料索引』	黑龙江人民出版社
集安县地方志编委会	1987	『集安县志』	集安县地方志编委会
耿铁华 王志敏 李奎星	1987	『柳河县文物志』	吉林省文物志编委会
孙进己	1987	『东北民族源流』	黑龙江人民出版社.
李洪淳 姜孟山	1987	『高句丽历史故事(朝文)上』	延边人民出版社
董万仑	1987	『东北史纲要』	黑龙江人民出版社
董万仑	1987	『东北民族史纲』	黑龙江人民出版社
于志耿 孙守仁	1987	『黑龙江古代民族史纲』	黑龙江人民出版社

周振鹤	1987	『西汉政区地理』	人民出版社
潭其骧	1988	『中国历史地图集 释文汇编 东北卷』	中央民族学院出版社
延边博物馆	1988	『延边文物简编』	延边人民出版社
朴真奭	1988	『高句丽历史故事(朝文) 下』	延边大学出版社
朴真奭 姜孟山	1988	『朝鲜中世纪史研究』	延边大学出版社
孙进已 王绵厚	1989	『东北历史地理』 第一卷	黑龙江人民出版社
王景义	1989	『东北地方简史』	哈尔滨工业大学出版社
朱诚如 邸富生	1989	『辽宁古代史』	大连海运学院出版史
孙进已	1989	『东北古史资料丛编』(二),	辽沈书社.
孙进已 冯永谦	1989	『东北历史地理』 第二卷	黑龙江人民出版社
孙进已	1989	『东北古史资料丛编』(一),	辽沈书社.
宿白	1989	『中国美术全集』(绘画编12 墓室壁画)	文物出版社
马大正 主编	1990	『中国古代边疆政策研究』	中国社会科学出版社
孙进已	1990	『东北古史资料丛编』(四),	辽沈书社.
李澎田, 李健才	1990	『东疆史略』	吉林文史出版社
姚义田	1990	『辽宁省考古学文献目录(1986-1989)』,	辽宁省文物考考所 博物馆
张萍 梁志龙 刘兴林	1990	『桓仁满族自治县文物志』	
孙进已	1990	『东北古史资料丛编』(三),	辽沈书社.
江应梁	1990	『中国民族史』	民族出版社
何光岳	1990	『东夷源流史』	江西教育出版社
王绵厚 李健才	1990	『东北古代交通』	沈阳出版社
孙玉良	1990	『高句丽简史』	三省出版社
薛虹 李澎田	1991	『中国东北通史』	吉林文史出版社
编委会	1991	『大连地方史简编』	大连海运学院出版社
李殿福	1991	『高句丽渤海的考古与历史』	学生社
姜维公 高福顺	1991	『东北历史地理简论』	吉林文史出版社

吉林省地方志编委会	1991	『吉林省志 卷四十三 文物志』	吉林人民出版社
李文信	1992	『李文信考古文集』	辽宁人民出版社
李殿福	1992	『高句丽文化与集安』	六兴社
东北人物大辞典编委会	1992	『东北人物大辞典』辽宁人民出版社	辽宁教育出版社
姜孟山	1992	『朝鲜通史』	延边大学出版社
齐红源	1992	『东北教育史』	辽宁大学出版社
孙进己 孙泓	1992	『东北各民族文化交流史』	春风文艺出版社
邹宗绪	1992	『好太王碑』	陕西旅游出版社
辛占山	1992	『桓仁米仓沟高句丽'将军墓'』	辽宁省文物研究所
朴真奭	1993	『好太王碑与古代朝日关系研究』	延边大学出版社
何贤武 王秋华	1993	『中国文物考古辞典』	辽宁科学技术出版社
赵云田	1993	『中国边疆民族管理机构沿革史』	中国社会科学院出版社
耿铁华 孙仁杰	1993	『高句丽研究文集』	延边大学出版社
蒋秀松 朱在宪	1993	『东北民族史纲』	辽宁教育出版社
张碧波 董国尧	1993	『中国古代北方民族文化史』(民族文化卷)	黑龙江人民出版社
国家文物局	1993	『中国文物地图集 吉林分册』	中国地图出版社
姜润东 林至德	1993	『高句丽的传说』	北方妇女儿童出版社
宽甸县志编委会	1993	『宽甸县志』	辽宁科技出版社
丹东史志办公室	1993	『丹东史志』	辽宁科技出版史
杨昭全 孙玉梅	1993	中朝边界史	吉林文史出版社
黄甲元	1993	『长白山开发史稿』	吉林文史出版社
金岳	1994	『北方方国民族研究』	中州古籍出版社
刘永智	1994	『中朝关系史研究』	中州古籍出版社
魏国忠	1994	『东北民族史研究』(二)	中州古籍出版社
李殿福	1994	『中国境内高句丽遗迹』	学研文化社
王禹浪 王宏北	1994	『高句丽渤海古城址研究汇编』	哈尔滨出版社

冯永谦	1994	『北方史地研究』	中州古籍出版社
王锺翰	1994	『中国民族史』	中国社会科学出版社
黄凤岐 朝鲁 孙泓	1994	『东北亚文化研究』	中州古籍出版社
耿铁华	1994	『好太王碑新稿』	吉林人民出版社
魏存成	1994	『高句丽考古』	吉林大学出版社
李殿福	1994	『东北考古研究(二)』	中州古籍出版社
姚义田	1994	『辽宁省考古学 博物馆学文献目录(1990-1993)』	辽宁省博物馆 文物考古所
朴真奭 姜孟山	1994	『高句丽遗迹和遗物研究(朝文)』	东北朝鲜民族教育出版社
冯永谦	1994	『东北考古研究(一)』	中州古籍出版社
贾敬颜	1994	『东北古代民族古代地理丛考』	社会科学出版社
王绵厚	1994	『秦汉东北史』	辽宁人民出版史
黄凤岐 等	1995	『东北地方史研究』	内蒙古文化出版社
孙进己 冯永谦	1995	『中国考古集成』东北卷	北京出版社
朴真奭 姜孟山	1995	『中国境内高句丽遗址遗物研究』	艺河出版株式会社
孙进己	1995	『东北亚民族史论研究』	中州古籍出版社
孙进己	1995	『东北亚研究』,	中州古籍出版社
孙进己	1995	『东北民族史研究』(一),	中州古籍出版社
张碧波 董国尧	1995	『中国古代北方民族文化史』(专题文化卷)	黑龙江人民出版社
金龟春 姜龙范	1995	『中朝韩日关系史研究论丛』	延边大学出版社
陈芳芝	1995	『东北史探讨』	中国社会科学出版社
孙进己	1995	『北方民族史研究』,	中州古籍出版社
李德山	1996	『东北古民族与东夷渊源关系考论』	东北师范大学出版社
刘子敏 姜孟山 金荣国 王士英	1996	『中国正史中的朝鲜史料(二)』,	延边大学出版社
中朝关系通史编写组	1996	『中朝关系通史』	吉林人民出版社
吉林省社会科学院高句丽研究中心	1996	『全国首届高句丽学术研讨会论文集』	通化师范学院高句丽研究所
姜孟山 刘子敏 金荣国	1996	『中国正史中的朝鲜史料(一)』	延边大学出版社
刘子敏	1996	『高句丽历史研究』	延边大学出版社

孙进己 孙海	1997	『高句丽 渤海研究集成』(6卷)	哈尔滨出版社
谢承仁	1997	『杨守敬集』第九册	湖北教育出版社
耿铁华	1997	『中国学者高句丽研究文献目录(1950-1996)』,	通化师院高句丽研究所
杨春吉 耿铁华	1997	『高句丽历史与文化研究』	吉林文史出版社
中国社科院考古研究所	1997	『中国田野考古报告集』	中国大白科全书出版社
蒋非非	1998	『中韩关系史』(古代篇)	北京大学 韩国学研究中心 韩国学丛书
杨春吉 耿铁华 倪军民	1998	『中国学者高句丽研究文献叙录』	吉林人民出版社
佟冬	1998	中国东北史	吉林文史出版社
孙进己 孙泓	1998	『东北亚历史地理研究』,	中州古籍出版社.
张博泉 魏存成	1998	『东北古代民族考古与疆域』	吉林大学出版社
杨昭全	1998	『中朝边界研究文集』	吉林省社会科学院
李治亭 田禾 王升	1998	『关东文化』	辽宁教育出版社
杨春吉 耿铁华 倪军民	1998	『高句丽史籍汇要』	吉林人民出版社
姚义田	1998	『辽宁省考古学、博物馆学文献目录 (1994-1997』,	辽宁省博物馆.
孙进己 孙泓	1999	『高句丽族史』(征求意见稿)	沈阳东亚研究中心
李宗勋	1999	『史学论丛』	延边大学出版社
孙宝文 选编	1999	『好太王碑(拓本)』	吉林文史出版史
孙进己 张春霞	1999	『高句丽国史』(征求意见稿)	沈阳东亚研究中心
朴真奭	1999	『高句丽好太王碑研究』	延边大学出版社
黄斌 刘厚生	1999	『高句丽史话』	远方出版社
孙进己 孙泓	2000	『历史上政权民族归属理论研究』, 国家九·五规划资助项目, 2000年内部出版送审本.	
耿铁华 杨春吉	2000	『中国学者高句丽研究文献目录』	吉林文史出版社
耿铁华 倪军民	2000	『高句丽历史与文化』	吉林文史出版社
杨春吉 耿铁华	2000	『高句丽归属问题研究』	吉林文史出版社
张碧波	2000	『中国古族古国古文化研究』	黑龙江人民出版社
朴灿奎	2000	『三国志高句丽传研究』	吉林人民出版社

刘厚生 孙启林 王景泽	2000	『黑土地的古代文明』	远方出版社
马大正	2000	『中国边疆经略史』	中州古籍出版社
程妮娜	2001	『东北史』	吉林大学出版社
李健才	2001	『东北史地考略』	吉林文史出版社
姜艳芳	2001	『东北史简编』	哈尔滨出版社
魏存成	2001	『高句丽遗迹的考古发现与研究』	吉林大学
马大正 李大龙	2001	『古代中国高句丽历史丛论』	黑龙江教育出版社
姜维东	2001	『唐丽战争史』	吉林文史出版社
李大龙	2001	『唐朝和边疆民族使者往来研究』	黑龙江教育出版社
张碧波	2001	『中国古代北方民族文化史』	黑龙江人民出版社
张碧波	2002	『东北民族与疆域论稿』	黑龙江教育出版社
魏存成	2002	『高句丽遗迹』	文物出版社
耿铁华	2002	『中国高句丽史』	吉林人民出版社
王绵厚	2002	『高句丽古城研究』	文物出版社
吉林省文物考古研究所 集安市博物馆	2002	『洞沟古墓群1997年调查测绘报告』	科学出版社
李治亭	2003	『东北通史』	中州古籍出版社
李德山	2003	『中国东北古民族发展史』	中国社会科学出版社
郑永振	2003	『高句丽渤海靺鞨墓葬比较研究』	延边大学出版社
耿铁华	2003	『好太王碑一千五百八十年祭』	中国社会科学出版社
高福顺 姜维公 戚畅	2003	『高丽记研究 』	吉林文史出版社
孙文范 孙玉良	2003	『高句丽历史知识』	吉林文史出版社
朴灿奎	2003	『高句丽史研究』	文物出版社
马大正	2003	『中国东北边疆研究』	中国社会科学出版社
马大正 李大龙	2003	『古代中国高句丽历史续论』	中国社会科学出版社
尹国有	2003	『高句丽壁画研究』	吉林大学出版社
张碧波	2004	『中国东北疆域研究』	黑龙江人民出版社

辽宁省文物考古研究所 2004 『五女山城』 文物出版社
姚义田 2004 『辽宁考古学、博物馆学文献目录(1900-2003)』 辽宁省博物馆资料室印行
孙进己 孙泓 2004 『韩国朝鲜国民族史』, 国家社会科学基金后期项目.
马大正 金熙政 2004 『高句丽渤海历史问题研究论文集』 延边大学出版社
杨茂盛 2004 『中国北疆古代民族政权形成研究』 黑龙江教育出版社
吉林省文物考古研究所 2004 『丸都山城』 文物出版社
吉林省文物考古研究所 集安市博物馆 2004 『集安高句丽王陵』 文物出版社
厉声 李国强 2004 『中国边疆史地研究』综述 黑龙江教育出版社
耿铁华 2004 『高句丽考古研究』 吉林文史出版社
吉林省文物考古研究所 2004 『国内城』 文物出版社
王绵厚 2004 『高句丽与濊貊研究』 哈尔滨出版社
李国强，李宗勋 2005 『高句丽史研究』 延边大学出版社
厉声 朴文一 2005 『高句丽历史问题研究论文集』 延边大学出版社
李殿福 2005 『高句丽民族文化研究』 吉林文史出版社
耿铁华 2005 『高句丽史论稿』 吉林人民出版社
姜维东 2005 『正史高句丽传校注』 吉林人民出版社
刘矩 2005 『唐征高句丽史』 吉林人民出版社
姜维公 2005 『高句丽研究初编』 吉林大学出版社
姜维东 2005 『东北地方民族史证』 吉林大学出版社
杨军 2006 『高句丽民族与国家的演变』 中国社会科学出版社
耿铁华 2006 高句丽史简编 吉林文史出版社
李国强，李宗勋 2006 『高句丽史新研究』 延边大学出版社
李乐营，李淑英 2006 『中国高句丽学者与研究综述』 吉林文史出版社
李春祥 2006 『高句丽与东北民族疆域研究』 吉林文史出版社

제2부 학자별 저서목록(가나다 순)

姜孟山	1982	『高句丽的足迹』	延边人民出版社
姜孟山	1984	『高句丽史话』	延边人民出版社
姜孟山	1992	『朝鲜通史』	延边大学出版社
姜孟山 刘子敏 金荣国	1996	『中国正史中的朝鲜史料(一)』	延边大学出版社
姜艳芳	2001	『东北史简编』	哈尔滨出版社
姜维公	2005	『高句丽研究初编』	吉林大学出版社
姜维公 高福顺	1991	『东北历史地理简论』	吉林文史出版社
姜维东	2001	『唐丽战争史』	吉林文史出版社
姜维东	2005	『东北地方民族史证』	吉林大学出版社
姜维东	2005	『正史高句丽传校注』	吉林人民出版社
姜润东 林至德	1993	『高句丽的传说』	北方妇女儿童出版社
江应梁	1990	『中国民族史』	民族出版社
耿铁华	1994	『好太王碑新稿』	吉林人民出版社
耿铁华	2002	『中国高句丽史』	吉林人民出版社
耿铁华	1997	『中国学者高句丽研究文献目录(1950-1996)』,	通化师院高句丽研究所
耿铁华	2003	『好太王碑一千五百八十年祭』	中国社会科学出版社
耿铁华	2004	『高句丽考古研究』	吉林文史出版社
耿铁华	2005	『高句丽史论稿』	吉林人民出版社
耿铁华	2006	高句丽史简编	吉林文史出版社
耿铁华 孙仁杰	1993	『高句丽研究文集』	延边大学出版社
耿铁华 杨春吉	2000	『中国学者高句丽研究文献目录』	吉林文史出版社
耿铁华 倪军民	2000	『高句丽历史与文化』	吉林文史出版社
耿铁华 王志敏 李奎星	1987	『柳河县文物志』	吉林省文物志编委会
贾敬颜	1994	『东北古代民族古代地理丛考』	社会科学出版社

高福顺 姜维公 戚畅 2003 『高丽记研究』 吉林文史出版社
宽甸县志编委会 1993 『宽甸县志』 辽宁科技出版社
国家文物管理局 1981 『中国名胜词典』 上海辞书出版社
国家文物局 1993 『中国文物地图集 吉林分册』 中国地图出版社
金龟春 姜龙范 1995 『中朝韩日关系史研究论丛』 延边大学出版社
金岳 1994 『北方方国民族研究』 中州古籍出版社
吉林省文物考古研究所 2004 『国内城』 文物出版社
吉林省文物考古研究所 2004 『丸都山城』 文物出版社
吉林省文物考古研究所 集安市博物馆 2002 『洞沟古墓群1997年调查测绘报告』 科学出版社
吉林省文物考古研究所 集安市博物馆 2004 『集安高句丽王陵』 文物出版社
吉林省社会科学院高句丽研究中心 1996 『全国首届高句丽学术研讨会论文集』 通化师范学院高句丽研究所
吉林省地方志编委会 1991 『吉林省志 卷四十三 文物志』 吉林人民出版社
金毓黻 1927 『辽东文献征略』
金毓黻 1941 『东北通史』-上, 四川三台东北大学
丹东史志办公室 1993 『丹东史志』 辽宁科技出版史
潭其骧 1988 『中国历史地图集 释文汇编 东北卷』 中央民族学院出版社
佟冬 1998 中国东北史 吉林文史出版社
董万仑 1987 『东北史纲要』 黑龙江人民出版社
董万仑 1987 『东北民族史纲』 黑龙江人民出版社
东北人物大辞典编委会 1992 『东北人物大辞典』辽宁人民出版社 辽宁教育出版社
杜勇 杨再林 朴发渊 金哲洙 王春荣 1985 『延吉市文物志』 吉林省文物志编委会
马大正 2000 『中国边疆经略史』 中州古籍出版社
马大正 李大龙 2001 『古代中国高句丽历史丛论』 黑龙江教育出版社
马大正 李大龙 2003 『古代中国高句丽历史续论』 中国社会科学出版社
马大正 2003 『中国东北边疆研究』 中国社会科学出版社
马大正 金熙政 2004 『高句丽渤海历史问题研究论文集』 延边大学出版社

马大正 主编 1990 『中国古代边疆政策研究』 中国社会科学出版社
朴真奭 1984 『中朝经济文化交流史研究』 辽宁人民出版社
朴真奭 1988 『高句丽历史故事(朝文) 下』 延边大学出版社
朴真奭 1993 『好太王碑与古代朝日关系研究』 延边大学出版社
朴真奭 1999 『高句丽好太王碑研究』 延边大学出版社
朴真奭 姜孟山 1988 『朝鲜中世纪史研究』 延边大学出版社
朴真奭 姜孟山 1994 『高句丽遗迹和遗物研究(朝文)』 东北朝鲜民族教育出版社
朴真奭 姜孟山 1995 『中国境内高句丽遗址遗物研究』 艺河出版株式会社
朴真奭 姜孟山 朴文一 金光洙 1986 『朝鲜简史』 延边教育出版社
朴灿奎 2000 『三国志高句丽传研究』 吉林人民出版社
朴灿奎 2003 『高句丽史研究』 文物出版社
付佳欣 辛愚胜 满承志 1986 『通化县文物志』 吉林省文物志编委会
付朗云 1979 『东北古代史论文索引』 吉林师大历史系东北史研究室
付朗云 杨旸 1983 『东北民族史略』 吉林人民出版社
谢承仁 1997 『杨守敬集』 第九册 湖北教育出版社
薛虹 李澍田 1991 『中国东北通史』 吉林文史出版社
盛昱 1889 『好太王碑释文』
孙文范 孙玉良 2003 『高句丽历史知识』 吉林文史出版社
孙宝文 选编 1999 『好太王碑(拓本)』 吉林文史出版史
孙玉良 1990 『高句丽简史』 三省出版社
孙进己 1977 『东北民族史稿』1
孙进己 1985 『东北民族关系史总论』, 1985年 东北民族史研究班讲义, 国家六·五规划项目.
孙进己 1987 『东北民族源流』 黑龙江人民出版社.
孙进己 王绵厚 1989 『东北历史地理』 第一卷 黑龙江人民出版社
孙进己 1989 『东北古史资料丛编』(二), 辽沈书社.
孙进己 1989 『东北古史资料丛编』(一), 辽沈书社.

孙进己 冯永谦 1989 『东北历史地理』第二卷 黑龙江人民出版社
孙进己 1990 『东北古史资料丛编』(三), 辽沈书社.
孙进己 1990 『东北古史资料丛编』(四), 辽沈书社.
孙进己 孙泓 1992 『东北各民族文化交流史』 春风文艺出版社.
孙进己 1995 『东北亚研究』, 中州古籍出版社.
孙进己 1995 『东北亚民族史论研究』 中州古籍出版社.
孙进己 1995 『东北民族史研究』(一), 中州古籍出版社
孙进己 1995 『北方民族史研究』, 中州古籍出版社.
孙进己 冯永谦 1995 『中国考古集成』东北卷 北京出版社
孙进己 孙海 1997 『高句丽 渤海研究集成』(6卷) 哈尔滨出版社
孙进己 孙泓 1998 『东北亚历史地理研究』, 中州古籍出版社.
孙进己 孙泓 1999 『高句丽族史』(征求意见稿) 沈阳东亚研究中心
孙进己 张春霞 1999 『高句丽国史』(征求意见稿) 沈阳东亚研究中心
孙进己 孙泓 2000 『历史上政权民族归属理论研究』, 国家九·五规划资助项目, 2000年内部出版送审本.
孙进己 孙泓 2004 『韩国朝鲜国民族史』, 国家社会科学基金后期项目.
宿白 1989 『中国美术全集』(绘画编12 墓室壁画) 文物出版社
辛占山 1992 『桓仁米仓沟高句丽'将军墓'』 辽宁省文物研究所
杨军 2006 『高句丽民族与国家的演变』 中国社会科学出版社
杨茂盛 2004 『中国北疆古代民族政权形成研究』 黑龙江教育出版社
杨昭全 1998 『中朝边界研究文集』 吉林省社会科学院
杨昭全 孙玉梅 1993 中朝边界史 吉林文史出版社
杨颐 1887 『好太王碑考订』
杨春吉 耿铁华 1997 『高句丽历史与文化研究』 吉林文史出版社
杨春吉 耿铁华 2000 『高句丽归属问题研究』 吉林文史出版社
杨春吉 耿铁华 倪军民 1998 『高句丽史籍汇要』 吉林人民出版社
杨春吉 耿铁华 倪军民 1998 『中国学者高句丽研究文献叙录』 吉林人民出版社
厉声 朴文一 2005 『高句丽历史问题研究论文集』 延边大学出版社

厉声 李国强	2004	『中国边疆史地研究』综述	黑龙江教育出版社
延边博物馆	1988	『延边文物简编』	延边人民出版社
王建群	1984	『好太王碑研究』	吉林人民出版社
王景义	1989	『东北地方简史』	哈尔滨工业大学出版社
王光普 杨立新 王其仁	1986	『通化市文物志』	吉林省文物志编委会
王立达	1953	『朝鲜简史』	
王绵厚	1994	『秦汉东北史』	辽宁人民出版史
王绵厚	2002	『高句丽古城研究』	文物出版社
王绵厚	2004	『高句丽与濊貊研究』	哈尔滨出版社
王绵厚 李健才	1990	『东北古代交通』	沈阳出版社
王承礼 李健才	1964	『吉林省历史概要』	吉林省博物馆
王禹浪 王宏北	1994	『高句丽渤海古城址研究汇编』	哈尔滨出版社
王锺翰	1994	『中国民族史』	中国社会科学出版社
王志修	1895	『高句丽永乐好太王碑考』	
辽宁省文物考古研究所	2004	『五女山城』	文物出版社
姚义田	1986	『辽宁省考古学文献目录(1900-1985)』	辽宁省博物馆 考古所
姚义田	1990	『辽宁省考古学文献目录(1986-1989)』,	辽宁省文物考考所 博物馆
姚义田	1994	『辽宁省考古学 博物馆学文献目录(1990-1993)』,	辽宁省博物馆 文物考古所
姚义田	1998	『辽宁省考古学、博物馆学文献目录(1994-1997)』,	辽宁省博物馆.
姚义田	2004	『辽宁考古学、博物馆学文献目录(1900-2003)』	辽宁省博物馆资料室印行.
于志耿 孙守仁	1987	『黑龙江古代民族史纲』	黑龙江人民出版社
魏国忠	1994	『东北民族史研究』(二)	中州古籍出版社
魏存成	1994	『高句丽考古』	吉林大学出版社
魏存成	2001	『高句丽遗迹的考古发现与研究』	吉林大学
魏存成	2002	『高句丽遗迹』	文物出版社
刘矩	2005	『唐征高句丽史』	吉林人民出版社

刘勤 丁贵民 严长录 等	1986	『长白朝鲜族自治县文物志』	吉林省文物志编委会
刘永智	1994	『中朝关系史研究』	中州古籍出版社
刘子敏	1996	『高句丽历史研究』	延边大学出版社
刘子敏 姜孟山 金荣国 王士英	1996	『中国正史中的朝鲜史料(二)』,	延边大学出版社
"刘慧娟, 郑谭毅, 志白 编"	1984	『东北市县沿革及地名由来』	
刘厚生 孙启林 王景泽	2000	『黑土地的古代文明』	远方出版社
尹国有	2003	『高句丽壁画研究』	吉林大学出版社
李健才	2001	『东北史地考略』	吉林文史出版社
李国强, 李宗勋	2005	『高句丽史研究』	延边大学出版社
李国强, 李宗勋	2006	『高句丽史新研究』	延边大学出版社
李大龙	2001	『唐朝和边疆民族使者往来研究』	黑龙江教育出版社
李德山	2003	『中国东北古民族发展史』	中国社会科学出版社
李德山	1996	『东北古民族与东夷渊源关系考论』	东北师范大学出版社
李文信	1962	『辽宁史迹资料』	辽宁省博物馆
李文信	1992	『李文信考古文集』	辽宁人民出版社
李澎田, 李健才	1990	『东疆史略』	吉林文史出版社
李乐营, 李淑英	2006	『中国高句丽学者与研究综述』	吉林文史出版社
李殿福	2005	『高句丽民族文化研究』	吉林文史出版社
李殿福	1991	『高句丽渤海的考古与历史』	学生社
李殿福	1992	『高句丽文化与集安』	六兴社
李殿福	1994	『东北考古研究(二)』	中州古籍出版社
李殿福	1994	『中国境内高句丽遗迹』	学研文化社
李宗勋	1999	『史学论丛』	延边大学出版社
李春祥	2006	『高句丽与东北民族疆域研究』	吉林文史出版社
李治亭	2003	『东北通史』	中州古籍出版社
李治亭 田禾 王升	1998	『关东文化』	辽宁教育出版社

李洪淳 姜孟山	1987	『高句丽历史故事(朝文)上』	延边人民出版社
林至德 耿铁华 付佳欣张雪岩 孙仁杰	1984	『集安县文物志』	吉林省文物志编委会
张博泉	1985	『东北地方史稿』	吉林大学出版社
张博泉	1986	『东北历史名人传』	吉林文史出版社
张博泉 苏金源 董玉瑛	1981	『东北历代疆域史』	吉林人民出版社
张博泉 魏存成	1998	『东北古代民族考古与疆域』	吉林大学出版社
张碧波	2000	『中国古族古国古文化研究』	黑龙江人民出版社
张碧波	2001	『中国古代北方民族文化史』	黑龙江人民出版社
张碧波	2002	『东北民族与疆域论稿』	黑龙江教育出版社
张碧波	2004	『中国东北疆域研究』	黑龙江人民出版社
张碧波 董国尧	1993	『中国古代北方民族文化史』(民族文化卷)	黑龙江人民出版社
张碧波 董国尧	1995	『中国古代北方民族文化史』(专题文化卷)	黑龙江人民出版社
蒋非非	1998	『中韩关系史』(古代篇) 北京大学 韩国学研究中心 韩国学丛书	
蒋秀松 朱在宪	1993	『东北民族史纲』	辽宁教育出版社
张殿甲 付佳欣 徐元江 李雪涛	1984	『浑江市文物志』	吉林省文物志编委会
张萍 梁志龙 刘兴林	1990	『桓仁满族自治县文物志』	
程妮娜	2001	『东北史』	吉林大学出版社
郑永振	2003	『高句丽渤海靺鞨墓葬比较研究』	延边大学出版社
齐红源	1992	『东北教育史』	辽宁大学出版社
赵云田	1993	『中国边疆民族管理机构沿革史』	中国社会科学院出版社
赵廷贵 张羽	1983	『吉林市市区文物志』	吉林省文物志编委会
朱诚如 邸富生	1989	『辽宁古代史』	大连海运学院出版史
周振鹤	1987	『西汉政区地理』	人民出版社
中国社科院考古研究所	1997	『中国田野考古报告集』	中国大白科全书出版社
中国社会科学院考古研究所	1984	『新中国的考古发现和研究』	文物出版社
中朝关系通史编写组	1996	『中朝关系通史』	吉林人民出版社

陈芳芝	1995	『东北史探讨』	中国社会科学出版社
集安县地方志编委会	1987	『集安县志』	集安县地方志编委会
邹宗绪	1992	『好太王碑』	陕西旅游出版社
编委会	1991	『大连地方史简编』	大连海运学院出版社
冯永谦	1994	『东北考古研究(一)』	中州古籍出版社
冯永谦	1994	『北方史地研究』	中州古籍出版社
何光岳	1990	『东夷源流史』	江西教育出版社
何贤武 王秋华	1993	『中国文物考古辞典』	辽宁科学技术出版社
黄甲元	1993	『长白山开发史稿』	吉林文史出版社
黄斌 刘厚生	1999	『高句丽史话』	远方出版社
黄定天 等	1986	『东北史论文资料索引』	黑龙江人民出版社
黄风岐 等	1995	『东北地方史研究』	内蒙古文化出版社
黄风岐 朝鲁 孙泓	1994	『东北亚文化研究』	中州古籍出版社
	1909	『旧拓好太王碑』	上海有正书局
	1942	『朝鲜国地丛书』	重庆东方出版社
	1979	『文物考古工作30年』	文物出版社
	1982	『东北考古与历史』1	文物出版社
	1986	『中国北方八省市考古论著汇编』	吉林省社会科学院历史所

제 4 장
중국의 고구려논문 목록

제 1부　연대순 논문목록

杨颐	1887	好太王碑考订	
王志修	1895	高句丽永乐好太王碑考	『奉天军粮署』
叔问	1900	郑氏高句丽永乐好太王碑释文纂考书後	高丽国永乐好太王碑释文纂考
郑文焯	1900	高丽国永乐好太王碑释文纂考(平湖朱氏刻本)	平『湖朱氏刻本』
吴重熹	1900	高句丽永乐好太王碑文纂考後跋	『高丽国永乐好太王碑释文纂考』
荣禧	1903	高句丽永乐太王墓碑文	『古高句丽永乐太王墓碑文考』
荣禧	1903	高句丽永乐太王墓碑谰言	『古高句丽永乐太王墓碑文考』
罗振玉	1908	好太王陵砖跋	『唐风楼金石文字跋尾』
罗振玉	1908	高丽好太王碑释文	『国粹学报』4 : 10
罗振玉	1909	高丽好太王碑跋	『神州国光集』 卷9, 1909-3.
罗振玉	1909	好太王陵碑	『俑庐日扎』
杨守敬	1909	高句丽广开土好太王碑跋	『高丽好太王碑』
叶昌炽	1909	奉天一则	『语石』, 苏州振新书社
	1909	旧拓好太王碑	上海有正书局辑 1909.5
徐树钧	1910	高句丽好太王碑释文	『宝鸭斋题跋(宏文化石印手稿本)』
付云龙	1910	高丽好太王碑跋	『长白汇徵彔』 卷8
张凰台	1910	释高句丽碑文	『长白汇徵彔』 卷8
吴光国	1915	高句丽古碑文	『辑安县乡土志』

杨宝镛	1918	好太王砖跋	『梦碧簃石言』
刘承千	1922	好太王碑跋尾	『海东金石苑补遗』
刘承千	1922	晋高句丽好太王碑	『海东金石苑补遗』
欧阳辅	1923	高丽好太王碑	『集古求真』卷3, 江西开智书局石印手稿本
刘节	1928	好太王碑考释	『国学论丛』2-1
	1929	古鉴阁藏好太王碑	上海艺苑真赏社编绢出板1929
于云峰	1931	好太王碑文及拔	『集安县志』
梁启超	1931	跋刘子植好太王碑考释	『北平图书馆馆刊』5 : 4, 1931年8月
『集安县志』编纂委员会	1931	好太王碑石文	『集安县志』
谈国桓	1932	好太王碑手札	『辽东文献征略』
张延厚	1932	好太王碑拔语	『辽东文献征略』
	1932	好太王碑	东三省古迹遗闻1932
金毓黻	1932	高句丽好太王释文及按语	『辽东文献征略』
杨伯馨	1933	高丽墓碑	『浄故』
藏式毅, 王树楠, 金毓黻	1934	晋高句丽好太王碑释文	『奉天通志』
	1934	魏 毋丘俭丸都纪功石刻残石	『河北第一博物院画报』1934, 5・6
罗福頤	1937	高句丽好太王碑释文	『满洲金石志』
王国维	1940	魏 毌丘俭丸都山纪功石刻跋	『王国维遗书』
劳干	1943	跋高句丽大兄冉牟墓志兼论高句丽都城之位置	『中央研究院历史语言研究所集刊』11本
宿 白	1952	朝鲜安岳所发现的冬寿墓	『文物参考资料』1952(1)
	1953	朝鲜发现高句丽时代古墓	『文物参考资料』1953-4
王立达	1955	关於高丽, 高句丽及其他 朝鲜史问题的商榷	『历史教学』1955(5)
康家兴	1956	浑江中流的考古调查	『考古通讯』1956-6
康家兴	1957	吉林市龙泽山高句丽山城和"水牢"	『吉林省文物工作通讯』
王立达	1957	新罗, 高句丽, 百济 '三国并立' 时期朝鲜经济文化的发展及其在构通中日文化上所起的作用	『史学月刊』1957(10)

曲绍伯 1957 临摹辑安高句丽古墓壁画的经过 『吉林省文物工作通讯』
文物参考资料 编辑部 1957 辽宁集安通沟高句丽时代墓的壁画 『文物参考资料』1957(1)
苏才 1957 集安高句丽遗迹调查简记 『吉林省文物工作通讯』
1958 好太王碑考释 古史考存, 人民出版社, 1958
杨 泓 1958 高句丽壁画石墓 『文物参考资料』1958(4)
张驭寰 1958 集安附近高句丽时代的建筑 『文物参考资料』1958(4)
金畴农 1959 关於高句丽古坟壁画上乐器的研究 『音乐研究』1959-3,4
洪晴玉 1959 关于冬寿墓的发现和研究 『考古』1959(1)
吉林省文物管理委员会(刘法祥) 1960 吉林通化市江口村和东江村考古发掘简报 『考古』1960(7)
俞伟超 1960 跋朝鲜平安南道顺川都龙凤里辽东城冢调查报告 『考古』1960(1)
陈大为 1960 桓仁县考古调查发掘简报 『考古』1
苏才 1961 吉林辑安高句丽建筑遗址的清理 『考古』1961(1)
曹正榕, 朱涵康 1961 吉林集安榆林河流域高句丽建筑遗址的清理 『考古』1961：1
李殿福 1962 一九六二年春季吉林辑安考古调查简报 『考古』(11)
曹正榕 朱涵康 1962 吉林辑安榆林河流域高句丽古墓调查 『考古 1962』(11)
公孙燕 1962 论濊貊之'貊'非东胡人 - 兼考汉初濊貊之望 『考古』1962(1)
方起东 1962 吉林辑安高句丽霸王朝山城 『考古』1962(11)
李殿福 1962 高句丽壁画 『长春日报』1962年11月28日
李文信, 孙守道 1962 古代辽宁境内的匈奴. 鲜卑和高句丽的文化遗存 『辽宁日报』1962.9.11
李殿福 1962 画像石刻 『长春日报』1962年6月3日
吉林省博文物安考古队(方起东) 1964 吉林辑安麻线沟一号高句丽壁画 『考古』1964(10)
王增新 1964 辽宁抚顺市前屯, 洼浑木高句丽墓发掘简报 『考古』1964(10)
抚顺市文化局文物工作队 1964 辽宁抚顺市高尔山古城址调查管报 『考古』1964-12
吉林省博物馆辑安考古队 辑安县文物保管所(方起东, 阵相伟) 1964 吉林辑安高句丽南道和北道的关隘和城堡 『考古』1964(2)
王承礼 韩淑华 1964 吉林辑安通沟第十二号高句丽壁画墓 『考古』1964(2)

吉林城博物馆 1964 吉林辑安五盔坟四号墓清理略记 『考古』1964-2
吉林博物馆(王承礼 李殿福 方起东) 1964 吉林辑安盔坟四号和五号墓清理略记『考古』1964(2)
陈相伟 1965 吉林辑安浑江中流的三处新石器时代遗址 『考古』1965(1)
常宗豪 1973 高句丽广开土好太王碑跋 『联合书院学报』11
吉林省文物工作队(方起东) 1977 吉林集安的两座高句丽墓 『考古』1977(2)
文一 1979 南朝鲜史学界对'高句丽拓境碑'的研究进展情况 『朝鲜史动态』1979년 5기
通讯 1979 南朝鲜发现高句丽拓境碑 『朝鲜史研究』态 1979(3)
方起东 刘振华 1979 统一多民族国家的历史见证-吉林省文物考古工作三十年的主要收获 『文物考古工作三十年』, 文物出版社
集安县文物保管所 1979 集安县两座高句丽积石墓的清理『考古』1
顾铭学 1980 译高句丽的墓葬 『朝鲜史通讯』1980(2)
方起东 1980 集安高句丽墓壁画中的舞乐 『文物』1980-7
张博泉 1980 汉玄菟郡考 『吉林大学学报』1980(6)
曹讯 1980 霭河尖古城和汉安平瓦当 『考古』1980(6)
庞志国 1980 吉林省古城浅说 『吉林师范大学学报』(人文社会科学版)4
徐德源 1980 试论高句丽国家的社会性质 『朝鲜史通讯』(2)
杨通方 1980 '隋书东夷高句丽列传'订误 『朝鲜史通讯』1980(2)
李殿福 1980 集安高句丽壁画初探 『社会科学辑刊』4
李殿福 1980 集安高句丽墓研究 『考古学报』57, 1980(2)
张琏瑰 1980 朝鲜史学界研究隋炀帝征战高句丽有关史料 『国外社会科学动态』 1980-5
安清泰 1980 论高句丽, 百济, 新罗三国的社会性质 『学术研究丛刊』1980(2)
1980 德兴里古墓的秘密-北朝鲜引人注目的发掘调查 『参考消息』1980.12.5
张太湘 1981 大城子古城调查记 『文物资料丛刊』4,1981年3月
集安县文物保管所 吉林省文物工作队(李殿福) 1981 吉林辑安洞沟三室墓理记 『考古与文物』1981(3)
朴容绪 1981 德兴里壁画墓考 『朝鲜史通讯』1981(3)
杨通方 1981 濊貊族概貌 『朝鲜史通讯』1981(3)

王金波　1981　丹东市靉河尖古城的初步探索　『辽宁省考古博物馆学会成立大会会刊』
杨通方　1981　高句丽不存在山上王延优其人－论朝鲜『三国史记』有关高句丽君主世系问题　『世界历史』3
朴真奭　1981　试论广开土碑文的“辛卯年记事”　『朝鲜史通讯』1981(3)
刘景文　1981　好太王碑与好太王陵　『吉林文物』1981年6月20日
集安县文物保管所(张雪岩)　1981　集安发现青铜短剑墓　『考古』1981(5)
阵连开　1981　唐代辽东若干地名考释　『社会科学辑刊』1981(3)
刘变　1981　访高句丽早期遗址五女山城　『朝鲜史通讯』1981(3)
刘永智　1981　最新发现的高句丽碑　『学术研究丛刊』1981(1)
顾铭学　1981　魏志高句丽传考释(下)　『学术研究丛刊』1981(2)
赵秉新　1981　略论高句丽的社会性质　『朝鲜史通讯』(3)
刘永智　1981　也谈萨水究在何处　『朝鲜史通讯』1981(3)
李殿福　1981　集安洞沟三室壁画著录补正　『考古与文物』1981(3)
刘永智　1981　好太王碑“辛卯年”记事初探　『学术研究丛刊』1981(2)
顾铭学　1981　魏志高句丽传考释(上)　『学术研究丛刊』1981(1)
刘兴林·魏海波　1981　桓仁府近高句丽的早期活动遗迹　『辽宁省考古博物馆学会成立大会会刊』
段成桂　1981　好太王碑述略　『书法』1981(3)
李云铎　1981　德兴里古墓之人不是高句丽人而是中国人　『高句丽研究资料』1981(1)
姜孟山　1981　论高句丽国家的社会性质　『朝鲜史通讯』(3)
孙进己　1981　我国北方民族的主源主流和多源多流问题　『求是学刊』4
陈大为　1981　桓仁高句丽积石墓的外形和内部结构　『辽宁文物』1981(2)
陈大为　1981　试论桓仁高句丽积石墓的类型, 年代及其演变　『辽宁省考古博物馆学会成立大会会刊』
柳岚, 张云岩　1982　1976年集安洞沟古墓清理　『文物考古汇编』1982-1
集安县文物保管所(赵书勤　周云台)　1982　集安万宝汀242古墓清理简报　『考古与文物』1982(6)
陈相伟　1982　集安长川二号封土墓发掘简记　『文物考古汇编』1982-1
王建群　1982　好太王碑乙未年纪事考释　『博物馆研究』1982(1)

吉林省文物工作队 集安县文物保管所(陈相伟 方起东) 1982 辑安长川一号壁画墓 『东北考古与历史』1982(1)
陈兆复 1982 高句丽壁画艺术初探 『中国画研究』1982(2)
刘永智 1982 幽州刺史墓小考 『朝鲜史通讯』1982(4)
刘永智 1982 高句丽壁画与中国文化的关系 『学术研究丛刊』1982(4)
孙进己 艾生武 1982 关于高句丽社会性质的几介问题 『朝鲜史通讯』1982(4)
徐翰煊, 张志立, 王洪峰 1982 高句丽罗通山城调查 『文物考古汇编』1982-1
豫宛 1982 辽宁召开东北古代各族社会性质学术讨论会 『社会科学辑刊』5
方起东 1982 集安东台子高句丽建筑遗址的性质和年代 『东北考古与历史』1982(1)
沈西 1982 关于高句丽丸都山城绍介的几个问题 『文物』1982(9)
赵书勤 1982 集安文物史话 『吉林文物』1982.7.15.
徐德源 1982 高句丽社会性质问题的综合述评 『辽宁大学学报』1982(6)
李殿福 1982 集安高句丽山城子山城调查与考略 『文物考古滙编』1982(1)
李殿福 1982 高句丽丸都山城 『文物』1982(6)
赵秉新 1982 关于'下户'的身分问题 『朝鲜史通讯』1982(4)
李殿福 1982 集安山城子山城考略 『求是学刊』1982(1)
李明 1982 国外研究高句丽史近况点滴 『博物馆研究』 创刊号
陈大为 1982 清源县英额门山城子调查记 『辽宁文物』1982(3)
韩今玉 1982 三十年来朝鲜历史学界研究三国时期社会性质政况简界 『朝鲜史通讯』(4)
孙进己 1982 我国古代北方各族葬俗试析 『东北师大学报』(哲学社会科学版)3
甸 甫 1982 汉代白玉耳环 『吉林文物』1982年3月15日
张博泉 1982 『魏书 · 豆莫娄传』中的几个问题 『北方文物』2
孙进己 1982 渤海的族源 『学习与探索』3
王建群 1983 好太王碑六年丙申,八年戊戌条考释 『学习与探索』1983(4)
刘永智 1983 幽州刺史墓考略 『历史研究』2
吉林省文物工作队, 集安县文物保管所 1983 集安长川二号封土墓发掘简报 『考古与文物』1983-1
李健才 1983 桦甸苏密城考 『北方文物』2

远 生	1983	高句丽的鎏金铜钉鞋	『博物馆研究』1983(1)
高明士	1983	台湾所藏的高句丽好太王碑拓本 台湾	『韩国学报』1983(3)
高明士	1983	访劳贞一院士谈高句丽好太王碑 台湾	『韩国学报』1983(3)
庄严	1983	高句丽族源初探	『朝鲜史研究』1983(5)
王建群	1983	好太王碑文译注(下)	『博物馆研究』1983(3)
吉林省文物工作队	1983	吉林辑安长川二号封土墓发掘记要	『考古与文物』1983(1)
禹钟烈	1983	高句丽民族的分布	『朝鲜史研究』(5)
王建群	1983	好太王碑的发现和捶拓	『社会科学战线』1983(4)
王建群	1983	好太王碑文译注(上)	『博物馆研究』1983(1)
方起东 林至德	1983	集安洞沟两座树立石碑的高句丽古墓	『考古与文物』1983(2)
王仿生	1983	毋丘俭应是三国魏人	『文物』1983-1
李殿福	1983	集安洞沟三座壁画墓	『考古』1983(4)
元沈	1983	'朱蒙'考	『朝鲜问题研究丛书』1
李殿福	1983	唐代渤海贞孝公主墓壁画与高句丽壁画比较研究	『北方文物』2
马彦	1983	乙支文德家世考证述评	『朝鲜研究文集』1983(2)
曹桂林 裴跃军	1983	铁领东南部的两座古代城址	『辽宁文物』1983(4)
孙进己	1983	"东北民族源流与分布"学术讨论会在抚顺举行	『史学集刊』4
孙进己	1983	高句丽的社会性质	『朝鲜史通讯』4
柳 岗	1983	高句丽的壁画墓	『吉林文物』1983年4月30日
晔 昊	1983	高句丽墓葬	『吉林文物』1983年4月10日
粟谷	1983	关于高句丽的山城	『博物馆研究』1983(1)
姜孟山	1983	试论高句丽族的源流及其早期国家	『朝鲜史研究』5
集安县文物保管所(阎毅之 林至德 赵书勤)	1983	集安高句丽墓葬发掘简报	『考古』1983(4)
刘永智	1983	关于好太王碑争论的问题	『东北史研究』1983(1辑)
顾铭学	1983	'三国史记'与'旧三国史'和'东明王篇'	『朝鲜史研究』1983(5)
传少华	1983	钓鱼台古城	『吉林文物』1983年1月5日

孙进己 1984 东北民族源流与分布学术讨论会综述 『民族研究』1

杨 泓 1984 中国古代马具的发展和对外影响 『文物』1984(9)

耿铁华·朴至德 1984 辑安高句丽陶器的初步研究 『文物』1984(1)

王承礼 1984 吉林辽宁的高句丽遗址 『考古与文物』1984(6)

铁兄 1984 '毋丘俭与'母丘俭辨 『社会科学战线』1984(2)

阎万章 1984 汉代安市县城与高句丽安市城非一地考 『地名学研究』1984(1)

孙仁杰 迟 勇 1984 在杨方金子塔上-记集安将军坟及其它文物胜迹 『文物天地』1984(6)

辽宁省博物馆(沈白文) 1984 辽宁本溪晋墓 『考古』1984(8)

孙进己 1984 汉真番郡考 『黑龙江文物丛刊』3

栗谷 1984 关於高句丽的山城 『博物馆研究』(1)

孙进己 1984 东北民族关系史的分期 『民族研究动态』4

耿铁华译 1984 高句丽的好太王碑和好太王 『文物天地』1984-6

孙玉良 1984 高句丽社会性质浅析 『博物馆研究』1984(1)

庞志国 1984 吉林省考古事业回顾 『城市时报』1984.9.23.

柏忱 1984 火炕小考 『北方文物』1

田耘 1984 西岔沟古墓群族属问题浅析 『北方文物』1

高明士 1984 《台湾所藏的高句丽好太王碑拓本》补述-兼述好太王碑研究近况 台湾 『韩国学报』1984(4)

董长富 文 琳 1984 辑安高句丽古墓壁画 『文物天地』1984(6)

徐家国 1984 汉玄菟郡二迁址考略 『社会科学辑刊』1984(3)

集安县文物保管所 (赵书勤) 1984 集安老虎哨古墓发掘简报 『文物』1984(1)

杨 泓 1984 高句丽墓葬的新发现 『新中国的考古发现和研究』

郑辰 1984 抚顺高尔山城在调查发掘中 『辽宁文物』1984(6)

刘永智 1984 「广开土境平安好太王碑文释略初评」『学术研究丛刊』1984(1)

吉林省文物工作队(李殿福) 1984 吉林辑安五盔坟四号墓 『考古学报』1984(1)

集安县文物保管所(孙仁杰 迟 勇) 1984 集安县新发现的两处高句丽墓群 『博物馆研究』1984(1)

林至德 张雪岩 1984 高句丽两都城-国内城和丸都山城 『文物天地』1984(6)

吉林省考古研究所、集安县博物馆 1984 集安高句丽考古的新收获 『文物』1
吉林省文物工作队 集安县文物保管所(张雪岩 柳岚) 1984 1976年集安洞沟古墓清理 『考古』1984(1)
顾铭学 李云铎译 1984 高句丽的起源 『东北亚历史与考古』1984(4)
集安县文管所(阎毅之, 林至德) 1984 集安高句丽内城的调查与试掘 『文物』1984(1)
李殿福 1984 集安卷云纹铭文瓦当考辩 『社会科学战线』1984(4)
集安县文物保管所(孙仁杰) 1984 集安县上下活龙古墓发掘简报 『文物』1984(1)
耿铁华 1984 汉魏高句丽故都-集安 『吉林画报』1984(4)
朴真奭 1985 高句丽栅遗址考 『朝鲜问题研究丛书』1985(3)
高明士 1985 高句丽好太王碑研究的近况与展望 日本 『邪马台国』第26辑
罗継祖 1985 辽东公孙氏联吴拒魏及其和高句丽的关系 『东北地方史研究』(第4) 1985
孙仁桀 1985 集安出土的金饰 『博物馆研究』1985(1)
王建群 1985 和好太王碑研究有关的几个问题 『博物馆研究』1985(1)
吉林省文物工作队(徐翰煊 张志立 王洪峰) 1985 高句丽罗通山城调查简报 『文物』2
耿铁华 1985 高句丽好太王碑及高句丽王朝与好太王 日本 『市民之古代』第7集
孙进己 1985 积极开展濊貊史的研究 『松辽文物』1
孙进己 1985 东北民族史研究的回顾与展望 『东北地方史研究』1
苏长青 1985 高句丽早期平原城-下古城子 『辽宁本溪丹东地区考古学术讨论会文集』
刘永智 1985 好太王碑的发现和捶拓发现及其他 『社会科学战线』1985(1)
陈相伟 1985 吉林省考古历史述要 『东北地方史研究』1985(2)
刘凤翥 1985 ≪好太王碑研究≫介绍 『民族研究动态』1985(1)
孙仁杰 1985 集安出土的高句丽金饰 『博物馆研究』1985(1)
魏存成 1985 高句丽四耳展沿壶的演变及有关的几个问题 『文物』1985年 7月
望 月 1985 中日 “好太王碑长春讨论会” 召开 『世界史研究动态』1985(10)
华岩 1985 吉林集安出土的几方铜印 『北方文物』4
王建群 1985 好太王碑文中 “倭” 的实体 『博物馆研究』1985(3)
贾士金 1985 集安高句丽文物考古中的新课题 『博物馆研究』1985(2)

索介然	1985	中日学者长春 "好太王碑讨论会" 介绍	『中国史研究动态』1985(10)
沈 西	1985	我派出代表团参加在日本奉行的好太王碑学术讨论会	『博物馆研究』1985(1)
王绵厚	1985	汉晋隋唐之南苏水与南苏城考	『历史地理』1985(4)
郭俊武	1985	纥升骨城初探	『辽宁本溪丹东地区考古学术讨论会文集』
魏存成	1985	高句丽初、中期的都城	『北方文物』2
许宪范	1985	'高句丽'名称由来及其民族形成	『延边大学学报』1985(2)
林至德 耿铁华	1985	集安出土的高句丽瓦当及其年代	『考古』1985(7)
孙玉良	1985	公元五世纪前後高句丽的发展	『北方文物』1985(3)
孙进己	1985	历代东北民族的分布(上)	『东北地方史研究』2
华岩杰勇	1985	集安出土的几方铜印	『北方文物』1985(4)
吴琦幸	1985	叶昌炽与好太王碑研究	『社会科学战线』1985(4)
杨保隆	1985	勿吉地域西南部边至考	『北方文物』4
王建群	1985	关于九州大学脏好太王碑拓本的拓制年代	『好太王碑-四,五世纪的东亚与日本』,日本 东方书店
薛作标	1985	以辽宁古今县名为例探索地名命名的某些规律	『中国历史地理论丛』1
张雪岩	1985	集安考古述略	『辽宁本溪丹东地区考古学术讨论会文集』
许宪范	1985	濊貊迁徙考	『民族研究』4
方起东	1985	高句丽古墓的时代变化	『好太王碑-四,五世纪的东亚与日本』, 日本 东方书店
方起东	1985	高句丽古墓的演进	『博物馆研究』1985(2)
方起东	1985	我省文物考古工作者应邀赴日参加好太王碑学术讨论会	『吉林文物』1985年5月15日
贾士金	1985	集安高句丽文物考古工作中的新课题	『博物馆研究』1985(2)
方 卯	1985	我研究好太王碑主要学术成果简介	『吉林文物』1985年5月15日
抚顺市博物馆 新宾县文化局(佟达 张正岩)	1985	辽宁省新宾县黑沟高句丽早期山城	『文物』1985(2)
集安县文物保管所(孙仁杰 董长富 迟勇)	1985	集安浑江流域新石器时代遗址调查	『博物馆研究』1985(3)
张博泉	1985	真番郡考	『北方文物』4
许泰一	1985	庆兴府赤岛纪迹碑铭的发现与考略	『延边大学学报』1985(1)1985年3月

集安县文物保管所(张雪岩 周云台)	1986	集安岭前鸭绿江流域原始社会遗址	『博物馆研究』1986(2)
董学增	1986	吉林市龙泽山高句丽山城及其附近卫城调查报告	『北方文物』1986(4)
明学·中澍	1986	一分更为可信的高句丽史料-关於 ‘翰苑审夷部’ 注人 ‘高丽记’ 佚文	『学术研究丛刊』1986-5
马俊	1986	五女山山城	『辽宁大学学报』1986(1)
曲贵春	1986	古代秽貊研究	『史前研究』1986-3,4.
董万仑	1986	白山靺鞨五考	『北方文物』2
康 捷	1986	朝鲜德兴里壁画墓及其有关问题	『博物馆研究』1986(1)
王建群	1986	申采浩对好太王碑的论述和他辑安纪闻	『博物馆研究』1986(3)
童斌	1986	日本出土反映古代中, 朝, 日文化交流的超一流马具	『国外社会科学』4
崔玉宽	1986	乌骨城考	『丹东史志』1986(1)
高占一 杜 宇	1986	毌丘俭纪功碑发现始末	『博物馆研究』1986(3)
崔玉宽	1986	凤凰山古城	『丹东史志』1986(1)
佟柱臣	1986	东北民族史与东北考古学中的几介问题	『东北地方史研究』1986(2)
崔国玺	1986	魏幽州刺史毌丘俭	『东北历史名人传』 古代卷上, 吉林文史出版社
曲石	1986	试论濊貊与华夏、东夷族的关系	『北方文物』3
罗継祖 丛文俊	1986	简谈好太王碑字体	『博物馆研究』1986(1)
陈大为	1986	辽宁高句丽山城初探	『中国考古学会第五次年会论文集』, 文物出版社
张昌熙	1986	东夫余及其地望初探	『延边大学学报』(社会科学版)4
方起东	1986	唐高句丽乐舞扎记	『博物馆研究』1987(1)
孙进己	1986	秽貊源流考	『松辽文物』1986(2)
刘萱堂	1986	五盔坟四号墓壁画中的龙	『吉林文物』1986.9.25
耿铁华	1986	高句丽渔猎经济初探	『博物馆研究』1986-3
耿铁华	1986	高句丽民俗概述	『求是学刊』5
王承礼	1986	集安高句丽成址	『中国大百科全书-考古学』
刘永智	1986	《高句丽碑出土记》刍议	『学术研究丛刊』1986(4)
刘永智	1986	朝鲜学者对朝鲜平安南道发掘幽州刺史墓的看法	『国外社会科学情报』8

孙进己 张志立	1986	秽貊文化的探索	『辽海文物学刊』1986年1期, 1992『东北亚历史与考古』
耿铁华	1986	高句丽起源和建国问题探索	『求是学刊』1
李殿福	1986	两汉时代的高句丽及其物质文化	『辽海文物学刊』1986(1)
耿铁华	1986	高句丽壁画中的社会经济	『北方文物』1986(3)
王承礼	1986	桓仁县高句丽遗迹	『中国大百科全书-考古学』
王承礼	1986	集安高句丽积石墓	『中国大百科全书-考古学』
王绵厚	1986	建国以来辽宁地区民族考古发现与研究	『民族研究动态』1986(4)
孙力	1986	抚顺市高尔山城	『中国考古学年鉴』, 文物出版社
李强	1986	沃沮、东沃沮考略	『北方文物』1
孙玉良	1986	高句丽名将泉盖苏文-附男生	『东北历史名人传』古代卷 上, 吉林文史出版社
孙玉良	1986	高句丽始祖朱蒙	『东北历史名人传』 古代卷 上, 吉林文史出版社
方起东	1986	千秋墓, 太王陵和将军坟墓主人的推定	『博物馆研究』1986(2)
耿铁华	1986	集安禹山高句丽高墓	『中国考古年鉴』1986
耿铁华	1986	好太王碑新考	『好太王碑争论之解明』, 日本 新泉社
孙进己	1986	历古代东北民族的分布(下)	『东北地方史研究』1
孙玉良	1986	高句丽太祖高宫	『东北历史名人传』 古代卷 上, 吉林文史出版社
孙进己	1986	东北史资料信息工作的回顾与展望	『图书馆研究』2
王绵厚	1986	隋唐辽宁建置地理述考	『东北地方史研究』1986(1)
张雪岩	1986	集安出土的古镜	『文物』(6)
范犁	1986	文物丰富的集安	『中国青年报』1986.8.24.
范犁	1986	我国历史上的高句丽	『中国青年报』1986.9.26.
孙仁杰	1986	谈高句丽壁画墓中的莲花图案	『北方文物』4
沈克秋	1987	试论高句丽的社会性质	『中国朝鲜史研究论丛』 1987(1)
耿铁华 李淑英	1987	高句丽壁画中的贵族生活	『博物馆研究』1987-2
孙进己	1987	东北诸民族的形成发展过程	『东北地方史研究』4
杨保隆	1987	各史『高句骊传』的几个问题辨析	『民族研究』1

王健群	1987	高句丽千里长城	『博物馆研究』1987(3)
耿铁华	1987	集安的高句丽文物	『城市时报』1987.7.3.
魏存成	1987	高句丽积石墓的类型和演变	『考古学报』1987(3)
耿铁华	1987	从高句丽壁画中的战争题材,看高句丽军队与战争	『北方文物』3
李健才	1987	东北地区中部的边岗和延边长城	『辽海文物学刊』1987(1)
耿铁华	1987	高句丽贵族冉牟墓及墓志考	『辽海文物学刊』2
刘永智	1987	萨水考略	『社会科学战线』1987(4)
方起东	1987	高句丽故乡的宝藏	『城市时报』1987.10.14.
方起东	1987	失落千年的古都	『吉林日报』1987.5.13.
方起东	1987	城垣的意外发现	『吉林日报』1987.5.27.
苏长青	1987	下古城子-高句丽平原城	『桓仁文化史料科』1987-2
方起东	1987	高句丽人的生死观	『吉林日报』1987.6.11.
邓常云	1987	燕州城初探	『地名巫刊』1987(4)
柳永祥	1987	高句丽的迁都浅议	『辽宁大学学报』1987(5)
朴真奭	1987	城山子山城和土城村土城及其筑城年代	『延边大学学报』1987(4)
王健群	1987	玄菟郡的徙迁与高句丽丽的发展	『社会科学战线』1987(2)
王侠	1987	我国东北古代民族的海上活动	『北方文物』1
齐俊	1987	本溪地区太子河流域新石器至青铜时期遗址	『北方文物』1987(3)
耿铁华 林至德	1987	集安高句丽陶器基础的研究	日本『古代文化』39卷8号
满承志	1987	通化县小都岭出土大批石范	『博物馆研究』1987(3)
徐家国 孙力	1987	辽宁抚顺高尔山城发掘简报	『辽海文物学刊』1987(2)
王绵厚	1987	古代高句丽族称深源	『辽海文物学刊』(第2)1987
王建群	1987	高句丽族属探究	『学习与探索』1987(6)
樊远生	1987	高句丽民族的探讨	『博物馆研究』1987(3)
张国庆	1987	“北人尚炕”习俗的由来	『北方文物』3
张国庆	1988	慕容鲜卑与高句丽的辽东之战	『吉林师范学院学报』1988-2

张国庆	1988	略谈东北地区源于古代少数民族名称的地名	『黑龙江民族丛刊』1
张国庆	1988	略论汉武帝对乌桓和对濊东沃沮高句丽的不同治理方式	『沈阳师院学报』1988(3)
严长禄 杨再林	1988	延边地区高句丽-渤海时期纹铬板瓦初探	『博物馆研究』1988(2)
张雪岩	1988	集安两座高句丽封土墓	『博物馆研究』1988(1)
方格	1988	吉林省六处全国重点文物保护单位	『博物馆研究』1988(3)
通讯报导	1988	(桓仁县)拐磨子发现青铜时代遗物	『辽宁日报』1988.10.18
李甸甫	1988	高句丽新城的始筑年代	『辽海文物学刊』1988(2)
刘庆	1988	“别种”杂说『北方文物』1	
耿铁华	1988	好太王碑发现时间新探	日本『市民之古代』第10集
柳永祥	1988	朱蒙与东明-高句丽始祖问题探索	『辽宁大学学报』1988(6)
陈芳芝	1988	魏晋南北朝时期的东北地区	『北京大学学报』(哲学社会科学版)3
刘永智	1988	从好太王碑看高句丽社会性质	『朝鲜学研究』第一集
金香	1988	关于“天孙”的理解	『北方文物』2
孙进己	1988	秽貊史研究中的几个问题	『东北史研究导报』1
林至德 耿铁华	1988	集安出土高句丽瓦当及其年代	日本『古代文化』40卷3号
周国林	1988	对《毋丘俭纪功碑》的一点异论	『中国文物报』1988年6月17日
耿铁华	1988	毋丘俭纪功碑考略	『中国文物报』1988年4月29日
汪玢玲	1988	东北神话与古代女权	『黑龙江民族丛刊』1
孙仁桀	1988	'折天井'墓调查拾零	『博物馆研究』1988-3
杨茂盛	1988	『东北民族源流』一书评介	『北方文物』3
耿铁华	1988	好太王碑火前无完整拓本	『考古与文物』1988(1)
耿铁华	1988	集安县禹山高句丽墓葬	『中国考古学年鉴』1988年3月
耿铁华	1988	好太王碑的国烟看烟及其身份问题	『求是学刊』1988(4)
苏长青 陈德辉	1988	桓仁地区的早期高句丽	『方志天地』1988(6)
耿铁华	1988	好太王碑火烧以前没有完全的拓本	日本『市民之古代』第10集
李正夫	1988	句丽族与汉字	『长白学圃』1988(4)

耿铁华	1988	对毋丘俭纪功碑的几点说明	『中国文物报』1988年7月22日
耿铁华	1988	高句丽壁画中的宗教与祭祀	『辽海文物学刊』1988-2
王绵厚	1988	略述东北史地研究	『东北地方史研究』1988(4)
王健群	1988	对集安古墓的新认识	『好太王碑与集安壁画古墓』, 日本木耳社
李缙云	1989	前所未见的好太王碑陵字	『中国文物报』1989年8月25日
姜孟山	1989	高句丽五部	『朝鲜学国际学术会议文集』
王仁学	1989	从『旧唐书·渤海传』中"别种"的提法看渤海王族族属关系	『东疆学刊』3
耿铁华	1989	集安高句丽农业考古概述	『农业考古』1
耿铁华	1989	高句丽文物古迹四题	『文物春秋』1989(4)
王健群	1989	东北史识小录	『博物馆研究』1989(1)
方学凤	1989	东女真与高句丽之间发展贸易的原因及其性质	『朝鲜学国际学术会议文集』1989
张国庆	1989	西晋至北魏时期"护东夷校尉"初探	『中央民族大学学报』(哲学社会科学版)3
董万仑	1989	后汉书东沃沮传考证	『世界历史』3
王国维	1989	丸都山纪功碑刻拔	『观堂集林』卷20
朴真奭	1989	关于高句丽存在山上王与否的问题-与杨通方同志商榷	『世界历史』2
朴真奭	1989	好太王碑中的朱蒙王及其出身	『朝鲜学研究』1989(2)
朴真奭	1989	好太王碑中的任那日本府的存在与否问题	朝鲜『历史科学』1989(1,2)
吴长山	1989	西丰城子山山城	『辽宁大学学报』(哲学社会科学版)4
兰群 李德镇	1989	太子河名称古今谈	『方志天地』1989(3)
魏存成	1989	高句丽、渤海文化之发展及其关系	『吉林大学社会科学学报』4
施蛰存	1989	魏丸都的纪功碑残石	『北山集古录』, 巴蜀书社
姜孟山	1989	高句丽族起源的最初国家形态	『朝鲜学研究』2卷, 延边大学出版社
陈大为	1989	辽宁境内高句丽遗迹	『辽海文物学刊』1
冯季昌	1989	东北历代行政建置特点刍议	『北方文物』1
张德玉	1989	军事重镇木底城考	『东北地方史研究』1989(4)
李炼	1989	凤凰山山城	『辽宁大学学报』1989(1)

孙进己	1989	东北民族分布研究中的一些理论问题	『东北地方史研究』2
엄장록, 정영진	1989	연변지구 고구려고성·책성을 겸하여 논함	연변대학 제1차 조선학국제토론회 논문집
李德山	1989	好太王碑研究综述	『古籍整理研究学刊』5
汤池	1989	汉魏南北朝的墓室壁画	『中国美术全集』绘画编12 墓室壁画, 文物出版社
郑川水冯季昌	1989	鸭绿江名称考略	『方志天地』1989(4)
盛昱	1989	好太王碑释文	
赵凤彩	1989	我国境内朝鲜族族源及其人口发展	『人口学刊』3
王绵厚	1990	近十年来辽宁地区考古发现述要	『东北地方史研究』1990(1)
姜维公	1990	两唐书及『资治通鉴』关于安东都护府记载的不同	『古籍整理研究学刊』2
陈仲明	1990	组犷雄的高句丽书法	『书法报』1990.1.31.
李殿福	1990	高句丽民族宗教信仰	『北方民族』1990(2)
晓文	1990	外星文明曾否光顾这里-集安高句丽古墓群人面石刻之新思索	『吉林日报』1990.12.5.
李健才	1990	玄菟郡的建立和迁移	『东北地方史研究』1990(1)
朴真奭	1990	关于好太王碑的永乐年号	『渤海史研究』1990(1)
吉林省文物考古研究所(方起东 刘景文)	1990	吉林省近十年考古工作的主要收获(1979-1989)	『博物馆研究』1990(1)
王仲殊	1990	关于好太王碑文辛卯年条的释读	『考古』1990(11)
魏存成	1990	高句丽, 渤海墓葬的比较	『大古民俗研究』1990(1集
朴润武	1990	长白县干沟子墓地调查	『博物馆研究』1990-1
박용연	1990	연변 옛 장성에 관하여	『조선학연구』1990-1
耿铁华	1990	好太王碑的保护与现状	『文博』1990(2)
陆心源	1990	高句丽广开土王谈德纪勋碑跋	『仪顾堂续跋』
姜孟山	1990	高句丽的早期国家	『展望』1990-1
王纯信	1990	高句丽, 高丽及《好太王碑》-兼与陈仲明先生商榷	『书法报』1990年8月22日
孙德连	1990	卑沙城	『金州博物馆馆刊』1990(1)
张志立 陈国庆	1990	东北石质葬具综述	『中国考古学会第六次年会论文集』
李健才	1990	关于高句丽南北道的探讨	『历史地理』1990(8)

허호일	1990	주몽전설에 반영된 민족문화의식 『조선학연구』제2권 1990, 연변대학출판사, 연길.	
장창희	1990	고구려 선인들에게 있은 선사시대의 성에 대하여-방언 '구루(沟娄)'의 언변과정을 중심으로 『조선학연구』 제3권 1990, 연변대학출판사, 연길	
李殿福 孙玉良	1990	高句丽的都城	『博物馆研究』1990(1)
耿铁华	1990	高句丽民族的长袖舞	『大古民俗研究』1990-1
李宇峰	1990	略述东北古代少数民族的农牧与渔猎经济	『古今农业』1990(2)
李龙范	1990	关于高句丽人的鸟羽插冠	『大古民俗研究』1990-1
孙玉良 李展福	1990	高句丽东中原王朝的关系	『博物馆研究』1990-3
武家昌	1990	试探明代万里长城东部起点－兼考江沿台堡	『北方文物』1
冯季昌	1990	古代东北民族建置述论	『辽宁大学学报』(哲学社会科学版)2
郑永振	1990	연변지구 고구려 유적 및 몇 개 문제에 대한 연구	『韩国上古史学报』 第4号 1990年 11月
许玉林 任鸿魁	1991	辽宁凤城胡家堡,孟家积石墓发掘简报	『博物馆研究』2
李正平	1991	集安高句丽墓室霉菌清除技术报告	『博物馆研究』1991-1
李殿福	1991	三十年来我对古句丽渤海遗迹的调查与研究	『考古学研究』38-1号
郑祖襄	1991	略述两汉时期的少数民族音乐	『民族艺术研究』4
李殿福	1991	高句丽易名高丽考	『高句丽渤海的考古与历史』, 学生社
李殿福	1991	高句丽民族的文学音乐舞蹈体育	『博物馆研究』1991(3)
郑永振	1991	高句丽, 渤海, 靺鞨墓葬形制比较研究	『百济研究』22集
秦维国	1991	好太王碑及其书法艺术	『菲律宾商报』1991.9.25.
李殿福	1991	高句丽考古新发现	『历史月刊』46, 1991.11.
王仲殊	1991	再论好太王碑文辛卯年的释读	『考古』1991(12)
魏存成	1991	高句丽马具的发现与研究	『北方文物』1991(4)
抚顺市博物馆(佟达)	1991	辽宁新宾县转水湖山城	『北方文物』1991(1)
张雪岩	1991	吉林集安东大坡高句丽墓葬发掘简报	『考古』1
辽宁省文物考古研究所	1991	辽宁省宽甸县虎山城	『中国考古学年鉴』, 文物出版社

吉林省文物考古研究所(方起东 刘景文) 1991 吉林省近十年的文物考古工作 『文物考古工作十年』, 文物出版社
傅朗云 1991 东北考古民族学引言 『北方文物』2
中国文物地图集 吉林分册 编辑组(方起东) 1991 吉林省文物概述 『博物馆研究』1991(3)
张雪岩 1991 吉林集安高句丽墓葬发掘简报 『考古』1991(7)
金宽雄 1991 朝鲜神话与中国东部神话关联初探 『朝鲜历史研究论丛』 2, 延边大学出版社
朴真奭 1991 关于四五世纪东亚东部"国家关系的结构分析"之再分析 『延边大学学报』(社会科学版)1
李殿福 1991 高句丽金铜,石雕佛造像及中原郡碑-兼谈高句丽易名高丽之始 『博物馆研究』1991(1)
李殿福 1991 高句丽山城构造与变迁 日本『九州考古学』第66号
张云全 1991 丹东发现规模宏大结构罕见古迹遗址 『人民日报』(海外版) 1991.12.15.
李健才 1991 唐代高丽长城和扶余城 『民族研究』4
李健才 1991 高句丽的都城和疆域 『中国边疆史地研究报』告 1991(1,2)
秦维国 1991 刻在 "关东第一石" 上的珍贵历史和书 法新加坡 『联合早报』1991.4.26.
佟达 1991 辽宁新宾县转水湖山城 『北方文物』1
孙进己 1991 韩民族的形成过程 『国际朝鲜史学术会议发言稿』; 1995 『东北亚民族史论研究』 中州古籍出版社
耿铁华 1992 好太王碑 "辛卯年" 句考释 『考古与文物』1992(4)
傅朗云 1992 中国东北与古代东北夷 『中国边疆史地研究』2
董长富 张中国 1992 集安高句丽壁画临摹的几点体会 『吉林省博物馆学会成立十周年纪念文集』
秦维国 1992 好太王碑笔法浅谈 『企业文化报』1992.6.25.
郑基焕 1992 高句丽壁画研究 『第四次朝鲜学国际学术讨论会论文概要』
魏存成 1992 高句丽考古学文化基本特徵的展开 『高句丽的都城遗迹和古墓』, 同朋舍出版株式会社
李殿福 1992 高句丽民族的社会生活 『东北亚历史与文化』, 辽瀋书社
王世贤 1992 古代中国与朝鲜半岛国家文化交流述略 『烟台大学学报』(哲学社会科学版)4
李德山 1992 高句丽族称及其族属考辨 『社会科学战线』1992(1)
抚顺市博物馆 (佟达) 1992 辽宁新宾县高句丽太子城 『考古』1992(4)
崔羲秀 1992 高句丽火神崇拜 中国朝鲜民俗论文集
武家昌 魏运亨 1992 桓仁发现高句丽壁画大墓 『中国文物报』1992.3.8.

徐光辉	1992	中原高句丽碑	『东北亚历史与文物』, 辽渖书社
崔羲秀	1992	朝鲜族和满族的始祖传说的比较	『延边大学学报』(社会科学版)1
王建群	1992	集安高句丽好太王碑	『中国文物报』1992.3.8.
魏存成	1992	近年古句丽考古的主要发现与研究	『圆光大学国际学术会议论文集 东北亚古代文化的源流和展开』
冯永谦	1992	丹东虎山高句丽遗址	『中国考古学年鉴』, 文物出版社
何明	1992	集安市高句丽国内城马面基址	『中国考古学年鉴』, 文物出版社
王会庵	1992	漫话《好太王碑》	『中国文物报』1992.4.12.
李殿福	1992	高句丽考古的回顾与展望	『辽海文物学刊』14
张雪岩	1992	集安高句丽时期的采石杨	『博物馆研究』1992(1)
齐俊	1992	辽宁桓仁浑江流域新石器及青铜时代的遗迹和遗物	『北方文物』1992(1)
王文彬	1992	关于朝鲜书艺同中国书法同源同步之问题－答金膺显先生(1)	『延边大学学报』(社会科学版)1
刘永祥	1992	从都城变迁看高句丽的不同发展时期	『东北亚历史与文化』, 辽沈书社
孙进己	1992	人类学在东北民族史的应用	『人类学应用论集』学林出版社
孙进己	1992	新罗统一朝鲜半岛南部在朝鲜民族形成中的作用	『威海中国朝鲜史学术会议发言』
魏运享 苗家生	1992	辽宁首次发掘出高句丽大墓-明长城起点处又现古国遗井	『光明日报』1992.2.13.
禾摘	1992	高句丽族称及其族属	『学术研究丛刊』1992(1)
朴真奭	1992	关于好太王碑文的东夫余	『朝鲜学国际学术讨论会文集』
于学岭	1992	辑安古墓壁画中的朝鲜族古代体育	『体育文化导刊』3
武家昌	1992	桓仁县米沟仓高句丽壁画大墓	『中国考古学年鉴』
赵东艳	1992	关于辑安高句丽壁画墓分期问题之我见	『东北地方史研究』1992(4)
张喜英	1992	千年古代石城调查记	『鞍山文物滙编』
陈大为	1992	抚顺高尔山城结构市局辨析	『辽海文物学刊』1992(2)
中沈	1992	我城宽甸境内发现-罕见古井	『沈阳晚报』1992.1.26.
俞慈韵	1992	中外文化交流的新成果－汉城版『高句丽简史』评介	『北方文物』2
朴润武	1992	高句丽渤海都城比较研究	『第四次朝鲜学国际学术讨论会论文概要』1992-8
张志立	1992	高句丽风俗研究	『东北亚历史与文化』, 辽沈书社

梁志龙	1992	桓仁地区高句丽城址概述	『博物馆研究』1992(1)
佟达	1993	关于高句丽南北交通道	『博物馆研究』1993(3)
孙仁杰	1993	高句丽积石墓葬具研究	『高句丽研究文集』, 延边大学出版社
王炳山 王炳海	1993	高句丽好太王陵疑考(下)-兼及千秋墓,将军坟	『通化日报』1993.9.7.
武家昌	1993	辽宁桓仁高句丽壁画墓	『中国文物报』1993.6.9.
迟勇	1993	高句丽封土墓的保护与管理	『高句丽研究文集』, 延边大学出版社
王绵厚	1993	"玄菟" 与 "新城" 新解-兼论沈阳东上伯官屯古城的健置名称与时代	『沈阳文物』1993(1)
董长富 张中国	1993	集安高句丽壁画临摹述略	『高句丽研究文集』, 延边大学出版社
方起东	1993	高句丽的墓制和葬俗	『东北亚历史与考古信息』1993(1,2)
钱星博	1993	高句丽好太碑研究概述	『文物天地』1993(5)
孙进己	1993	高句丽的归属 『集安高句丽国际学术会议』;1995 『东北亚民族史论研究』中州古籍出版社	
迟勇	1993	高句丽都城的战略防御系统	『高句丽研究文集』, 延边大学出版社
梁志龙	1993	梁貊略说	『辽海文物学刊』1993(1)
孟古托力	1993	隋王朝对边疆辽海的经略	『中国边疆史地研究』1993(1)
赵书勤	1993	集安出土的高句丽铁锅	『高句丽研究文集』, 延边大学出版社
王培真 徐建新	1993	好太王碑原石拓本的新发现及其研究	『世界历史』1993(2)
耿铁华	1993	中国高句丽文化研究十年	『高句丽研究文集』, 延边大学出版社
徐建新	1993	高句丽好太王碑研究史概述	『世界史研究动态』1993(10)
刘一秀 武家昌	1993	我省首次发掘高句丽壁画大墓	『沈阳日报』1993.1.2.
李殿福	1993	高句丽文化	『中国古代北方民族文化史』, 黑龙江人民出版社
孙仁杰	1993	高句丽串墓的考察与研究	『高句丽研究文集』, 延边大学出版社
张雪岩	1993	集安青铜短剑墓及相关问题	『高句丽研究文集』, 延边大学出版社
李健才	1993	真番郡考评述	『中国边疆史地研究』4
徐光辉	1993	高句丽积石墓研究	『青果集』, 知识出版社
李连友	1993	朝鲜传统体育的尚武特色及其成因	『成都体育学院学报』3
耿铁华	1993	高句丽墓上建筑及其性质	『高句丽研究文集』, 延边大学出版社

耿铁华　1993　集安五盔坟五号墓井壁画新解　『北方文物』1993(3)
李晓钟 刘长江　1993　沈阳石台子高句丽山城发掘报告　『辽海文物学刊』1993(1)
金锦子　1993　朱蒙传说初探　『民族文学研究』2
傅朗云　1993　牛河梁"女神庙"族属考　『北方文物』1
王炳山 王炳海　1993　高句丽好太王陵疑考(上)·千秋墓,将军坟, 太王陵不是好太王陵墓　『通化日报』1993年8月3日
周英顺　1993　高句丽无釉陶器修夏　『高句丽研究文集』, 延边大学出版社
周向永　1993　辽北东部山地青铜文化族属刍议　『辽宁大学学报』(哲学社会科学版)5
武建军　1993　朝鲜的传统音乐和舞蹈　『中国音乐』3
吉林省文物考古研究所 集安市文物保管所(孙仁杰 迟勇 张雪岩) 1993 集安洞沟古墓群禹山墓区集锡公路墓葬发掘　『高句丽研究文集』, 延边大学出版社
范犁　1993　毌丘俭征高句丽的几个问题　『高句丽研究文集』, 延边大学出版社
耿铁华 孙仁杰 迟 勇　1993　高句丽兵器研究　『高句丽研究文集』, 延边大学出版社
范犁　1993　'高句丽族属探源'骁议　『高句丽研究文集』, 延边大学出版社
孙仁杰　1993　谈高句丽积石墓保护管理　『高句丽研究文集』, 延边大学出版社
孙进己　1993　古朝鲜的归属及疆界『长春中朝边界史学术会议发言』;1995　『东北亚民族史论研究』 中州古籍出版社
孙进己 孙泓　1993　七至十三世纪的中朝边界『长春中朝边界史学术会议交流』; 1995　『东北亚民族史论研究』中州古籍出版社
孟祥忠 番国庆 郑淑云　1993　西丰城子山山城考　『沈阳文物』1993(2)
董峰　1993　国内城中新发现的遗迹和遗物　『高句丽研究文集』, 延边大学出版社
张雪岩　1993　高句丽大型方坛阶梯石室墓的建筑与保护　『高句丽研究文集』, 延边大学出版社
张昌熙　1993　东夷传中古高句丽资料辨析-兼谈古高句丽的几个问题　『延边大学学报』1993(2)
宗然　1993　高句丽文化国际学术会　『世界史研究动态』 1993(10)
耿铁华　1993　中国学者『高句丽研究』论文目录　『高句丽研究文集』, 延边大学出版社
耿铁华　1993　集安高句丽历史与好太王碑　『高句丽研究文集』, 延边大学出版社
王 侠　1993　集安高句丽封土石室墓与日本须曾虾夷古墓　『博物馆研究』1993(2)
周英顺　1993　好太王碑书法浅谈　『高句丽研究文集』, 延边大学出版社
魏存成　1993　集安高句丽大型积石墓王陵　『青果集』, 知识出版社

耿铁华	1993	集安高句丽古墓壁画及其保护	『高句丽研究文集』, 延边大学出版社
袁辉	1993	泊汋口位置考	『北方文物』1993(2)
黄约瑟(香港)	1993	试论随代对高句丽的认识	『高句丽文化国际学术会论文集』
刘永智	1994	高句丽是中国的少数民族国家	『中朝关系史研究』
刘永智	1994	高句丽国与南北朝的关系	『中朝关系史研究』
刘伊丹	1994	试谈桓仁米仓沟将军墓壁画	『辽海文物学刊』1994年
刘子敏	1994	关于好太王碑"辛卯"句的语法分析	『延边教育学园学刊』1994(1,2)
刘子敏 金荣国	1994	关于'三国史记'所记太祖大王至东川王资料的辨析	『高丽学研究』1994(2)
辛占山	1994	辽宁境内高句丽城地的考察	『辽海文物学刊』1994(2)
刘长江	1994	略论地理环境对高句丽文化的影向	『辽海文物学刊』1994(2)
孙进己	1994	高句丽王国和中央皇朝的关系	『东北民族史研究』1;1997『高句丽,渤海研究集成』哈尔滨出版社
孙进己	1994	高句丽王国的管辖范围	『东北民族史研究』1;1997『高句丽,渤海研究集成』哈尔滨出版社
孙进己	1994	国家和民族的归属	『东北亚民族史论研究』;1997『高句丽,渤海研究集成』哈尔滨出版社
孙进己	1994	关于高句丽归属问题的几个争议焦点	『东北民族史研究』;1997『高句丽,渤海研究集成』哈尔滨出版社
孙进己	1994	渤海民族的形成发展过程	『北方文物』2
孙进己	1994	渤海的归属	『东北亚民族史论研究』中州古籍出版社
孙仁杰	1994	集安洞沟古墓群三座石墓葬清理	『博物馆研究』1994(2)
徐建新	1994	北京现存好太王碑原石拓本的调查与研究-以王少箴藏本和北京图书馆藏本为中心	『韩国研究』1994(1)
富品莹 吴洪宽	1994	海城英城子高句丽山城调查简报	『辽海文物学刊』1994(2)
任传兴	1994	高句丽先都考	『满族研究』4
任鸿魁	1994	泊汋地方位考述	『辽海文物学刊』1994(2)
方正铁	1994	高句丽"广开土王"开元年的考证	『图书馆学研究』6
王 侠	1994	高句丽抹角叠涩墓初论	『北方文物』1994(1)
耿铁华	1994	中国学者对好太王碑的研究	『高丽学研究』1994(1)
朴真奭	1994	高句丽栅城遗址再考	韩国『韩国民族史国际学术讨论会论文集』1994(11)

刘范弟	1994	『三国志』四夷传偏缺原因试探	『长沙电力学院学报』(社会科学版)3
朴真奭	1994	「关于好太王碑文别体字的考证」	韩国 海外韩民族研究所『高句丽文化国际学术会议论文集』
朴真奭	1994	中国对好太王碑的研究动态与争点-以申卯年纪事为中心	韩国 京畿大学校博物馆『广开土王碑研究的再照明』
魏存成	1994	再谈高句丽积石墓的类型和演变	『博物馆研究』1994(1)
朴真奭	1994	好太王碑别体字考高句丽文化	『国际学术会论文集』, 海外韩民族研究所编
朴真奭	1994	好太王陵考	『高句丽学研究』1994(3)
张正岩 王平鲁	1994	新城道及新城道上저城考	『辽海文物学刊』1994(2)
朴润武	1994	高句丽都城与渤海都城的比较	『高丽学研究』1994(1)
朴润武	1994	鸭绿江流域干沟子高句丽积石墓的调查研究	『高句丽遗物研究』1994(1)
朴龙渊	1994	东北地区高句丽长城	『高句丽遗物研究』, 东北朝鲜民族教育出版社
武家昌	1994	桓仁米仓沟将军墓壁画初探	『辽海文物学刊』1994(2)
郑永振	1994	高句丽, 渤海墓制的比较研究	『高句丽遗物研究』1994年2月
曹桂林 王铁军	1994	铁岭境内五座高句丽山城简介	『辽海文物学刊』1994(2)
曹德全	1994	"太王陵为广开土王墓" 质疑(上)	『博物馆研究』1994(2)
王则	1994	「集安古城应是丸都城」	韩国 湖岩美术馆学巫书,『古代亚细亚的再发现』
赵耀	1994	爱用石头的民族-高句丽族	『东北师大报』1994.9.25.
秋 石	1994	毋丘俭纪功碑与毋丘俭	『方地研究』1994(1)
佟达	1994	新宾五龙高句丽山城	『辽海文物学刊』1994(2)
周向永	1994	高句丽金山城考	『博物馆研究』1994(3)
崔玉宽	1994	凤凰山山城调查简报	『辽海文物学刊』1994(2)
凌瑞兰	1994	东北古代音乐传入中原的文化考察	『乐府新声-沈阳音乐学院学报』4
罗宗真	1994	马镫与炼丹术-纪念李约瑟博士援华50周年	『东南文化』4
金岳	1994	东北貊族源流研究	『辽海文物学刊』1994(2)
金宝忱	1994	东北少数民族狩猎舞	『黑龙江民族丛刊』2
徐建新	1994	北京收藏的好太王碑原石拓本及其意义	日本『明治大学国际交流基金会 外国学者讲演录』1994(2号)

王绵厚	1994	鸭绿江古岸高句丽山城综合研究	『辽海文物学刊』1994(2)
梁志龙 王俊辉	1994	辽宁桓仁出土青铜遗物墓葬及相关问题	『博物馆研究』1994.2.
荣文库	1994	试评金毓黻的东北地方史研究	『辽宁大学学报』(哲学社会科学版)5
王来柱	1994	宽甸县金坑高岭水库淹没区青铜时代和汉代遗址考古调查	『博物馆研究』1994(3)
黎虎	1994	孙权对辽东的经略	『北京师范大学学报』(社会科学版)5
杨永芳 杨光	1994	岫岩境内五座高句丽山城调查简报	『辽海文物学刊』1994(2)
王巍	1994	考古学所见四世纪的东亚细亚	湖岩美术馆学术丛书『古代东亚细亚的再发现』
王绵厚	1994	关于汉以前东北"貊"族考古学文化的考察—兼论大石棚和石棺墓文化的族属与时代	『文物春秋』1
严长禄	1994	从板瓦纹饰看延边地区古城的时代性质	『高句丽遗物研究』, 东北朝鲜民族教育出版社
梁振晶	1994	高句丽千里长城考	『辽海文物学刊』1994(2)
王炳山	1994	高句丽好太王陵疑考－兼及千秋墓、将军坟	『职大学报』4
梁志龙	1994	哥勿考辨	『辽海文物学刊』1994(2)
刘子敏	1995	「简议"钜燕"与东北亚的若干古族—读『山海经』」	『民族研究』4
刘子敏	1995	高句丽国与南北朝的关系	『中朝韩日关系史研究论丛』, 延边大学出版社
刘子敏 金荣国	1995	'山海经'貊国考	『北方文物』1995(4)
王海萍	1995	辽宁省博物馆馆藏碑志综述	『辽海文物学刊』1
王禹浪	1995	中国东北地区古城文化遗迹概述	『黑龙江民族丛刊』4
刘子敏	1995	高句丽新大王伯固考	『延边大学学报』(社会科学版)3
韩升	1995	"魏伐百济"与南北朝时期东亚国际关系	『历史研究』3
李健才	1995	吉林市龙潭山山城考	『博物馆研究』1995(2)
李大龙	1995	高句丽与唐王朝互使述论	黑龙江民族总刊1995(1)
袁辉	1995	丝绸之路丹东段述路	『丹东师专学报』4
李大龙	1995	高丽与唐王朝互使述论	『黑龙江民族丛刊』1
李德山	1995	东北古民族源于东夷论	『东北师大学报』(哲学社会科学版)4
徐秉琨	1995	中国古代对马的使用	『辽海文物学刊』1
孙进己	1995	东北亚各族文明形成发展理论的研究	『东北亚文化研究』中州古籍出版社

徐建新	1995	关于北京发现的六种好太王碑原石拓本	『当代韩国』1
徐建新	1995	关于北京所藏好太王碑原石拓本	日本『历史读本』1995年春季号(3月)
梁志龙	1995	高句丽南北道新探	『社会科学战线』1995(1)
傅朗云	1995	东北发族源流及其活动地区索证	『中国边疆史地研究』2
丁英	1995	我国的19处古墓葬	『兰台世界』12
高之谦	1995	关于高句丽长寿王后裔的研究-以'高氏家谱'为中心	『高句丽研究』1
陈蒲清	1995	论古代朝鲜的寓言创伤	『湖南师范大学教育科学学报』6
郑淑英	1995	高丽宫廷舞蹈的继承	『舞蹈』6
徐建新	1995	关于北京大学图书馆所藏好太王碑原石拓本	『世界历史』1995(2)
徐建新	1995	关於北京发现的六种好太王碑原石拓本	『当代韩国』1
徐建新	1995	好太王碑碑字的考察	『"走向国际化的日本" 国际学术研讨会论文集』, 天津人民出版社
史义银	1995	六朝时期及之前的韩国与中韩关系	『盐城师范学院学报』(哲学社会科学版)3
李宗勋	1995	高句丽源流略考	『中朝韩日关系史研究论丛』, 延边大学出版社
赵东艳	1995	试论集安高句丽壁画墓的分期	『北方文物』3
傅朗云	1995	朝鲜民族族源神话研究	『黑龙江民族丛刊』2
陈大为	1995	辽阳岩州城山城	『辽海文物学刊』1
傅朗云	1995	东北夷初探	『克山师专学报』1
陈大为	1995	辽宁高句丽山城再探	『北方文物』3
金其桢	1995	中国碑文化的世界影响	『中外文化交流』2
	1995	朝鲜发现高句丽时代古墓	『文物参考资料』1995(4)
方起东	1995	好太王碑释文一得	『博物馆研究』1995(1)
陈光崇	1995	论隋唐之际经略辽海地区的战争	『益阳师专学报』1
金虎俊	1995	历史上的中国天算在朝鲜半岛的传播	『中国科技史料』4
朱铉男	1995	高句丽的王室遗裔辽阳高氏家族	『高句丽研究』1
都兴智	1995	从始祖神话传说看东北古代民族与中原民族的联系	『辽宁师范大学学报』(社会科学版)5
朱昱暾	1995	高句丽与日本的交往	『社会科学战线』1995(5)

董高　1995　公元3至6世纪慕容鲜卑、高句丽、朝鲜、日本马具之比较研究　『文物』10
韩瑞常　1995　试论东北亚奴隶社会的政治制度　『求是学刊』5
彭作禄　1995　中朝"丝稠之路"辨考（下）　『丹东师专学报』4
陈大为　1995　辽宁高句丽山城再探　『北方文物』1995(3)
陈大为　1995　辽阳岩州城山城　『辽海文物学刊』1995(1)
马 洪　1995　从高句丽的方铜印像书印的出现年代　『博物馆研究』1995(1)
赵福香 孙慧艳　1995　清末辽东局势与好太王碑的发现　『通化师院学报』1995(3)
董峰　1995　东北地区高句丽山城的分类及年代　『博物馆研究』1995(3)
耿铁华　1996　高句丽人的婚姻和家庭　『延边大学学报』(社会科学版)3
杨军　1996　秽与貊　『烟台师范学院学报』(哲学社会科学版)4
梁志龙　1996　高句丽名称考释　『辽海文物学刊』1
朴真奭　1996　辛卯年纪事再论　韩国『高句丽研究』第4辑
倪军民　1996　两唐书『高丽传』比较研究　『通化师范学院学报』1
梁志龙　1996　高句丽史札五则　『博物馆研究』1996(3)
耿铁华　1996　高句丽南北道的形成与拓展　『通化师院学报』1996(1)
潘鼐　1996　中国与朝鲜古代星座同异溯源　『自然科学史研究』1
顾军　1996　朝鲜半岛"婿留妇家"婚与百越"入赘"习俗的比较研究　『民间文化旅游杂志』3
杨春吉 泛犁　1996　好太王碑在集安　『新文化报』1996.12.30.
方起东　1996　高句丽墓葬研究中的几个问题　『辽海文物学刊』2
范犁　1996　高句丽人的婚姻和家庭　『通化师范学院学报』1
金在善　1996　靺鞨小考－－以粟末靺鞨为中心　『中央民族大学学报』(哲学社会科学版)3
杨小平　1996　论渤海国的主体民族问题　『黑龙江教育学院学报』4
高明士　1996　台湾的好太王碑拓本以及碑文的研究　韩国『高句丽研究』第4辑
傅朗云　1996　『好太王碑』所载相关问题的思考　『社会科学战线』4
杨秀祖　1996　隋炀帝征高句丽的几个问题　『通化师范学院学报』1
孙进己　1996　高句丽史学术研讨会会议纪要　『高句丽史学术会议交流』

温秀荣 张波	1996	关于抚顺地区的高句丽山城	『博物馆研究』1996(1)
杨春吉	1996	高句丽史中的几个问题	『通化师范学院学报』1
郭素美	1996	略谈中国东北与东北亚关系的历史渊源	『黑龙江社会科学』1
徐贵通	1996	中原王朝对高句丽诸王的册封	『通化师范学院学报』1
马德谦	1996	“发”人刍议『北方文物』2	
王绵厚	1996	关于高句丽后期都城平壤 “三城一宫” 的地理考证	『历史地理』 第14集
刘子敏	1996	高句丽族故地沿革考	『通化师范学院学报』1
李英	1996	四十年来我国『高句丽研究』的文献计量学分析	『通化师院学报』1996(1)
李若迁	1996	高句丽文化与中原文化渊源关系述略	『通化师范学院学报』1
王绵厚	1996	新城、南苏、木底道与高句丽南北二道的关系	『社会科学战线』5
人 杰	1996	推陈串新的≪好太王碑新考≫	『吉林日报』1996.2.28.
李正平	1996	吉林省古墓壁画保护措施的探讨	『博物馆研究』1996(1)
朱恒夫	1996	韩族始祖神话的文化意义及中韩始祖神话比较	『民族艺术』4
周向永	1996	辽宁开原境内的高句丽城址	『北方文物』1
王纯信	1996	高句丽民族艺术遗存中的生殖崇拜	『社会科学战线』4
黄甲元	1996	高句丽长寿王高琏传略	『通化师范学院学报』1
黄甲元	1996	两封王后一封太后的高句丽女于氏	『通化师范学院学报』1
柳雪峰	1996	佛教在韩国的传播	『当代韩国』4
许明网	1996	大连地区高句丽四座山城略考	『博物馆研究』1996(1)
刘子敏	1996	关于“辽东”的考辨	『中国边疆史地研究』1
韩升	1996	隋炀帝伐高句丽之谜	『漳州师院学报』1996(1)
刘子敏	1996	“辽东外徼”考释	『延边大学学报』(社会科学版)2
郝庆云	1996	曹魏军队进入“肃慎南界”考	『黑龙江史志』1
王建群	1996	广开土王碑文中“倭”的实体	韩国 『高句丽研究』 第4辑
刘子敏	1996	“高夷”考辨	『延边大学学报』(社会科学版)4
丁光勋	1996	魏晋南北朝时期朝鲜的社会风俗	『历史教学』问题6

丛文俊	1996	关于高句丽好太王碑文字与书法之研究	韩国『高句丽研究』第4辑
李乐营	1996	从冉牟墓志和好太王碑看高句丽书法	『通化师院学报』1996(1)
陈蒲清	1996	古朝鲜族源神话与古代朝中文化关系	『求索』3
赵东艳	1996	高句丽文化中的汉文化因素	『辽宁大学学报』(哲学社会科学版)3
赵福香	1996	好太王碑研究的新成果－评『好太王碑新考』	『通化师范学院学报』1
秦升阳	1996	唐代对高句丽的政策及其演变	『通化师范学院学报』1
刘子敏	1996	古代高句丽同中原王朝的关系	『东疆学刊』3
曹德全	1996	“太王陵为广开土王墓” 质疑(下)	『博物馆研究』1996.10.8.
张甫白	1996	高句丽五部与统一的民族和国家	『黑龙江社会科学』1
曾宪姝	1996	高句丽好太王时期的扩张活动	『通化师范学院学报』1
张思齐	1996	论唐太宗唐高宗关于辽东的诗文	『吉首大学学报』(社会科学版)4
周向永 王兆华	1996	辽宁铁岭市催阵堡山城调查	『考古』1996(7)
刘子敏	1996	战国秦汉时期辽东郡东边界考	『社会科学战线』1996(5)
刘子敏	1996	貊族考	『北方民族』1996(1)
郑基焕	1996	中原文化与高句丽墓壁画	『高丽学研究』5
严翼相	1997	韩国古代汉字为中国上古音说	『语言研究』1
曾宪姝	1997	试评高句丽太祖王	『高句丽历史与文化研究』, 吉林文史出版社
吉林省文物考古研究所 通化市文物管理办公室(王青 王志敏 张健宇)	1997	通化市王八脖子遗址及附近几处地点的调查与发掘	『博物馆研究』1997(2)
王连春	1997	丹东市区的高句丽山城	『高句丽渤海研究集成』卷三, 哈尔滨出版社
崔双来	1997	丹东地区高句丽山城及其墓葬考察纪要	『高句丽渤海研究集成』卷三, 哈尔滨出版社
杨春吉 孙金花	1997	国外高句丽历史与考古研究概况	『高句丽历史与文化研究』, 吉林文史出版社
杨春吉 泛犁	1997	千秋风雨话丸都	『新文化报』1997.8.14.
金维诺	1997	墓室壁画在美术史上的重要地位	『美术研究』2
韩升	1997	隋炀帝“辽东之役”刍议	『军事历史』2
姜孟山	1997	关于编辑『中国正史中的朝鲜史料』的思考	『延边大学学报』(社会科学版)3

王绵厚 1997 关于高句丽第二"丸都城"考略 『高句丽渤海研究集成』 卷三, 哈尔滨出版社

王绵厚 1997 高句丽的城邑制度与都城 『辽海文物学刊』2

桓仁, 抚顺的高句丽古墓 『高句丽渤海研究集成』 卷二, 哈尔滨出版社, 1997

康德文 1997 高句丽何以能同'南北朝'长期和平共处 『高句丽历史与文化研究』, 吉林文史出版社

秦升阳 1997 高句丽名相-乙豆智明临答夫 『高句丽历史与文化研究』, 吉林文史出版社

秦升阳 1997 高句丽人口问题研究 『通化师范学院学报』4

杨春吉 朴润泽 1997 千年古墓话维修 『新文化报』1997.10.2.

杨春吉 杜润泽 1997 金毓黻先生对高句丽史的研究 『高句丽历史与文化研究』, 吉林文史出版社

周向永 1997 唐安东都护府延津州治考略 『辽海文物学刊』1

曹德全 1997 论汉武帝置高句丽县时还不存在高句丽族 『高句丽渤海研究集成』 卷一, 哈尔宾出版社

曹德全 1997 高句丽名称辨疑 『高句丽渤海研究集成』 卷一, 哈尔宾出版社

顾铭学 1997 关于旧三国史与东明王篇 『高句丽渤海研究集成』 卷一, 哈尔宾出版社

赵宏伟 黄甲元 1997 高句丽王狩猎考 『高句丽历史与文化研究』, 吉林文史出版社

郑基焕 1997 集安高句丽墓壁画中的神画艺术 『美术研究』2

吴安其 1997 高句丽古音考及朝鲜半岛古文化 世界民族1

冯永谦 1997 高句丽泊汋城址的发现与考证 『北方史地研究』

武家昌 1997 抚顺山龙石棚与积石墓 『辽海文物学刊』

武家昌 1997 米仓沟将军墓壁画及诸壁画墓被葬者的问题研究 韩国 『高句丽研究』1997.7.21.

张志立 1997 高句丽南北道和有关城址的考证 『高句丽渤海研究集成』 卷一, 哈尔滨出版社

朴润陆 高占一 1997 罗通山城考 『高句丽渤海研究集成』 卷一, 哈尔滨出版社

朴灿奎 1997 小水貊与梁貊关系考 『先史和古代』

耿铁华 1997 高句丽冉牟墓研究 『高句丽历史与文化研究』, 吉林文史出版社

黄甲元 1997 高句丽王狩猎考略 『通化师范学院学报』1

张博泉 1997 高句丽社会性质研究 『黑龙江社会科学』4

方学凤 1997 中国古代都城制对朝鲜、日本古代都城制的影响 『延边大学学报』(社会科学版)1

姜孟山 1997 高句丽族初期国家 『延边大学学报』 增刊

范犁 杨春吉	1997	立在墓旁的石刻人像	『新文化报』1997.9.25.
宋耀环	1997	塞外江南高句丽的古都－集安	『现代交际』2
朱春荣	1997	高句丽朱蒙神话溯源	『高句丽渤海研究集成』卷一, 哈尔宾出版社
王纯信	1997	金蛙传说与蛙纹瓦当	『高句丽历史与文化研究』, 吉林文史出版社
王纯信	1997	高句丽服饰原流考	『高句丽历史与文化研究』, 吉林文史出版社
王纯信	1997	高句丽服饰考略	『通化师范学院学报』3
姜孟山	1997	关于高句丽史的几个问题	『回顾与展望』, 辽宁民族出版社
范犁 杨春吉	1997	初氏父子与好太王碑	『新文化报』 1997年1月27日
范犁	1997	高句丽古墓的几个问题	『高句丽历史与文化』
梁志龙	1997	朱蒙考源	『社会科学战线』5
梁利	1997	浅议汉文化在朝鲜的流播和影响	『解放军外国语学院学报』4
范梨	1997	高句丽先人经过铜器时代	『博物馆研究』1997(2)
王绵厚	1997	高句丽民族的起源及其考古学文化	『高句丽渤海研究集成』卷一, 哈尔宾出版社
李春祥	1997	高句丽东川王高位宫评传	『通化师范学院学报』2
干志耿	1997	东北考古述略	『社会科学战线』1
李殿福	1997	通过高句丽古墓壁画看高句丽社会生活习俗的研究	韩国『高句丽研究』1997.7.21.
徐 晔	1997	谈浅古代高句丽民族服饰	『高句丽渤海研究集成』卷二 1997.11.
杨秀祖 侯雪峰	1997	试论高句丽与夫余的关系	『高句丽历史与文化研究』, 吉林文史出版社
王禹浪	1997	靺鞨黑水部地理分布初探	『北方文物』1
徐贵通	1997	高句丽寺庙述略	『高句丽历史与文化研究』
徐德源	1997	高句丽好太王碑建立之原委与性质重探	『高句丽渤海研究集成』卷三, 哈尔滨出版社
孙金花	1997	大朱留王史事考	『高句丽历史与文化研究』, 吉林文史出版社
李英 范犁	1997	东明王史诗与高句丽传说	『高句丽历史与文化研究』, 吉林文史出版社
赵书勤	1997	集安发现-处高句丽时期的小手工业作坊遗址	『博物馆研究』1997(2)
赵书勤	1997	集安两件馆藏文物名称少考	『博物馆研究』1997(2)
滕红岩	1997	高句丽与倭的关系	『高句丽历史与文化研究』, 吉林文史出版社

王存信	1997	金蛙传说与蛙纹瓦当－高句丽民族的蛙崇拜析略	『通化师范学院学报』2
李三谋	1997	东汉王朝的边疆经略	『中国边疆史地研究』3
赵福香	1997	将军坟是高句丽长寿王陵	『高句丽历史与文化研究』, 吉林文史出版社
巽善信	1997	东亚的马胄	『辽海文物学刊』1
马 洪	1997	冉牟墓墨铭书法艺术	『博物馆研究』1997(1)
孙力	1997	辽宁的高句丽山城及其墓意义	『高句丽渤海研究集成』 卷三, 哈尔滨出版社
李乐莹	1997	高句丽民族性格初探	『高句丽历史与文化研究』, 吉林文史出版社
孙仁杰	1997	论高句丽石室墓的起源	『高句丽历史与文化研究』, 吉林文史出版社
梁志龙	1997	沸流杂考	『北方文物』4
孙进己	1997	关于高句丽研究的国内外动态	『全国朝鲜汉文古籍整理研究会发言』 1997年7月.
孙进己	1997	高句丽族的起源	『高句丽 渤海研究集成』1 哈尔滨出版社
孙进己	1997	高句丽国家的建立和发展	『高句丽 渤海研究集成』1 哈尔滨出版社
孙进己	1997	高句丽民族分布的变迁	『高句丽 渤海研究集成』1 哈尔滨出版社
孙进己	1997	高句丽王国的民族分布	『高句丽 渤海研究集成』1 哈尔滨出版社
孙进己	1997	高句丽王国的都城	『高句丽 渤海研究集成』1 哈尔滨出版社
孙进己	1997	高句丽国家的灭亡	『高句丽 渤海研究集成』1 哈尔滨出版社
孙进己	1997	高句丽王国的地方建置	『高句丽 渤海研究集成』1 哈尔滨出版社
应方德	1997	洞沟古墓群	『高句丽渤海研究集成』 卷二, 哈尔滨出版社
刘子敏	1997	'古高句丽'新探	『高句丽历史与文化研究』, 吉林文史出版社
孙进己	1997	高句丽族和周边各族的关系	『高句丽 渤海研究集成』1 哈尔滨出版社
尹国有	1997	高句丽汤谷扶桑图及扶桑观念播迁考略	『通化师院学报』1997(2)
尹国有	1997	高句丽壁画中的尚鸟艺术	『通化师院学报』1997(3)
尹国有	1997	高句丽墓室壁画中的尚鸟艺术	『通化师范学院学报』3
尹国有	1997	高句丽壁画中的汤谷扶桑图	『高句丽历史与文化研究』, 吉林文史出版社
尹国有	1997	高句丽墓室壁画中的鸟图腾	『高句丽历史与文化研究』, 吉林文史出版社
孙进己	1997	高句丽族的社会制度	『高句丽 渤海研究集成』1 哈尔滨出版社

孙进己 1997 高句丽的文化 『高句丽 渤海研究集成』 哈尔滨出版社
刘俊 丁晓强 1997 本溪小市地区高句丽遗迹遗物考 『高句丽渤海研究集成』卷 1, 哈尔滨出版社
刘兆田 杨 光 董玉芹 1997 岫岩娘娘城山城兴废年代初探 『高句丽渤海研究集成』卷三, 哈尔滨出版社
孙进己 1997 高句丽的习俗 『高句丽 渤海研究集成』1 哈尔滨出版社
孙进己 1997 高句丽国改称高丽的时间 『高句丽 渤海研究集成』1 哈尔滨出版社
孙泓 1997 「辽金时期渤海后裔中高句丽遗民的流向」 『全国辽史契丹史学术研讨会论文』 阜新
孙进己 1997 高句丽民族的流向 『高句丽 渤海研究集成』1 哈尔滨出版社
刘景文 王侠 1997 集安县高句丽及渤海墓葬 『高句丽渤海研究集成』卷二, 哈尔滨出版社
杨 育 1997 谈高句丽壁画中的舞蹈 『高句丽历史与文化研究』, 吉林文史出版社
刘萱堂 1997 中国集安高句丽壁画墓与辽东辽西汉魏晋壁画墓比较研究 韩国 『高句丽研究』1997.7.21.
魏存成 1997 夫馀高句丽族源传说考 『高句丽渤海研究集成』 卷一, 哈尔宾出版社
杨保隆 1998 高句骊族族源与高句骊人流向 『民族研究』4
杨昭全 1998 中国朝鲜古代史研究概述 『韩国研究论丛』4, 1998-2.
杨大钧 1998 关于“襄平”与“辽东”－曹雪芹祖籍辽阳考略之一红楼梦学刊1
杨春吉赵宏伟 1998 通化师范学院『高句丽研究』所近期成果 『东北民族与疆域研究动态』1998(1)
辽宁省文物考古研究所；本溪市博物馆；桓仁县文物管理所 1998 「辽宁桓仁县高丽墓子高句丽积石墓」 『考古』3
倪军民 秦升阳 1998 首回高句丽研讨会在通化市召开 『东北民族与疆域研究动态』1998(1)
王纯信 1998 高句丽民族“爱莲尚莲”滥觞考论 『通化师院学报』1998(4)
梁志龙 1998 善射为朱蒙新解 『博物馆研究』1998(3)
杨 燕 1998 北京大学图书馆藏《好太王碑》版本概况 『书法丛刊』1998(1)
王晓卫 1998 论北魏文明太后的族属及所受教育 『历史教学』1
杨春吉 泛犁 1998 金毓黻丸都访古 『新文化报』1998.4.23.
李殿福 1998 『高句丽山城研究』 『北方文物』1998(4)
朴真奭 1998 关于好太王碑文永乐五年条 “碑丽” 的考证 『延边大学朝鲜问题研究所 建所20周年论文集』
朴真奭 1998 关于好太王碑中守墓人烟户的身份 『朝鲜学,韩国学论丛』(6), 延边大学出版社
李大龙 1998 从高句骊县到安东都护府-高句骊和历代中央王朝关系述论 『民族研究』 1998(4)

朱建平	1998	古代中韩医药交流	『当代韩国』1
林至德	1998	集安高句丽壁画墓的演进及分期	『东北亚历史与考古信息』1998(2)
林至德	1998	集安高句丽壁画古墓的发现与保护	『东北亚历史与考古信息』1998(2)
刘萱堂	1998	集安高句丽壁画墓研究概述	『北方文物』1
姜维公	1998	『高丽记』成书时间及作者考	『古籍整理研究学刊』2
魏存成	1998	半介世纪以来我国高句丽考古的发现与研究	『东北民族与疆域研究动态』1998(1)
林世贤	1998	吉林省集安洞沟古墓群七星山墓区两座古墓的考察	『北方文物』1998(4)
赵书勤	1998	一件夏原的鎏金饰	『博物馆研究』1998(1)
李德山	1998	貊族的族源及其发展演变	『社会科学战线』1
范犁	1998	全国首届高句丽学术研讨会概述	『通化师范学院学报』3
张博泉	1998	夫余的地理环境与疆域	『北方文物』2
张博泉	1998	高句丽与中原文明	『社会科学战线』5
孙进己	1998	为维持中朝韩友好和半岛国势稳定历史上高句丽的归属仍以中朝共有为宜	『当代中国边疆问题调研』
张博泉	1998	关于箕子朝鲜侯东迁及高丽辽东之地问题研究之我见-兼与李健才先生商讨	『博物馆研究』1998(1)
张碧波	1998	渤海大氏考	『学习与探索』5
李乐营	1998	高句丽法律、司法及其特点	『通化师范学院学报』4
李树林	1998	高句丽人像石刻是外星人吗	『通化日报』1998.8.15.
许能洙	1998	中、朝、日佛教初传期比较	『延边大学学报』(社会科学版)1
范犁 杨春吉	1998	王志修《高句丽永乐太王古碑歌》注释与说明	『通化师院学报』1998(2)
耿铁华	1998	秽貊、高句丽及其相关问题	『通化师范学院学报』2
耿铁华	1998	秽貊、高句丽及其相关问题(二)	『通化师范学院学报』3
李建才	1998	平壤地区是否只有後汉遗物而无前汉遗物	『中国边疆史地研究』1998(4)
耿铁华	1998	诗文古典籍证丸都	『长白山日报』1998.6.22.
周向永	1998	纥升骨词义发微	『博物馆研究』1998(1)
周向永	1998	高离族源试探	『内蒙古社会科学』(汉文版)4
朴灿奎	1998	关于王莽朝高句丽记事的诸史料辨析	朝鲜学韩国学论丛6，延边大学出版社

尹国有 1998 高句丽四神墓壁画“怪异面”新解 『通化师院学报』1998(1)
尹国有 1998 集安高句丽墓室壁画的艺术特征与表现形式 『通化师院学报』1998(2)
李炬 1998 汉文化对朝鲜司法文化的影响 『中国文化研究』2
金在善 1998 高句丽职官考 『中央民族大学学报』(哲学社会科学版)5
崔羲秀 1998 朝鲜族与满族始祖传说、神话之比较 『延边大学学报』(社会科学版)2
耿铁华 1998 集安市新出土的几件高句丽文物 『博物馆研究』1998(2)
祁庆富 1998 俗文学中薛仁贵、盖苏文故事的由来及流变 『社会科学战线』2
耿铁华 杨春吉 1998 本世纪以来我国对高句丽问题的研究 『东北民族与疆域研究动态』1998-1
刘毅 1998 渤海国族源考-以中国、日本、朝鲜史料为据 『日本研究』4
赵宏伟 1998 高句丽诸王血统考略 『通化师范学院学报』2
孙启林 1998 二战后朝鲜史学界『高句丽研究』概况 『东北民族与疆域研究动态』1998(1)
张碧波 1998 高句丽文化渊源考 『北方文物』1
范犁 杨春吉 1998 王国维与毌丘俭残碑 『新文化报』1998.4.30.
张福有 1998 “丸都”“丸都”辨 『长白山日报』1998.2.16.
高路加 1998 渤海高氏与高姓宗族 『河北学刊』5
张福有 1998 “丸都”“丸都”再辨-(全唐诗)隋炀帝诗句的一处误印 『长白山日报』1998.3.30.
刘萱堂 1998 谈高句丽壁画墓研究概述 『北方文物』1998(1)
张碧波 1998 汉四郡考释 『学习与探索』1
李晓钟 刘焕民 1998 沈阳石台子高句丽山城考古发掘取得重要收获 『中国文物报』1998.5.17.
秦升阳 1998 高句丽王朝继统法刍议 『通化师范学院学报』2
周惠泉 1998 古代东北少数民族发展史论 『社会科学辑刊』2
靳颖 1998 辽东高句丽古城遗址旅游产业开发的探讨 『辽宁教育学院学报』3
李德山 1998 屈起于中国东北的古国-高句丽 『东北民族与疆域研究动态』1998(1)
乔梁 1999 高句丽陶器的编年与分期 『北方文物』1999(4)
高福顺 1999 简论“高丽记”佚文在地理学上的贡献 『通化师院学报』1999(6)
宏伟 志红 张韬 1999 全国首届高句丽学术研讨会 『全国首届高句丽学术研讨会论文集』

崔永哲	1999	高句丽与孙吴的交往	『东疆学刊』4
刘丽霞	1999	我国学者研究好太王碑的三部著作及评介	『全国首届高句丽学术研讨会论文集 』
耿铁华	1999	高句丽人的诗作是高句丽历史与文化的结晶—一谈"长白山诗词选"对高句丽历史与文化研究的贡献	『长白山日报』 1999.2.1.
杨春吉	1999	集安高句丽壁画的现状与保护研究	『全国首届高句丽学术研讨会论文集』
高明士	1999	中央研究院历史语言研究所藏高句丽好太王碑乙本原石拓本的史学价值	台湾 『古今论卫』(第3)
孙泓	1999	高句丽族的形成发展及消亡	『全国首届高句丽学术研讨会论文集』
孙泓	1999	对高句丽归属问题的研究	『历史上政权、民族归属理论研究』
孙泓	1999	历史上政权及民族归属理论研究论著目录	『历史上政权、民族归属理论研究』
闫海	1999	高句丽物质民俗初探	『辽宁师范大学学报』(社会科学版)4
耿铁华 李淑英	1999	冉牟墓志集释	『全国首届高句丽学术研讨会论文集』
王绵厚	1999	高句丽古城建筑的年代区分及历史背景	韩国 『高句丽山城研究』1999.12.31.
滕红岩	1999	'中国文物考古辞典'中高句丽遗迹辞条的误释	『全国首届高句丽学术研讨会论文集』
马 彦	1999	德兴里壁画墓研究述评	『全国首届高句丽学术研讨会论文集』
耿铁华	1999	今人对高句丽遗迹的吟咏是对高句丽古老文明的赞颂-三谈 "长白山诗词选" 对高句丽历史与文化研究的贡献	『长白山日报』1999.2.15.
马大正	1999	深入研究 规范宣传 加强管理-关于高句丽问题研究和宣传工作的建议	『东北民族与疆域研究动态』1999(1)
曹德全	1999	"高句丽易名论" 质疑	『全国首届高句丽学术研讨会论文集』
耿铁华	1999	历代有关高句丽诗作是对高句丽历史与文化的评说-二谈 "长白山诗词选" 对高句丽历史与文化研究的贡献	『长白山日报』1999.2.9.
郑永振	1999	关于延边地区的城郭研究	韩国 『高句丽山城研究』1999.12.31.
那炎	1999	高句丽是辖属于中原王朝的少数民族地方政权	『东北民族与疆域研究动态』1999(2)
孟庆义 王臻	1999	『高句丽研究』的新突破 - 一读 "高句丽历史研究"	『全国首届高句丽学术研讨会论文集』
张海滨	1999	关于中国马镫的思考	『宁夏大学学报』(社会科学版)2
金宪鏞	1999	陕西新发现的高句丽人、新罗人遗迹	『考古与文物』6

刘矩 宁勇	1999	论唐太宗东征高句丽受挫之原因	『全国首届高句丽学术研讨会论文集』
孙进己	1999	关于东北民族史研究的一些问题	『民族研究』5
孙进己	1999	高句丽文化渊源考	『全国首届高句丽学术研讨会论文集』
张春霞	1999	高句丽国家的形成发展灭亡	『全国首届高句丽学术研讨会论文集』
梁志龙	1999	高句丽史摭遗	『全国首届高句丽学术研讨会论文集』
刘炬	1999	唐太宗东征高句丽胜败辨	『北方民族』1999(3)
耿铁华	1999	高句丽族源论稿(下)	『通化师范学院学报』3
朴真奭	1999	北京大学图书馆藏好太王碑拓本采拓年代考证	『史学论丛』
王炳山 曹德全	1999	高句丽始祖朱蒙姓 "高" 考析	『职大学报』1999(3)
杨志红	1999	高句丽的建筑工艺	『通化师范学院学报』6
刘子敏	1999	高句丽五部新探	『全国首届高句丽学术研讨会论文集』
刘子敏	1999	苍海郡研究	『东疆学刊』2
刘子敏	1999	关于高句丽政权及其领域的历史归属问题之我见	『全国首届高句丽学术研讨会论文集』
刘子敏	1999	关于毋丘俭征伐高句丽的探讨	『史学论丛』1999(8)
刘子敏	1999	关于『魏志·高句丽传』的探讨	『通化师范学院学报』3
柳 岚	1999	高句丽和辽金古城的比较研究	韩国 『高句丽山城研究』1999.12.31.
朴灿奎	1999	论高句丽'下户'的性质	『史学论丛』1999(8)
梁志龙	1999	高句丽国王名号相似现象的分析	『北方文物』4
张福有	1999	中华诗词中有关高句丽的诗文考略	『全国首届高句丽学术研讨会论文集』
韩升	1999	南北朝隋唐时代东亚的"佛教外交"	『佛学研究』
耿铁华	1999	高句丽族源论稿(上)	『通化师范学院学报』1
张碧波	1999	古朝鲜研究中的误区—东北史评之一	『黑龙江民族丛刊』4
张碧波	1999	高句丽研究中的误区	『中国边疆史地研究』3
张碧波	1999	略谈古朝鲜『高句丽研究』中的误区	『东北民族与疆域研究动态』1999(2)
姜维公	1999	『高丽记』的史料价值	『古籍整理研究学刊』2
姜维公 高福顺	1999	陈大德与 "奉使高丽记"	『全国首届高句丽学术研讨会论文集』

姜维东	1999	从夫余高句丽官制中的加看夫余玉文化与红山文化的关系	『全国首届高句丽学术研讨会论文集』
张博泉	1999	中朝关系史研究的问题与构想	『东北民族与疆域研究动态』1999(1)
倪军民 秦升阳	1999	高句丽的军事扩张与疆域	『全国首届高句丽学术研讨会论文集』
张博泉	1999	北夫余与东夫余史地考略	『史学集刊』4
吴越	1999	『东北『历史地理』研究』简介	『中国史研究动态』6
姜孟山	1999	高句丽史的归属问题	『东疆学刊』4
于春海	1999	中国野史中的高丽史料研究	『延边大学学报』(社会科学版)1
魏存成	1999	深入开展高句丽考古研究的几点意见	『通化师院学报』1999(1)
范犁	1999	好太王碑文烟户,奴客诸词补释	『全国首届高句丽学术研讨会论文集』
魏存成	1999	吉林省内高句丽山城的现状和特性	韩国 『高句丽山城研究』1999.12.31.
王绵厚	1999	关于高句丽古城研究的若干问题	『全国首届高句丽学术研讨会论文集』
刘厚生	1999	高句丽是我国东北古代少数民族的地方政权	『东北民族与疆域研究动态』1999(2)
王开文	1999	朝鲜半岛的武技史话	『成都体育学院学报』2
	1999	关于对东北民族与疆域若干问题的研究	『东北民族与疆域研究动态』1999(2)
董万仑	1999	古代东方秽与貊研究的再反思	『北方文物』4
赵展	1999	试论高句丽的社会制度	『中央民族大学学报』(哲学社会科学版)4
林沄	1999	夫余史地再探讨	『北方文物』4
林沄	1999	说"貊"	『史学集刊』4
李大龙	1999	东夷校尉考述	『黑龙江民族丛刊』3
林大雄	1999	中国正史中的中朝音乐文化交流史料研究	『中国音乐』学1
傅朗云	1999	渤海"土人"新释	『黑龙江社会科学』3
孙启林	1999	二战后朝鲜半岛南北方史学界对高句丽研究综述	『全国首届高句丽学术研讨会论文集』
徐德源	1999	关于朝鲜半岛早期史研究经受误导的反思	『全国首届高句丽学术研讨会论文集』
李泽棉	1999	高句丽古墓壁画的创作思想	『辽宁大学学报』(哲学社会科学版)5
徐日范	1999	北韩境内高句丽城的分布和研究现状	韩国 『高句丽山城研究』1999.12.31.
李德山	1999	全国首届东北民族与疆域问题学术讨论会纪要	『黑龙江民族丛刊』4

尹国有	1999	集安高句丽墓室壁画表现形式研究	『全国首届高句丽学术研讨会论文集』
尹国有	1999	高句丽壁画中的“天书”	『通化师范学院学报』3
尹国有	1999	高句丽妇女面妆及头饰	『通化师院学报』1999(1)
尹国有	1999	高句丽妇女面妆与头饰考	『通化师范学院学报』1
孙启林	1999	韩国徐炳国著 “高句丽帝国史”简介	『全国首届高句丽学术研讨会论文集』
辽宁省文物局	1999	桓仁米仓沟壁画墓	『中国文物报』1999.11.30.
李宗勋	1999	也谈高句丽栅城遗址	『史学论丛』
谢景泉	1999	医巫闾山名称考释	『锦州师范学院学报』(哲学社会科学版)2
李彦平	1999	关于安东都护府的性质复置与否等问题的探讨	『东北民族与疆域研究动态』1999(2)
李炬	1999	朝鲜古代汉文诗『箜篌引』与汉文化	『青海师专学报』3
徐建新	1999	好太王碑争论与原石拓本	『全国首届高句丽学术研讨会论文集』
李东源	1999	通过好太王碑看朱蒙建立高句丽国的年代	『延边大学学报』(社会科学版)1
孙文范	1999	高句丽迁都平壤刍议	『东北民族与疆域研究动态』1999(2)
杨保隆	1999	论高句丽与王氏高句丽无前后相承关系	『社会科学战线』1999-1
王臻	1999	谈朱蒙类利在位时的高句丽国力	『史学论丛』1999(8)
李淑英	1999	高句丽人饮酒酿酒考	『通化师范学院学报』6
李彦平	1999	高句丽婚姻的开放性	『北方文物』2
王静	1999	北魏四夷馆论考	『民族研究』4
孙进已	2000	沈阳石台子高句丽山城城名及建立时间考	『北方文物』1
	2000	「1999年全国十大考古新发现之一 - 通化万发拨子遗址」	『中国文物报』2000.5.31.
孙进已	2000	对东北民族史研究方法的一些体会	『黑土地的古代文明』, 远方出版社
尹国有	2000	高句丽的石文化	『通化师院学报』2000(1)
李健才	2000	再论唐代高句丽的扶余城和千里长城	『北方文物』2000(1)
姚玉成	2000	“别种”探微	『北方文物』1
刘炬	2000	论唐朝的开明政策与高句丽灭亡之关系	『社会科学战线』2000-5
刘炬 马彦	2000	论唐朝的开明政策与高句丽灭亡之关系	『社会科学战线』2000(5)

袁刚 2000 炀帝北巡 『沧桑』1

李健才 2000 三论北夫余、东夫余即夫余的问题 『社会科学战线』6

刘永智 2000 『三国史记·高句丽本纪』校评 『社会科学战线』2000(6)

王臻 金星月 2000 高句丽“三貊”说 『延边大学学报』2000(2)

柳 岚 2000 高句丽古城研究 『博物馆研究』2000(1)

李乐营 秦升阳 2000 高句丽王位继统法考略 『黑土地的古代文明』, 远方出版社

刘子敏 2000 走出高句丽『历史研究』的误区一试析古人在高句丽归属问题上的错误说法 『东疆学刊』1

魏存成 2000 吉林省高句丽山城的发现与研究 『黑土地的古代文明』, 远方出版社

宋福娟 赵福香 2000 高句丽的水上交通 『通化师院学报』2000(6)

辛占山 李新全 梁志龙 王俊辉 2000 桓仁五女山城考古发掘获重要成果 『中国文物报』2000.1.19.

张碧波 2000 殷商高句丽满族“三仙女”族源神话的比较研究 『满语研究』2000(1)

李钟周 2000 东北亚的圣母柳花—中国东北与朝鲜半岛的柳花神崇拜 『社会科学战线』1

2000 「好太王碑—高句丽历史的见证」 『大连民族学院学报』2000(2)

李大龙 2000 唐代使者接待礼仪考 『黑龙江民族丛刊』2

都兴智 2000 再论从始祖神话传说看东北古代民族与中原民族的联系－兼答吕学雄先生 『辽宁师范大学学报』(社会科学版)3

杨春吉 耿铁华 2000 我国东北历史上的高句丽政权 『吉林日报』2000.6.30.

顾兴斌 2000 晋与南北朝时期古韩国人对华“朝贡”和“归化”考辨 『江西社会科学』5

高远大 2000 维修中发现的两座高句丽积石石室壁画墓 『博物馆研究』2000(1)

张璇如 2000 外国学者有关我国东北疆域民族的种种错误观点 『黑土地的古代文明』, 远方出版社

陈立柱 2000 王莽与周边民族关系新论 『安徽史学』3

张彬彬 2000 撩开高句丽早期遗存的面纱 『吉林日报』2000.6.17.

郝武华 2000 高尔山城考 『中国地名』2

苗威 2000 试论隋与高句丽战争 『延边大学学报』(社会科学版)3

李殿福 2000 高句丽的经济 『博物馆研究』2000-3

王绵厚 2000 高句丽的城邑制与其社会发展的发展略论 『黑土地的古代文明』, 远方出版社

王咏梅	2000	关于安市城址的考察与研究	『北方文物』2
高福顺	2000	简论『高丽记』佚文在地名学上的贡献	『东疆学刊』1
高福顺	2000	“高丽记”所记高句丽官制体系的初步研究	『黑土地的古代文明』, 远方出版社
梁玉多	2000	关于'小高丽国'的几个问题	『黑土地的古代文明』, 远方出版社
曹德全	2000	『后汉书』, 『三国志』中『高句丽传』的比较研究	『社会科学战线』4
黄斌 黄林峻	2000	浅谈高句丽的战略防御配系和基本战法	『黑土地的古代文明』, 远方出版社
王鹏勇	2000	高句丽之钉履	『博物馆研究』2000(1)
朴灿奎	2000	高句丽侯騶考－王莽朝高句丽记事与高句丽侯騶考(下)	『延边大学学报』(社会科学版)4
姜维公 姜维东	2000	『高丽记』一则轶文的补订	『通化师范学院学报』2000(3)
姜维东	2000	历史上的盖苏文政变	『黑土地的古代文明』, 远方出版社
鸿 鹄	2000	安岳三号墓研究述评	『黑土地的古代文明』, 远方出版社
傅朗云	2000	尤卡吉尔人族源考析—东北亚『民族研究』新议	『黑龙江民族丛刊』2
高福顺 李乐莹	2000	『东北地方史研究』的新收获 －“『黑土地的古代文明』” 评介	『东北民族与疆域研究动态』2000(1)
朴灿奎	2000	王莽朝高句丽记事的诸史料辨析－王莽朝高句丽记事与高句丽侯騶考(上)	『延边大学学报』(社会科学版)3
耿铁华 李乐莹	2000	通化师范学院高句丽研究所建所五周年	『东北民族与疆域研究动态』2000(1)
姜维东	2000	隋唐时出使高句丽的两位使者	『博物馆研究』2000-1
耿铁华 倪军民 杨春吉	2000	高句丽疆域调查与研究现状	『黑土地的古代文明』, 远方出版社
朴灿奎	2000	小水貊与梁貊关系考-小水貊的地理位置和活动的时限考	『北方民族』2000(3)
朴灿奎	2000	高句丽太祖王宫考	『东疆学刊』2000(4)
张碧波	2000	论4至6世纪东北亚政治格局及高句丽渤海与日本结援真相	『北方论丛』2000-2
倪军民 耿铁华 杨春吉	2000	高句丽历史归属问题论稿	『通化师范学院学报』2000(1)
徐德源	2000	先秦到隋唐时期辽东地方归属问题考论	『黑土地的古代文明』, 远方出版社
李树林	2000	“跃进文化” 的考古发现与高句丽民族起源研究	『黑土地的古代文明』, 远方出版社
张碧波	2000	高句丽原始宗教文化论略	『黑龙江民族丛刊』2000(2)

张殿甲	2000	鸭绿江中上游高句丽、渤海遗址调查综述	『北方文物』2
李淑英	2000	中国学者对高句丽历史的研究	『史学集刊』 2000 增刊
金宪淑	2000	"百济略有辽西"记事初探	『延边大学学报』(社会科学版)3
韩升	2000	唐朝对高句丽政策论析	海交史研究2000-1
王纯信	2000	高句丽石刻画像与母神崇拜	『黑土地的古代文明』, 远方出版社
张碧波	2000	关于历史上民族归属与疆域问题的再思考—兼评"一史两用"史观	『中国边疆史地研究』2
周采赫	2000	呼伦贝尔一带的'貊'槁离和'蒙'槁离	『呼伦贝尔学院学报』2
郑玉善	2000	历史上我国东北与朝鲜半岛关系	『大连民族学院学报』2
卢海鸣	2000	六朝政权与朝鲜半岛国家之间的交流	『金陵职业大学学报』2
张军	2000	高句丽民族史诗略说	『黑土地的古代文明』, 远方出版社
耿铁华 秦升阳	2000	高句丽历史课程建设的特色与价值	『通化师范学院学报』4
金旭东 安文荣 杨立新	2000	探寻高句丽早期遗存及起源	『中国文物报』 2000.3.19.
马大正	2000	中国学者高句骊『历史研究』的百年历程	『中国边疆史地研究』1
张劲锋	2000	鸟羽－独特的高句丽帽饰	『通化师范学院学报』3
白云翔	2000	东北汉对中国与朝鲜半岛关系的考古学观察	『北方文物』2000-4
耿铁华	2000	高句丽壁画四神图及文化渊源	『黑土地的古代文明』, 远方出版社
耿铁华	2000	冉牟墓志与中原高句丽碑	韩国 中原高句丽碑研究 2000.12.30.
孙金花	2000	长寿王迁都及其陵墓考论	『通化师院学报』2000(6)
李淑英 耿铁华	2001	高句丽纥升骨城新考	『北方民族』2001(2)
孟古托力	2001	高句丽王国儒家文化述论	『黑龙江民族丛刊』2
王宏刚	2001	古代北方民族妇女社会地位、作用的历史考察	『黑龙江民族丛刊』4
喻权中	2001	东北亚诸族创世与起源神话考原—兼与"东北亚的圣母柳花"说商榷	『社会科学战线』1
孙进己	2001	高句丽历史研究综述	『社会科学战线』2
闫海 林克宇 李玉颖	2001	高句丽 "建安道 初探"	『博物馆研究』2
耿铁华	2001	中原高句丽碑考释	『通化师范学院学报』1
李淑英	2001	五女山城不是纥升骨城	『通化师范学院学报』1

耿铁华　2001　高句丽釉陶器的类型与分期　『考古与文物』3

韩忠富　2001　国内高句丽归属问题研究综述　『社会科学战线』2001(5)

沈阳市文物考古工作队　2001　辽宁沈阳市石台子高句丽山城第二次发掘简报　『考古』3

刘炬　2001　试论盖苏文　『社会科学战线』5

姜维东　2001　高句丽的淫风析源　『博物馆研究』2001-1

杨东晨　2001　论秦汉时期吉林地区的民族与文化　『松辽学刊』(人文社会科学版)1

徐德源　2001　高句丽历史与疆域归属问题补议　『社会科学战线』5

温玉成　2001　集安长川一号高句丽墓佛教壁画研究　『北方文物』2001(2)

阎海　2001　高句丽的"建安道"初探　『博物馆研究』

王臻　2001　东北亚古族历史的开篇之作－析陈寿的『三国志·东夷传』『延边大学学报』(社会科学版)2

孙进己　2001　当前研究高句丽归属的几个问题　『东疆学刊』3

李乐莹　2001　古代高句丽印章文化初探　『长春师范学院学报』2001-2

李德山　2001　东北边疆和朝鲜半岛古代国族研究　『中国边疆史地研究』4

魏国忠 郭素美 魏建华　2001　关于渤日交聘中的"高丽国"问题　『北方文物』2001(1)

李乐营　2001　古代高句丽印章文化探析－兼与中原印章文化比较　『长春师范学院学报』1

魏国忠　2001　论渤海主体民族的族属问题　『社会科学战线』3

孙进己　2001　中国统一多民族国家的形成与发展　『史学集刊』3

孙玉良　2001　溯本追源 以成证论－评『古代中国高句丽历史丛论』『社会科学战线』2001(6

温玉成　2001　集安长川高句丽一号墓的佛教壁画　『敦煌研究』1

高福顺　2001　试论汉魏时期高句丽政权的统辖区域－以『三国史记·高句丽本纪』记事为中心　『东疆学刊』4

姜守鹏　2001　再谈渤海国的族属问题　『社会科学战线』3

李展福　2001　高句丽的灭亡　『博物馆研究』2001-1

李殿福　2001　高句丽古墓壁画反映高句丽社会生活习俗的研究　『北方文物』3

李殿福　2001　高句丽民族的社会生活与习俗　『社会科学战线』2

魏存成　2001　近年来我国高句丽考古的主要发现与研究　『东北亚论坛』1

齐俊, 梁志龙 2001 辽宁本溪县小市中心街高句丽墓 『北方文物』2001(2
李健才 2001 评汉代乐浪郡在今辽河以西说 『中国边疆史地研究』1
阎海 孙璇 2001 试论高句丽与殷商的文化渊源 『辽宁师范大学学报』2001(6)
程尼娜 2001 渤海与日本交聘中"高丽国"的辨析 『吉林大学社会科学学报』4
梁志龙 2001 高句丽史地拾零 『博物馆研究』2001(2)
朴灿奎 2001 高句丽之新大王和故国川王考 『东疆学刊』1
梁志龙 2001 高句丽隧神考 『北方文物』4
辽宁省文物考古研究所 2001 辽宁凌源市牛河梁遗址第五地点1998-1999年度的发掘 『考古』8
郭大顺 2001 世纪之交的辽宁考古 『考古』8
陈钟远 王宇 2001 好太王碑乙未岁鐫文补识 『博物馆研究』2
傅朗云 2001 东北亚历史民族-高夷·高丽·高句丽 『东北亚论坛』1
王成国 2001 渤海是继承高句丽的国家吗? 『社会科学战线』6
孙进己 2001 国际法中关于确定土地民族政治归属的原则 『中国东北民族与疆域研究』百花文艺出版社
刘子敏 2001 不要无视燕秦汉之辽东长城-从王莽朝高句丽记事谈起 『北方民族』2001(1)
李治亭 2001 东北地方史研究的回顾与展望 『中国边疆史地研究』4
朴灿奎 2001 再析『三国志·高句丽传』中的王莽朝高句丽记事-答刘子敏先生 『北方民族』2001(3)
吉林省文物考古研究所 2001 吉林长白县干沟子墓地发掘简报 『考古』8
刁书仁 2001 中朝边界沿革史研究 『中国边疆史地研究』4
杨军 2001 高句丽五部研究 『吉林大学社会科学学报』2001(4)
李辉 2001 南北朝时期高句丽强盛原因试析 『长春师范学院学报』6
李歆 2001 高句丽冬寿夫妇像 『通化师范学院学报』3
孙进己 2001 高句丽文物考古研究综述, 韩国『高句丽研究』第七界学术会议的学术报告; 『高句丽遗迹发掘和遗物』学研文化社
刘子敏 2001 高句丽疆域沿革考辨 『社会科学战线』2001(4
吉林省文物考古研究所 2001 吉林省文物考古的世纪回顾与展望 『考古』8
都永浩 2001 东北亚民族关系与『历史研究』中的几个重要问题 『黑龙江民族丛刊』4

张碧波 2001 论4至10世纪东北亚政治格局及高句丽渤海与日本"结援"的历史真相 『北方论丛』2001(2)

吉林省文物考古研究所 通化市文物管理委员会办公室 2001 吉林通化市万发拔拔子遗址二十一号墓的发掘 『考古』8

王利群 2001 高句丽自然灾害初探 『通化师范学院学报』3

王丽萍 2001 浅析高句丽舞乐在历史上的地位和作用 『社会科学战线』6

杨军 2001 也谈高句丽柳花神话 『社会科学战线』2001(1)

智喜君 2001 中原王朝同高句丽的关系不是中外关系—对现行高校历史教材的一点看法 『鞍山师范学院学报』4

孙进己 2001 东北民族史研究综述 『辽宁社科志』

都兴智 2001 略论东北古代族名与山水之名的关系 『社会科学战线』1

董峰 2001 集安高句丽古坟壁画墓中的四神图 『博物馆研究』2001-1

杨军 2001 高句丽中央官制研究 『黑龙江民族丛刊』2001(4)

董万仑 2001 朝鲜半岛境内"靺鞨"人再研究 『世界历史』4

王绵厚 2001 高句丽城邑制度与山城 『社会科学战线』2001(1)

都兴智 2001 唐政权与朝鲜半岛的关系述论 『史学集刊』3

王绵厚 2001 关于通化万发拨子遗址的考古与民族学考察 『北方文物』3

刘春英 姜维东 2001 唐王朝对内迁高句丽人的安置措施 『长春师范学院学报』 2001(6)

刘子敏 2001 驳『"百济略有辽西"记事初探』 『延边大学学报』(社会科学版)1

周惠泉 2001 东北民族文化与中华文化 『海南师范学院学报』(人文社会科学版)6

刘子敏 2001 "崔氏乐浪"考辨 『北方文物』2

周向永. 王兆华 2001 辽宁铁岭张楼子山城调查 『北方文物』2001(2)

张碧波 2001 高句丽 "风俗好淫" 考辨 『博物馆研究』4

张碧波 2001 渤海大氏续考 『北方文物』3

汤夺先 2002 试论新莽时期的民族政策 『湖北民族学院学报』(哲学社会科学版)4

耿铁华 2002 好太王碑拓本收藏著录及其年代 『社会科学战线』1

孙丽萍 王萍 2002 黑龙江省博物馆馆藏『好太王碑』碑拓赏析 『北方文物』2002(2)

王晓南 2002 高句丽的起源问题再论 『通化师范学院学报』6

方起东, 刘萱堂	2002	集安下解放第31号高句丽壁画墓	『北方文物』2002(3)
徐德源	2002	高句丽“长寿王”不是中国人吗？	『北方民族』2002(4)
崔昌源	2002	从图腾文化痕迹看中韩古代民族之关系	『内蒙古师范大学学报』(哲学社会科学版)6
孙泓	2002	高句丽、高氏高丽与王氏高丽的区别	『高句丽研究论集』 国家九五社会科学基金项目
西川宏	2002	中国高句丽考古学的成果与课题	『历史与考古信息』·东北亚2002(2)
武家昌	2002	关于集安高句丽王陵的看法	『博物馆研究』4
杨军	2002	高句丽族属溯源	『社会科学战线』2002(2)
熊义民	2002	高句丽长寿王迁都之平壤非今平壤辨	『中国史研究』4
王禹浪 王宏北	2002	黑龙江渤海山城的高句丽文化典型特征	『黑龙江民族丛刊』2002(3)
宁会学	2002	高句丽始祖朱蒙墓何在	『博物馆研究』2
李云泉	2002	汉唐中外朝贡制度述论	『东方论坛』6
高福顺	2002	筚路蓝缕,以启山林-『唐丽战争史』评述	『长春师范学院学报』4
孙进己 孙泓	2002	高句丽的历史地理研究综述	『东北历史地理论丛』 哈尔滨出版社
刘子敏	2002	几条关于朱蒙记事史料的研究	『博物馆研究』2
刘子敏	2002	高句丽族源研究	『社会科学战线』2002(5)
刘炬	2002	周边政策僵化-高句丽灭亡的重要原因	『北方民族』2002(1)
李树林	2002	吉林集安高句丽3319墓日月神阙考释及相关重大课题研究	『社会科学战线』3
顿嵩元	2002	肃慎考	『黄河科技大学学报』1
姜维东	2002	唐朝东征高句丽时的粮运措施	『长春师范学院学报』4
林茂雨 李龙彬	2002	高句丽民族的婚丧习俗及宗教信仰	『北方文物』 2002(3)
冯永谦	2002	高句丽千里长城建置辨	『社会科学战线』2002(1)
龙木	2002	第二届东北边疆历史与现状高句丽学术研讨会述要	『中国边疆史地研究』2002(3)
张碧波	2002	关于渤海王室高句丽意识的考辨	『北方论丛』2002(1)
张碧波	2002	高句丽文化性质考辨-评90年代国际学界的高句丽研究	『北方民族』2002(2)
张碧波	2002	一个研究新阶段的标志-评『古代中国高句丽历史丛论』	『中国边疆史地研究』2002(2)
张碧波	2002	关于东北史研究中的方法论问题-兼评东北史学研究的几种倾向	『哈尔滨学院学报』3

李凭	2002	魏燕战争前后北魏与高句丽的交往	『上海师范大学学报』(哲学社会科学版)6
李炳海	2002	夫余神话的中土文化因子—兼论夫余王解慕漱系中土流人	『民族文学研究』1
佡俊岩	2002	从石台子山城看高句丽对山城选置,结构布局及建筑艺术	『博物馆研究』2
倪屹	2002	第二玄菟郡探讨	『延边大学学报』(社会科学版)2
赵霞	2002	高句丽乐舞与吴越文化的渊源窥探	『绍兴文理学院学报』6
孙进己	2002	再论高句丽归属的研究	『通化高句丽史学术会议交流』
杨雨舒	2002	第二届东北边疆历史与现状暨高句丽学术研讨会综述	『社会科学战线』5
孙进己	2002	20世纪的东北民族史研究	『20世纪的辽宁史学』 辽宁大学出版社
黄大年	2002	略论辽东佛教传布	『佛学研究』
刘子敏	2002	朱蒙之死新探-兼说高句丽迁都"国内"	『北方文物』2002(4)
李渊	2002	唐安东都护府的几个问题	『黑龙江民族丛刊』3
杨军	2002	从"别种"看高句丽族源	『东疆学刊』2002(1)
李春祥	2002	从正史『高句丽传』看高句丽政权的内属性	『通化师范学院学报』2002(1)
赵永春	2002	关于中国历史上疆域问题的几点认识	『中国边疆史地研究』3
傅朗云	2002	关于高句丽与朝鲜立国关系及其它	『博物馆研究』2
孙进己	2002	高句丽的起源及前高句丽文化的研究	『社会科学战线』2002(2)
孙进己	2002	少说多做，加强高句丽史研究	『北方民族』1
梁玉多	2002	高句丽遗民的渤海化进程	『哈尔滨学院学报』9
姜维公	2002	"李绩奏报"的史料价值	『长春师范学院学报』3
杨军	2002	高句丽地方统治结构研究	『史学集刊』2002(1)
赵福香 黄甲元	2002	高句丽在东北史上的地位	『通化师范学院学报』2002(6)
辛香兰	2002	民族艺术之花-朝鲜动画片『好童王子和乐浪公主』赏析	『吉林艺术学院学报』3
何明 孙仁杰 林世贤	2002	集安麻线安子沟高句丽墓葬调查与清理	『北方文物』2002(2)
温秀荣	2002	高句丽山城的排水系统	『博物馆研究』2
任丽娟	2002	辽滨塔	『兰台世界』8
章永林	2002	"第二届东北边疆历史与现状暨高句丽学术研讨会"第二阶段会议在我院召开	『通化师范学院学报』6

袁刚	2002	说隋大业十一年雁门事变	大同职业技术学院学报2
张春海	2002	试析从古朝鲜至高句丽时代的韩国古代法	『解放军外国语学院学报』5
王绵厚	2002	高夷、濊貊与高句丽－再论高句丽族源主体为先秦之"高夷"即辽东"二江"流域"貊"部说	『社会科学战线』5
朴钟培	2002	中国文化在韩国的传播与发展	『郧阳师范高等专科学校学报』1
熊义民	2002	唐初海军初探	『史学月刊』11
熊义民	2002	隋炀帝第一次东征高句丽兵力新探	『暨南学报』(哲学社会科学版)4
袁刚	2002	暴君隋炀帝评价的论辨－关于暴君之暴的政治分析	『南都学坛』4
孙仁杰	2002	高句丽石室墓起源的再探讨	『博物馆研究』4
马一虹	2002	唐封大祚荣"渤海郡王"号考－兼及唐朝对渤海与高句丽关系的认识	『北方文物』2002(2)
张泰湘	2002	从考古学材料看历史上的夫余、沃沮人	『黑龙江民族丛刊』4
王纯信 王纪	2003	高句丽鎏金镂空马饰图案艺术识读	『通化师范学院学报』2003(5)
朴灿奎	2003	高句丽之"下户"性质考	『东疆学刊』2003(3)
刘厚生	2003	长白山文化的界定及其他	『中国边疆史地研究』4
刘晓东	2003	渤海陶器的分类、分期与传承渊源研究	『北方文物』1
张碧波	2003	中国历史疆域的界定与文献学考古学的根据－以东北民族与疆域为例	『学习与探索』1
张久和	2003	两晋十六国时期慕容鲜卑与高句丽的关系	『黑龙江民族丛刊』2003(3)
张碧波	2003	高句丽历史考古研究的新成就－评王绵厚的『高句丽古城研究』	『中国边疆史地研究』2003(4)
张碧波	2003	论高句丽的太阳崇拜文化	『博物馆研究』3
范恩实	2003	靺鞨与高句丽关系史研究	『鞍山师范学院学报』1
龙木	2003	"高句丽·渤海问题学术研讨会"纪要	『中国边疆史地研究』2003(3)
王彦	2003	巧解高句丽天书之谜	『兰台世界』4
王禹浪	2003	北夷"索离"国及其夫余初期王城新考	『黑龙江民族丛刊』1
孙仁杰	2003	好太王碑现状观测与保护的思考	『博物馆研究』3
文章	2003	我院耿铁华教授专著『中国高句丽史』出版发行	『通化师范学院学报』3
张碧波	2003	高句丽(民族与政权)归属问题的几点思考	『北方民族』2003(4)

李淑英, 耿铁华	2003	高句丽王陵及相关问题研究	『社会科学战线』2003(2)
范恩实	2003	"靺鞨"族称新考	『北方文物』3
李德山	2003	试论长白山文化的特点	『中国边疆史地研究』4
李德山	2003	当前高句丽史研究中的几个问题	『中国边疆史地研究』2
刘萱堂	2003	集安高句丽壁画墓与辽东辽西魏晋壁画墓比较研究	『博物馆研究』1
李乐营	2003	高句丽自然宗教信仰对象辨析	『中国边疆史地研究』2
孙玉良	2003	唐征高句丽的动机与效果	『中国东北边疆研究』
刘萱堂	2003	集安高句丽壁画墓与辽东辽西汉魏晋壁画墓比较研究(续篇一)	『博物馆研究』2
李大龙	2003	高句丽史研究的又一部力作-『中国高句丽史』评介	『中国边疆史地研究』4
翟立伟 仇起	2003	吉林市的城市起源-兼论龙潭山城的始建年代	『博物馆研究』3
李大龙	2003	关于高句丽侯驺的几个问题	『学习与探索』5
郑德平	2003	安东都护府的设置、撤销及其意义	『中国地名』1
孙进已	2003	论历史归属研究中的理论标准	『东疆学刊』1
陈春霞	2003	突地稽"举部落"内附不当简为"举落"内附	『北方文物』2
梁志龙	2003	高句丽史物小考	『博物馆研究』3
周定国	2003	朝鲜韩国和高丽三个称谓的由来	『中国测绘』4
何明 张雪岩	2003	吉林集安高句丽国内城马面址清理简报	『北方文物』2003(3)
郝庆云	2003	简述渤海国主体民族的族属	『黑龙江民族丛刊』2
耿铁华	2003	高句丽文化研究与长白山区旅游资源开发	『通化师范学院学报』5
宋福娟	2003	高句丽与北方民族的融合	『通化师范学院学报』1
郭渊	2003	高句丽与中华文明	『北方民族』2003(1)
周采赫	2003	蒙古和朝鲜族的起源-"蒙Gooli"和"貊Gooli"	『蒙古学信息』1
耿铁华	2003	晋封高句丽官印考略	『东北史地』2005-3
刘炬	2003	高句丽相权考	『北方文物』2003(3)
赵晓刚	2003	石台子山城城名考辨	『北方文物』3
孙进已	2003	中国疆域形成发展理论研究	『中南民院学报』1

苗威	2003	隋朝经略高句丽	『北方民族』2003(2)
都永浩	2003	对东北亚民族与历史问题研究的理论思考	『中国边疆史地研究』3
孙进己	2003	中华民族的形成与发展	『史学研究』1
孙进己	2003	关于高句丽渤海研究中的一些问题	『高句丽渤海历史问题研究论文集』延边大学出版社
类维顺 姜鑫	2003	高句丽墓室壁画－中国美术史册中的瑰宝	吉林艺术学院学报 2003(2)
孙进己	2003	「高句丽国内城定点与建城时间论辩－兼考尉那岩城、丸都城、平壤城与黄城诸城址 『全国第三届高句丽学术研讨会』2003年10月 集安; 2004『东北史地研究』2.	
孙进己	2003	论民族融合的不同类型及中华民族融合的不同状况	『史学集刊』2003(1)
孙泓	2003	韩国召开〈高句丽研究现状和课题〉学术会议	『东北边疆历史与现状系列研究工程通讯』3
金在善	2003	好太王碑文研究	宜宾学院学报2
魏国忠	2003	围绕高句丽政权历史归属问题的国际论争	『北方民族』2003(1)
祝立业	2003	论南北朝时期高句丽王国的内外政策	『社会科学战线』2003(2)
马一虹	2003	靺鞨与东突厥关系考述	『史林』6
祝立业	2003	高句丽长寿王评传	『博物馆研究』4
姜维公	2003	关于处理历史时期中朝边界问题的几点建议	『长春师范学院学报』1
秦升阳	2003	高句丽的军事扩张及其疆域变迁	『通化师范学院学报』1
喻权中	2003	长白山神话与中国东北诸族的文化取向	『学习与探索』1
焦润明	2003	关于历史疆域归属若干理论问题的研究	『中国边疆史地研究』2
金元石	2003	关于中国朝鲜族的含义	『中国边疆史地研究』4
李大龙	2004	五代至明中国正史将高句丽史入王氏高丽传,朝鲜传原因试析	『高句丽渤海历史问题研究论文集』
马大正	2004	再论高句丽历史研究中的相关问题	『高句丽渤海历史问题研究论文集』
文章	2004	耿铁华教授新著『好太王碑一千五百八十年祭』出版	『通化师范学院学报』3
马莎	2004	让历史告诉未来－高句丽王城、王陵及贵族墓葬申遗成功随想	『前进论坛』9
温玉成	2004	高句丽"相之国"	『北方文物』2004(3)
孙仁杰	2004	洞沟高句丽墓地的分布与排列研究	『东北史地』2004(9)
程尼娜	2004	护东夷校尉考	『北方文物』4

马大正	2004	中国疆域的形成与发展	『中国边疆史地研究』3
张威威	2004	韩国对"高句丽史"问题评论综述	『国际资料信息』9
王绵厚	2004	关于确认高句丽历史地位的三要素	『高句丽渤海历史问题研究论文集』
郑春颖	2004	浅谈正史『高句丽传』的设立	『东北史地』2004(12)
朴真奭	2004	试论四~五世纪东北亚世界的朝贡册封体系	『高句丽渤海历史问题研究论文集』
马一虹	2004	靺鞨部族分布地域考述	『中国文化研究』2
李乐营	2004	长白山:中国古代民族人口交融的锋面地区	『学习与探索』5
张淑华	2004	吉林出土的多孔器及相关问题	『北方文物』1
马一虹	2004	中国与周边国家关系史学术讨论会综述	『中国史研究动态』2
滕红岩	2004	中原王朝对高句丽政权册封新探	『通化师范学院学报』2004(3)
梁启政	2004	略述中外学者对好太王碑未记载好太王时期高句丽攻略辽东一事的研究	『东北史地』2004(6)
姜维公	2004	南朝与北朝对高句丽政策的比较研究	『中国边疆史地研究』4
孙泓	2004	百年来中朝关系史研究综述	『中外关系史百年回顾与展望学术会议』 珠海
张翠敏	2004	大嘴子第三期文化聚落遗址研究	『博物馆研究』2
武玉环	2004	渤海与高句丽族属及归属问题探析	『史学集刊』2
苗威	2004	从金富轼的高句丽观看高句丽政权的性质及其历史归属	『中国边疆史地研究』4
苗威	2004	从隋唐君臣的高句丽观看高句丽政权的性质	『北方民族』2004(2)
张福有	2004	高句丽、渤海国与长白山文化	『长春师范学院学报』6
孙泓	2004	「高句丽和东北亚各国各族的关系」	韩国·高句丽研究财团 『北方史论丛』1; 2005 『高句丽历史问题论文集』
赵玉敏	2004	好太王碑载高句丽族源神话考	『东北史地』2004(10)
张福有	2004	集安禹山3319号墓卷云纹瓦当铭文考证与初步研究	『社会科学战线』3
李德山	2004	唐朝对高句丽政策的形成、嬗变及其原因	『中国边疆史地研究』4
梁志龙	2004	高句丽儒释道三教杂论	『北方文物』2
张增香	2004	浅谈古代中国对朝鲜的影响	『东疆学刊』3
张碧波	2004	汉唐时期的东北疆域	边疆经济与文化5
赵红梅	2004	真番郡考疑	『社会科学战线』6

黄岚　2004　从考古学看高句丽民族的饮食习俗　『东北史地』2004(9)
魏存成　2004　集安在高句丽历史上的重要地位及其遗产表现　『吉林大学社会科学学报』2
王绵厚　2004　辽东“二江”和“二河”上游青铜文化与高句丽起源　『北方民族』2004(2)
魏存成　2004　中原南方政权对高句丽的管辖册封及高句丽改称高丽时间考　『史学集刊』2004(1)
刘子敏　2004　“高句丽县”研究　『东北史地』2004(7)
王禹浪　2004　1996年度鸭绿江右岸考察记录(下)　『大连大学学报』5
都兴智　2004　唐末辽东南部地区行政归属问题试探　『辽宁师范大学学报』(社会科学版)1
刘子敏　2004　东北亚古族古国归属谈　『高句丽渤海历史问题研究论文集』
刘子敏　2004　新成果新高度 -评『古代中国高句丽历史续论』　『中国边疆史地研究』2004(4)
郭渊　2004　略论高句丽民族对中华文明的贡献　『通化师范学院学报』2004(3)
何满潮 王树仁 杨国兴 毛利勤 孙崇华　2004　高句丽将军坟稳定性评价及防护对策　『岩土力学』2004(2)
厉声 · 李方　2004　隋唐征伐高句丽争议　『高句丽渤海历史问题研究论文集』
姜维东　2004　唐代关于高句丽,新罗的著述考略　『博物馆研究』4
李淑英 耿铁华　2004　两汉时期高句丽的封国地位　『中国边疆史地研究』2004(4)
华阳　2004　东北地区古代火炕初探　『北方文物』1
刘贵富　2004　中国高句丽世界文化遗产地旅游的可持续发展研究　『学术交流』10
徐德源　2004　集安博物馆藏高句丽印及印文考释　『博物馆研究』3
孙泓　2004　中国学者高句丽归属研究综述　『高句丽研究』18 学研文化社
杨军　2004　朝鲜半岛与“辽东”内涵的关系　『辽宁师范大学学报』(社会科学版)2
柳岚　2004　高句丽的石串墓研究　『博物馆研究』4
柳岚　2004　高句丽王陵研究　『北方民族』2004(2)
孙进己 孙泓 2004　「东北亚各国对高句丽土地人民文化的继承」 韩国 · 高句丽研究财团『北方史论丛』1; 『高句丽历史问题论文集』 延边大学出版社
朴灿奎　2004　浅谈高句丽历史归属研究的几个问题　『高句丽渤海历史问题研究论文集』
胡佳　2004　中韩 “历史风波” 暂歇　『南风窗』18
王禹浪　2004　东北历史与文化考察纪行—1996年度鸭绿江右岸考察记录(上)　『大连大学学报』1

王成国	2004	渤海与高句丽比较研究	『学习与探索』1
李国强	2004	“东北工程”与中国东北史的研究	『中国边疆史地研究』4
姜维东	2004	中原王朝对高句丽的册封制度研究	『东北史地』2004(12)
孙泓	2004	高句丽文化的主体	『东北史地』2004(12)
杨军	2004	秽国考	『黑龙江民族丛刊』1
宁会学	2004	桓仁米仓沟将军墓墓主考	『博物馆研究』3
高福顺	2004	高句丽官制中的“加”	『东北史地』2004(8)
孙进己	2004	中国高句丽史研究开放繁荣的六年	『고구려의 역사와 문화유산』; 2004 『辽宁文史』3.
姜维东	2004	高句丽文化渊源概论	『社会科学战线』6
高福顺	2004	『高丽记』所记平壤城考	『长春师范学院学报』2004(8)
孙进己	2004	「中国民族 政权 疆域研究」	韩国国史编撰委员会, 2005 『东北史地』1
刘萱堂	2004	集安高句丽壁画墓与辽东辽西汉魏晋壁画墓比较研究(续篇之二)	『博物馆研究』3
李淑英 耿铁华	2004	高句丽建国时间考论	『学习与探索』2004(3)
顾向明	2004	试论隋文帝时期对高句丽政策的演变	『山东师范大学学报』(人文社会科学版)4
卑琳	2004	高句丽城址出土陶器研究	『东北史地』2004(12)
金延龄	2004	也谈高句丽民族的起源	『东北史地』2004(8)
王丽丽	2004	吉林省历史文化遗存类科普旅游资源的开发	『资源开发与市场』2
于逢春	2004	高句丽历史问题学术研讨会述评	『中国边疆史地研究』4
牛金娥	2004	高句丽民族对东北开发的贡献	『北方文物』2
郭志成	2004	集安八卦图考	『安阳大学学报』1
李健才	2004	再论高句丽迁都到国内以前有无汉代县城的问题	『东北史地』2004(6)
陈平	2004	高句丽山城名辨析	『博物馆研究』2
刘炬	2004	论中国历史上少数民族政权性质的界定标准－兼谈高句丽政权的性质	『东北史地』2004(5)
孙进己 孙泓	2004	公元3~7世纪集安与平壤地区壁画墓的族属与分期	『北方文物』 2004(2)
李健才	2004	近百年国内外有关中国『东北史研究』回顾与展望	『博物馆研究』3
孙进己	2004	高句丽和中朝（韩）的关系与归属	『高句丽研究』18辑，学研文化社

宫玉海　2004　“高句丽”非族名考　『社会科学战线』2004(3)
王纪　2004　高句丽壁画的远缘移植－我对高句丽风情剪纸的初探　『美术』10
王嘉信　2004　「『西周青铜器－利簋』、『高句丽古墓壁画－伏羲女娲图』普资封」『上海集邮』1
李宗勋　2004　韩国的高句丽研究及其史观－以高句丽归属问题为中心　『史学集刊』4
官晓凤　2004　现存最大的高句丽山城－凤凰山山城　『兰台世界』2
秦升阳　2004　高句丽王城王陵及贵族墓葬　『东北史地』2004(7)
耿铁华　2004　高句丽省称句丽考　『高句丽渤海历史问题研究论文集』
陈鹏　陈琳　2005　高句丽文化归属于中国东北“汉文化圈”　『东北史地』2005-5
李海叶　2005　慕容氏辽东政权的“侨土”关系　『内蒙古大学学报』(人文.社会科学版)3
秦升阳　2005　高句丽法律问题研究　『中国边疆史地研究』2005-3
田大方 崔莉 郭跃坤　2005　高句丽王城世界文化遗产保护策略研究　中国科技信息 2005(2)
李春祥　2005　论『三国史记』的编撰方法、历史观及史学思想　『中国边疆史地研究』4
吉林省考古研究所、集安县博物馆　2005　洞沟古墓群禹山墓区JYM3319号墓发掘报告　『东北史地』2005-6
陈陶然　2005　关于高句丽好太王徵服东夫馀的几个问题　『东北史地』2005-4
张碧波　2005　高句丽壁画墓四神图像与中国的天文学、神话学　『北方文物』1
金旭东 傅佳欣　2005　方起东先生与吉林考古　『东北史地』5
禹尚烈　2005　『三国史记』,『三国遗事』之梦的解析　『东疆学刊』2
王绵厚　2005　西汉时期的高句丽 “五部” 与 “第二玄菟郡”　『东北史地』2005-6
刘玉山　2005　北燕王高云被弑真相探微　『求索』11
陈平　2005　试析高句丽山城的起源　『内蒙古文物考古』2005-2
朴真奭　2005　试论中外古书关於高句丽历史地位的记载　『高句丽历史问题论文集』
王纪　2005　高句丽壁画绘制技艺解析与临摹技术法研究　『东北史地』2005-5
孙进己　2005　「国史范围的确定」高句丽历史与文化学术研讨会2005年8月，延吉;2006 『高句丽史新研究』延边大学出版社
张福有 赵振华　2005　洛阳、西安出土北魏与唐高句丽人墓志及泉氏墓地　『东北史地』2005(4)
费驰　2005　对中韩学者关于高句丽遗民问题的比较研究－兼与韩国学者金玄淑商

榷"高句丽遗民的自我意识"问题　『长春师范学院学报』1
张福有　2005　跟方起东先生学写古文章　『东北史地』2005-5
武家昌　2005　集安两座高句丽墓上的石碑为"通天柱"说　『北方文物』3
王小甫　2005　新罗北界与唐朝辽东　『史学集刊』3
李殿福　2005　高句丽贵族有回葬旧茔之习俗集安五盔坟应为王陵　『东北史地』2005(4)
张福有　2005　高句丽的平壤 新城与黄城　『高句丽历史问题论文集』
拜根兴　2005　也论苏君墓当为苏定方墓　『考古与文物』5
史未央　2005　高句丽与百济新罗的争霸　『东北史地』2005-3
厉声　2005　关於 "东北工程" 与 "高句丽历史研究" 的几点见解：在 "高句丽历史问题学术研讨会" 上的讲话　『高句丽历史问题论文集』
周向永　2005　辽宁开原建材村所出铜刀铭文涵义考　『北方文物』1
王绵厚　2005　论高夷 句丽 高句丽与西汉玄菟郡递变与归属关系的历史定位　『高句丽历史问题论文集』
徐健顺　2005　论『三国史记』对原典的改造与儒家思想观念　『东疆学刊』1
徐建新　2005　高句丽好太王碑早期墨本的新发现－对1884年潘祖荫藏本的初步调查　『中国史研究』1
柳岚 张雪岩　2005　高句丽封土墓研究　『博物馆研究』3
张福有　2005　赵振华洛阳西安出土北魏与唐高句丽人墓志及泉氏墓地　『东北史地』2005-4
朴文一　2005　关於在历史上 "中" 与 "外" 的划分问题之初见　『高句丽历史问题论文集』
张福有　2005　集安禹山3319号墓卷云纹瓦当铭文识读与考证　『中国历史文物』3
东办　2005　"高句丽文化的历史价值" 中韩学术讨论会综述　『中国边疆史地研究』2005(1)
赵永春　2005　认识中国历史疆域的几个原则　『高句丽历史问题论文集』
张碧波　2005　从百济高句丽灭国到渤海建国－公元663-713年间东北亚政治格局走向的历史解读　『东北史地』2005(1)
梁志龙　2005　怀念方起东先生　『东北史地』2005-5
王纪　2005　高句丽风情剪纸对高句丽壁画的远缘移植　『通化师范学院学报』3
秦升阳　2005　高句丽自然宗教信仰活动及俗制的解析　『东北史地』2005(1)

徐德源	2005	汉字标记高句丽语语间地名字词汉译选释	『东北史地』2005-5
耿铁华	2005	方起东先生对高句丽考古研究的贡献	『东北史地』2005-5
耿铁华	2005	王莽征高句丽兵伐胡史料与高句丽王系问题-兼评『朱蒙之死新探』	『北方文物』2
马大正	2005	东北边疆『历史研究』的回顾与思考	『北华大学学报』(社会科学版)1
耿铁华	2005	高句丽神话解析	『吉林师范大学学报』3
武玉环	2005	渤海与高句丽族属、族俗的比较研究	『社会科学辑刊』5
郑欣	2005	论高句丽、渤海及朝鲜族传统体育文化特点及价值	『辽宁体育科技』1
祝立业	2005	兼论高句丽王权与部权的消长	『东北史地』2005-5
武家昌	2005	本溪小市墓及相关问题	『博物馆研究』2
耿铁华	2005	高句丽遗迹列人『世界文化遗产名录』与高句丽历史归属问题	『高句丽历史问题论文集』
耿铁华	2005	高句丽泉氏墓地调查及其价值	『东北史地』2005(4)
耿铁华	2005	好太王碑一千五百九十年祭	『中国边疆史地研究』3
刘子敏	2005	中华天下秩序中的高句丽：兼论册封朝贡及割据问题	『高句丽历史问题论文集』
程尼娜	2005	唐代安东都护府研究	『社会科学辑刊』6
徐德源	2005	高句丽族语言微识录	『中国边疆史地研究』1
梁志龙	2005	泉氏家族世系及其事略	『东北史地』2005-4
苗威	2005	朝鲜县的初址及变迁考	『北方文物』4
杨军	2005	高句丽地方官制研究	『社会科学辑刊』6
薛瑞泽	2005	南北朝时期与朝鲜半岛诸国的交往	『吉林师范大学学报』(人文社会科学版)5
苏长春	2005	一部独特的专志-『五女山志』	『中国地方志 』2005-10
杨军	2005	粟末靺鞨与渤海国	『中国边疆史地研究』 2005-3
郑君雷	2005	论 “西汉墓幽州分布区”	『考古与文物』6
都兴智	2005	濊貊浅论	『博物馆研究』2
张增香	2005	高句丽归属问题之我见	『白城师范学院学报』4
王利群	2005	高句丽自然灾害发生状况及影响	『中国边疆史地研究』4
梁银景	2005	龙门宾阳南洞文昭皇后高氏与高句丽	『敦煌研究』6

李英顺 2005 从〈三国史记〉的记载看东北亚古族古国的 “事大” 理念 『东北史地』2005-6
刘国石 2005 有关高句丽研究的两个问题 『北华大学学报』(社会科学版)2
李英武 2005 古代中韩文化交流探析 『东北亚论坛』5
刘素云 2005 高句丽的发祥地-卒本川当今何地? 『东北史地』2005-6
鸿鹄 2005 高句丽国相制度研究 『东北史地』2005-6
何满潮 2005 国家重点文物保护工程-高句丽将军坟变形破坏机理研究 『岩石力学与工程学报』2005-13
李国强 朴灿奎 于逢春 2005 高句丽历史问题学术研讨会综述 『高句丽历史问题论文集』
王臻 2005 高句丽同新罗百济的战和关系 『东北史地』2005(1)
王禹浪 2005 古代辽阳城建制沿革初探 『大连大学学报』5
黄千 2005 高句丽壁画的本质特征探析 『通化师范学院学报』2005-5
孙仁杰 2005 从泉氏墓志墓地看高句丽回葬报 『东北史地』2005-4
孙泓 2005 中国与东北亚各国关系的历史、现状与未来 『第六届 中外关系史学术研讨会』, 延吉.
李大龙 2005 从汉唐藩属体制看高句丽政权的归属 『高句丽历史问题论文集』
李成 张秀芬 2005 靺鞨诸部与肃慎的後裔 『东北史地』2005-3
李亚丽 2005 世界遗产高句丽 鸭绿江畔古名城-集安市旅游业发展初探 『国土与自然资源研究』2005-4
李淑英 2005 高句丽古城研究的新成果-读王绵厚先生的『高句丽古城研究』『北方文物』4
李健才 2005 唐代泉氏家族墓地不在集安在洛阳令人信服 『东北史地』2005-4
姜维公 许立勋 2005 从〈三国史记 新罗本纪〉看金富轼对海东三国系年的安排 『东北史地』2005-6
胡黎霞 2005 高句丽遗址的历史文化旅游价值与旅游文化教育的思考『东北史地』2005-5
华阳 2005 浅析褥萨的产生 『东北史地』2005-6
耿铁华 2006 我国高句丽古墓壁画的研究历程 『高句丽史新研究』 延边大学出版社
史长乐 2006 曾巩对高丽世次十问 『东北史地』2006-3
李殿福 2006 国内城始建于战国晚期燕国辽东郡塞外的一个据点之上『东北史地』2006-3
耿铁华 2006 高句丽民族起源与民族融合 『社会科学辑刊』1
李宗勋 2006 韩国社会的高句丽意识与我们的研究方法 『高句丽史新研究』 延边大学出版社
李岩 2006 朝鲜古代丧葬仪礼及其灵魂崇拜观念探微 『延边大学学报』(社会科学版)1

朱晓东 高文俊 2006 日韩学者对三国史记的研究 『东北史地』2006-2

祝立业 2006 从“五国五部化”到“五部一体化”－论高句丽王权与部权的消长 『高句丽史新研究』 延边大学出版社

徐德源 2006 汉乐浪郡属县令地考定质疑 『东北史地』2006-2

冯家会 2006 辽河流域举世无双的宏伟建筑－古长城 『辽河』 2006-4

厉声 2006 高句丽 陌生的王朝 『华夏人文地理』2006-3

管彦波 2006 唐朝与边疆民族政治联系的两种主要途径:册封与和亲 『黑龙江民族丛刊』2

任重 2006 北魏城市规划与建筑文化在朝鲜半岛的传播 『当代韩国』1

王从安 王俊辉 赵金付 2006 沸流王故地在桓仁 『东北史地』2006-2

于波 2006 汉文化对高句丽文化的影向 『东北史地』2006(2)

魏学辉 2006 浅析中原壁画对高句丽壁画之影响 『东疆学刊』2006-1

刘子敏 2006 史学观、方法论及其他－－以古朝鲜、汉四都及高句丽研究为中心 『高句丽史新研究』 延边大学出版社

杨军 2006 靺鞨诸部与渤海建国集团 『民族研究』2

李德山 2006 高句丽族人口去向考 『社会科学辑刊』1

习韦仁 史桂荣 2006 「20世纪韩国朝鲜日本对古代中朝关系史研究成果概述」 『东北史地』2006-1

李德山 2006 再论高句丽民族的起源 『东北史地』2006-3

赵红梅 2006 玄菟太守考略 『史学集刊』2

李德山 2006 白山靺鞨史论 『社会科学战线』1

赵红梅 2006 沃沮族称探析 『黑龙江民族丛刊』2

张碧波 2006 朝鲜半岛古文化渊源的考察 『东北史地』2006-1

孙祥伟 2006 三国时期东吴、辽东与三韩关系探略 『陇东学院学报』(社会科学版)1

方铁 2006 古代治边观念的研究内容与主要特点 『中国边疆史地研究』1

张福有 孙仁杰 迟勇 2006 朱蒙所葬之龙山及太王陵铜铃峻字考 『东北史地』2006-1

张福有 迟勇 孙仁杰 2006 集安蒿子沟墓地调查与东川王陵考 『东北史地』2006-3

朴真奭 2006 关于拨奇与发岐几个问题的初步意见－以古朝鲜、汉四郡及高句丽研究为中心 『高句丽史新研究』 延边大学出版社

李国强　2006　高句丽历史与文化学术研讨会综述『高句丽史新研究』延边大学出版社
李大龙　2006　关于高句丽早期历史的几个问题　『高句丽史新研究』延边大学出版社
李大龙　2006　辉煌的高句丽文化　『寻根』2006-1
刘伟　2006　儒家思想在高句丽前期的传播原因及影响　『东北史地』2006(1)
吴焯　2006　从相邻国的政治关系看佛教在朝鲜半岛的初传　『中国史研究』2006-1
李大龙　2006　不同藩属体系的重组与王朝疆域的形成-以西汉时期为中心　『中国边疆史地研究』1
刘国友　2006　西安平考　『辽宁工程技术大学学报』2
王绵厚　2006　高句丽起源的国内外代表性观点解析-再论高句丽族源主体为辽东"二江"和"二河"上游"貊"部说　『社会科学辑刊』1
马一虹　2006　从唐墓志看入唐高句丽遗民归属意识的变化--以高句丽末代王孙高震一族及权势贵族为中心　『北方文物』1
武家昌　2006　冬寿墓壁画中的乐器及相关问题　『博物馆研究』1
李德山　2006　隋朝证讨高句丽的原因试析　『高句丽史新研究』延边大学出版社
张福有 孙仁杰 迟勇　2006　豆谷 豆谷离宫及琉璃明王陵　『东北史地』2006-2
王绵厚　2006　西汉时期的高句丽"五部"与"第二玄菟郡"-关于高句丽早期历史的若干问题『高句丽史新研究』延边大学出版社
拜根兴　2006　高句丽、百济遗民关联问题研究的现状与展望　『中国历史地理论丛』2
刘洪峰 张芳　2006　中国高句丽史精品课程建设述论　『通化师范学院学报』3
李淑英　2006　高句丽民族起源研究述要　『通化师范学院学报』3
李乐营　2006　高句丽宗教文化研究述评　『通化师范学院学报』3

제 2부 학자별 논문목록(가나다 순)

(가)

贾士金	1985	集安高句丽文物考古中的新课题	『博物馆研究』1985(2)
欧阳辅	1923	高丽好太王碑	『集古求真』卷3, 江西开智书局石印手稿本
干志耿	1997	东北考古述略	『社会科学战线』1
康 捷	1986	朝鲜德兴里壁画墓及其有关问题	『博物馆研究』1986(1)
康家兴	1956	浑江中流的考古调查	『考古通讯』1956-6
康家兴	1957	吉林市龙泽山高句丽山城和 “水牢”	『吉林省文物工作通讯』
康德文	1997	高句丽何以能同'南北朝'长期和平共处	『高句丽历史与文化研究』, 吉林文史出版社
姜孟山	1981	论高句丽国家的社会性质	『朝鲜史通讯』(3)
姜孟山	1983	试论高句丽族的源流及其早期国家	『朝鲜史研究』5
姜孟山	1989	高句丽五部	『朝鲜学国际学术会议文集』
姜孟山	1989	高句丽族起源的最初国家形态	『朝鲜学研究』2卷, 延边大学出版社
姜孟山	1990	高句丽的早期国家	『展望』1990-1
姜孟山	1997	高句丽族初期国家	『延边大学学报』增刊
姜孟山	1997	关于高句丽史的几个问题	『回顾与展望』, 辽宁民族出版社
姜孟山	1997	关于编辑『中国正史中的朝鲜史料』的思考	『延边大学学报』(社会科学版)3
姜孟山	1999	高句丽史的归属问题	『东疆学刊』4
姜守鹏	2001	再谈渤海国的族属问题	『社会科学战线』3
姜维公	1990	两唐书及『资治通鉴』关于安东都护府记载的不同	『古籍整理研究学刊』2
姜维公	1998	『高丽记』成书时间及作者考	『古籍整理研究学刊』2
姜维公	1999	『高丽记』的史料价值	『古籍整理研究学刊』2
姜维公	2002	“李绩奏报”的史料价值	『长春师范学院学报』3
姜维公	2003	关于处理历史时期中朝边界问题的几点建议	『长春师范学院学报』1

姜维公	2004	南朝与北朝对高句丽政策的比较研究	『中国边疆史地研究』4
姜维公 许立勋	2005	从〈三国史记 新罗本纪〉看金富轼对海东三国系年的安排	『东北史地』2005-6
姜维公 姜维东	2000	『高丽记』一则轶文的补订	『通化师范学院学报』2000(3)
姜维公 高福顺	1999	陈大德与 "奉使高丽记"	『全国首届高句丽学术研讨会论文集』
姜维东	1999	从夫余高句丽官制中的'加'看夫余玉文化与红山文化的关系	『全国首届高句丽学术研讨会论文集』
姜维东	2000	历史上的盖苏文政变	『黑土地的古代文明』, 远方出版社
姜维东	2000	隋唐时出使高句丽的两位使者	『博物馆研究』2000-1
姜维东	2001	高句丽的淫风析源	『博物馆研究』2001-1
姜维东	2002	唐朝东征高句丽时的粮运措施	『长春师范学院学报』4
姜维东	2004	高句丽文化渊源概论	『社会科学战线』6
姜维东	2004	中原王朝对高句丽的册封制度研究	『东北史地』2004(12)
姜维东	2004	唐代关于高句丽,新罗的著述考略	『博物馆研究』4
耿铁华	1984	汉魏高句丽故都-集安	吉林画报 1984(4)
耿铁华	1985	高句丽好太王碑及高句丽王朝与好太王	日本『市民之古代』第7集
耿铁华	1986	好太王碑新考	『好太王碑争论之解明』, 日本 新泉社
耿铁华	1986	集安禹山高句丽高墓	『中国考古年鉴』1986
耿铁华	1986	高句丽壁画中的社会经济	『北方文物』1986(3)
耿铁华	1986	高句丽起源和建国问题探索	『求是学刊』1
耿铁华	1986	高句丽渔猎经济初探	『博物馆研究』1986-3
耿铁华	1986	高句丽民俗概述	『求是学刊』5
耿铁华	1987	高句丽贵族冉牟墓及墓志考	『辽海文物学刊』2
耿铁华	1987	从高句丽壁画中的战争题材,看高句丽军队与战争	『北方文物』3
耿铁华	1987	集安的高句丽文物	『城市时报』1987.7.3.
耿铁华	1988	好太王碑火前无完整拓本	『考古与文物』1988(1)
耿铁华	1988	好太王碑发现时间新探	日本『市民之古代』第10集

耿铁华	1988	好太王碑火烧以前没有完全的拓本	日本『市民之古代』第10集
耿铁华	1988	对毌丘俭纪功碑的几点说明	『中国文物报』1988.7.22.
耿铁华	1988	毌丘俭纪功碑考略	『中国文物报』1988.4.29.
耿铁华	1988	集安县禹山高句丽墓葬	『中国考古学年鉴』1988.3.
耿铁华	1988	高句丽壁画中的宗教与祭祀	『辽海文物学刊』1988-2
耿铁华	1988	好太王碑的国烟看烟及其身份问题	『求是学刊』1988(4)
耿铁华	1989	高句丽文物古迹四题	『文物春秋』1989(4)
耿铁华	1989	集安高句丽农业考古概述	『农业考古』1
耿铁华	1990	好太王碑的保护与现状	『文博』1990(2)
耿铁华	1990	高句丽民族的长袖舞	『大古民俗研究』1990-1
耿铁华	1992	好太王碑 “"辛卯年” 句考释	『考古与文物』1992(4)
耿铁华	1993	集安高句丽历史与好太王碑	『高句丽研究文集』, 延边大学出版社
耿铁华	1993	集安高句丽古墓壁画及其保护	『高句丽研究文集』, 延边大学出版社
耿铁华	1993	集安五盔坟五号墓井壁画新解	『北方文物』1993(3)
耿铁华	1993	高句丽墓上建筑及其性质	『高句丽研究文集』, 延边大学出版社
耿铁华	1993	中国学者『高句丽研究』论文目录	『高句丽研究文集』, 延边大学出版社
耿铁华	1993	中国高句丽文化研究十年	『高句丽研究文集』, 延边大学出版社
耿铁华	1994	中国学者对好太王碑的研究	『高丽学研究 』1994(1)
耿铁华	1996	高句丽南北道的形成与拓展	『通化师院学报』1996(1)
耿铁华	1996	高句丽人的婚姻和家庭	『延边大学学报』(社会科学版)3
耿铁华	1997	高句丽冉牟墓研究	『高句丽历史与文化研究』, 吉林文史出版社
耿铁华	1998	秽貊、高句丽及其相关问题	『通化师范学院学报』2
耿铁华	1998	秽貊、高句丽及其相关问题(二)	『通化师范学院学报』3
耿铁华	1998	诗文古典籍证丸都	『长白山日报』1998.6.22.
耿铁华	1999	高句丽族源论稿(上)	『通化师范学院学报』1
耿铁华	1999	高句丽族源论稿(下)	『通化师范学院学报』3

耿铁华 1999 高句丽人的诗作是高句丽历史与文化的结晶—一谈“长白山诗词选”对高句丽历史与文化研究的贡献 『长白山日报』1999.2.1.

耿铁华 1999 今人对高句丽遗迹的吟咏是对高句丽古老文明的赞颂-三谈“长白山诗词选”对高句丽历史与文化研究的贡献『长白山日报』1999.2.15.

耿铁华 1999 历代有关高句丽诗作是对高句丽历史与文化的评说-二谈 “长白山诗词选”对高句丽历史与文化研究的贡献『长白山日报』1999.2.9.

耿铁华 2000 冉牟墓志与中原高句丽碑 韩国 中原高句丽碑研究 2000.12.30.

耿铁华 2000 高句丽壁画四神图及文化渊源 『黑土地的古代文明』, 远方出版社

耿铁华 秦升阳 2000 高句丽历史课程建设的特色与价值 『通化师范学院学报』4

耿铁华 2001 中原高句丽碑考释 『通化师范学院学报』1

耿铁华 2001 高句丽釉陶器的类型与分期 『考古与文物』3

耿铁华 2002 好太王碑拓本收藏著录及其年代 『社会科学战线』1

耿铁华 2003 高句丽文化研究与长白山区旅游资源开发 『通化师范学院学报』5

耿铁华 2003 晋封高句丽官印考略 『东北史地』2005-3

耿铁华 2004 高句丽省称句丽考 『高句丽渤海历史问题研究论文集』

耿铁华 2005 好太王碑一千五百九十年祭 『中国边疆史地研究』3

耿铁华 2005 高句丽泉氏墓地调查及其价值 『东北史地』2005(4)

耿铁华 2005 高句丽遗迹列人『世界文化遗产名录』与高句丽历史归属问题 『高句丽历史问题论文集』

耿铁华 2005 高句丽神话解析 『吉林师范大学学报』3

耿铁华 2005 王莽征高句丽兵伐胡史料与高句丽王系问题-兼评『朱蒙之死新探』 『北方文物』2

耿铁华 2005 方起东先生对高句丽考古研究的贡献 『东北史地』2005-5

耿铁华 2006 高句丽民族起源与民族融合 『社会科学辑刊』1

耿铁华 2006 我国高句丽古墓壁画的研究历程 『高句丽史新研究』 延边大学出版社

耿铁华 1998 集安市新出土的几件高句丽文物 『博物馆研究』1998(2)

耿铁华 孙仁杰 迟勇 1993 高句丽兵器研究 『高句丽研究文集』, 延边大学出版社

耿铁华 林至德 1987 集安高句丽陶器基础的研究 日本 『古代文化』39卷8号

耿铁华 杨春吉 1998 本世纪以来我国对高句丽问题的研究 『东北民族与疆域研究动态』1998-1
耿铁华 倪军民 杨春吉 2000 高句丽疆域调查与研究现状 『黑土地的古代文明』, 远方出版社
耿铁华 李淑英 1987 高句丽壁画中的贵族生活 『博物馆研究』1987-2
耿铁华 李淑英 1999 冉牟墓志集释 『全国首届高句丽学术研讨会论文集』
耿铁华 李乐莹 2000 通化师范学院高句丽研究所建所五周年 『东北民族与疆域研究动态』2000(1)
耿铁华·朴至德 1984 辑安高句丽陶器的初步研究 『文物』1984(1)
耿铁华译 1984 高句丽的好太王碑和好太王 『文物天地』1984-6
顾军 1996 朝鲜半岛"婿留妇家"婚与百越'入赘'习俗的比较研究 『民间文化旅游杂志』3
高路加 1998 渤海高氏与高姓宗族 『河北学刊』5
高明士 1983 访劳贞一院士谈高句丽好太王碑 台湾『韩国学报』1983(3)
高明士 1983 台湾所藏的高句丽好太王碑拓本 台湾『韩国学报』1983(3)
高明士 1984 《台湾所藏的高句丽好太王碑拓本》补述-兼述好太王碑研究近况 台湾『韩国学报』1984(4)
高明士 1985 高句丽好太王碑研究的近况与展望 日本『邪马台国』第26辑
高明士 1996 台湾的好太王碑拓本以及碑文的研究 韩国『高句丽研究』第4辑
高明士 1999 中央研究院历史语言研究所藏高句丽好太王碑乙本原石拓本的史学价值 台湾『古今论卫』第3
顾铭学 1981 魏志高句丽传考释(上) 『学术研究丛刊』1981(1)
顾铭学 1981 魏志高句丽传考释(下) 『学术研究丛刊』1981(2)
顾铭学 1980 译高句丽的墓葬 『朝鲜史通讯』1980(2)
顾铭学 1983 '三国史记'与'旧三国史'和'东明王篇' 『朝鲜史研究』1983(5)
顾铭学 1997 关于旧三国史与东明王篇 『高句丽渤海研究集成』卷一, 哈尔宾出版社
顾铭学 李云铎译 1984 高句丽的起源 『东北亚历史与考古』1984(4)
高福顺 1999 简论"高丽记"佚文在地理学上的贡献 『通化师院学报』1999(6)
高福顺 2000 "高丽记"所记高句丽官制体系的初步研究 『黑土地的古代文明』, 远方出版社
高福顺 2000 简论『高丽记』佚文在地名学上的贡献 『东疆学刊』1
高福顺 2001 试论汉魏时期高句丽政权的统辖区域-以『三国史记·高句丽本纪』记事为中心 『东疆学刊』4
高福顺 2002 筚路蓝缕,以启山林-『唐丽战争史』评述 『长春师范学院学报』4

高福顺 2004 高句丽官制中的"加" 『东北史地』2004(8)

高福顺 2004 『高丽记』所记平壤城考 『长春师范学院学报』2004(8)

高福顺 李乐莹 2000 『东北地方史研究』的新收获-"『黑土地的古代文明』" 评介 『东北民族与疆域研究动态』2000(1)

贾士金 1985 集安高句丽文物考古工作中的新课题 『博物馆研究』1985(2)

高远大 2000 维修中发现的两座高句丽积石石室壁画墓 『博物馆研究』2000(1)

高占一 杜 宇 1986 毋丘俭纪功碑发现始末 『博物馆研究』1986(3)

高之谦 1995 关于高句丽长寿王后裔的研究-以'高氏家谱'为中心 『高句丽研究』1

顾向明 2004 试论隋文帝时期对高句丽政策的演变 『山东师范大学学报』(人文社会科学版)4

顾兴斌 2000 晋与南北朝时期古韩国人对华"朝贡"和"归化"考辨 『江西社会科学』5

曲贵春 1986 古代秽貊研究 『史前研究』1986-3,4.

曲石 1986 试论濊貊与华夏、东夷族的关系 『北方文物』3

曲绍伯 1957 临摹辑安高句丽古墓壁画的经过 『吉林省文物工作通讯』

公孙燕 1962 论濊貊之'貊'非东胡人-兼考汉初濊貊之望 『考古』1962(1)

郭大顺 2001 世纪之交的辽宁考古 『考古』8

郭素美 1996 略谈中国东北与东北亚关系的历史渊源 『黑龙江社会科学』1

郭俊武 1985 纥升骨城初探 『辽宁本溪丹东地区考古学术讨论会文集』

郭志成 2004 集安八卦图考 『安阳大学学报』1

郭渊 2003 高句丽与中华文明 『北方民族』2003(1)

郭渊 2004 略论高句丽民族对中华文明的贡献 『通化师范学院学报』2004(3)

管彦波 2006 唐朝与边疆民族政治联系的两种主要途径:册封与和亲 『黑龙江民族丛刊』2

官晓凤 2004 现存最大的高句丽山城－凤凰山山城 『兰台世界』2

宏伟 志红 张韬 1999 全国首届高句丽学术研讨会 『全国首届高句丽学术研讨会论文集』

乔梁 1999 高句丽陶器的编年与分期 『北方文物』1999(4)

宫玉海 2004 "高句丽"非族名考 『社会科学战线』2004(3)

靳颖 1998 辽东高句丽古城遗址旅游产业开发的探讨 『辽宁教育学院学报』3

祁庆富 1998 俗文学中薛仁贵、盖苏文故事的由来及流变 『社会科学战线』2

吉林博物馆(王承礼 李殿福 方起东) 1964 吉林辑安盔坟四号和五号墓清理略记 『考古』1964(2)
吉林省考古研究所、集安县博物馆 1984 集安高句丽考古的新收获 『文物』1
吉林省考古研究所、集安县博物馆 2005 洞沟古墓群禹山墓区JYM3319号墓发掘报告 『东北史地』2005-6
吉林省文物考古研究所 2001 吉林长白县干沟子墓地发掘简报 『考古』8
吉林省文物考古研究所 2001 吉林省文物考古的世纪回顾与展望『考古』8
吉林省文物考古研究所 集安市文物保管所(孙仁杰 迟勇 张雪岩) 1993 集安洞沟古墓群禹山墓区集锡公路墓葬发掘『高句丽研究文集』, 延边大学出版社
吉林省文物考古研究所 通化市文物管理委员会办公室 2001 吉林通化市万发拔拔子遗址二十一号墓的发掘 『考古』8
吉林省文物考古研究所 通化市文物管理办公室(王青 王志敏 张健宇) 1997 通化市王八脖子遗址及附近几处地点的调查与发掘『博物馆研究』1997(2)
吉林省文物考古研究所(方起东 刘景文) 1990 吉林省近十年考古工作的主要收获(1979-1989)『博物馆研究』1990(1)
吉林省文物考古研究所(方起东 刘景文) 1991 吉林省近十年的文物考古工作『文物考古工作十年』, 文物出版社
吉林省文物工作队 1983 吉林辑安长川二号封土墓发掘记要 『考古与文物』1983(1)
吉林省文物工作队 集安县文物保管所(张雪岩 柳岚) 1984 1976年集安洞沟古墓清理『考古』1984(1)
吉林省文物工作队 集安县文物保管所(陈相伟 方起东) 1982 辑安长川一号壁画墓『东北考古与历史』1982(1)
吉林省文物工作队(方起东) 1977 吉林集安的两座高句丽墓 『考古』1977(2)
吉林省文物工作队(徐翰煊 张志立 王洪峰) 1985 高句丽罗通山城调查简报『文物』2
吉林省文物工作队(李殿福) 1984 吉林辑安五盔坟四号墓 『考古学报』1984(1)
吉林省文物工作队, 集安县文物保管所 1983 集安长川二号封土墓发掘简报 『考古与文物』1983-1
吉林省文物管理委员会(刘法祥) 1960 吉林通化市江口村和东江村考古发掘简报 『考古』1960(7)
吉林省博文物安考古队(方起东) 1964 吉林辑安麻线沟一号高句丽壁画 『考古』1964(10)

吉林城博物馆 1964 吉林辑安五盔坟四号墓清理略记 『考古』1964-2

吉林省博物馆辑安考古队 辑安县文物保管所(方起东, 阵相伟) 1964吉林辑安高句丽南道和北道的关隘和城堡 『考古』1964(2)

金宽雄 1991 朝鲜神话与中国东部神话关联初探 『朝鲜历史研究论丛』2, 延边大学出版社

金锦子 1993 朱蒙传说初探 『民族文学研究』2

金其桢 1995 中国碑文化的世界影响 『中外文化交流』2

金宝忱 1994 东北少数民族狩猎舞 『黑龙江民族丛刊』2

金岳 1994 东北貊族源流研究 『辽海文物学刊』1994(2)

金延龄 2004 也谈高句丽民族的起源 『东北史地』2004(8)

金旭东 傅佳欣 2005 方起东先生与吉林考古 『东北史地』5

金旭东 安文荣 杨立新 2000 探寻高句丽早期遗存及起源 『中国文物报』2000.3.19.

金元石 2003 关于中国朝鲜族的含义 『中国边疆史地研究』4

金维诺 1997 墓室壁画在美术史上的重要地位 『美术研究』2

金毓黻 1932 高句丽好太王释文及按语 『辽东文献征略』

金在善 1996 靺鞨小考－以粟末靺鞨为中心 『中央民族大学学报』(哲学社会科学版)3

金在善 1998 高句丽职官考 『中央民族大学学报』(哲学社会科学版)5

金在善 2003 好太王碑文研究 宜宾学院学报2

金畴农 1959 关於高句丽古坟壁画上乐器的研究 『音乐研究』1959-3,4

金香 1988 关于"天孙"的理解 『北方文物』2

金宪鏞 1999 陕西新发现的高句丽人、新罗人遗迹 『考古与文物』6

金宪淑 2000 "百济略有辽西"记事初探 『延边大学学报』(社会科学版)3

金虎俊 1995 历史上的中国天算在朝鲜半岛的传播 『中国科技史料』4

(나)

罗継祖 1985 辽东公孙氏联吴拒魏及其和高句丽的关系 『东北地方史研究』第4 1985

罗継祖 丛文俊 1986 简谈好太王碑字体 『博物馆研究』1986(1)

罗福頣 1937 高句丽好太王碑释文 『满洲金石志』

那炎	1999	高句丽是辖属于中原王朝的少数民族地方政权	『东北民族与疆域研究动态』1999(2)
罗宗真	1994	马镫与炼丹术-纪念李约瑟博士援华50周年	『东南文化』4
罗振玉	1908	高丽好太王碑释文	『国粹学报』4:10
罗振玉	1908	好太王陵砖跋	『唐风楼金石文字跋尾』
罗振玉	1909	高丽好太王碑跋	『神州国光集』 卷9, 1909-3
罗振玉	1909	好太王陵碑	『俑庐日扎』
劳干	1943	跋高句丽大兄冉牟墓志兼论高句丽都城之位置	『中央研究院历史语言研究所集刊』11本
卢海鸣	2000	六朝政权与朝鲜半岛国家之间的交流	『金陵职业大学学报』2
凌瑞兰	1994	东北古代音乐传入中原的文化考察	『乐府新声-沈阳音乐学院学报』4

(다)

段成桂	1981	好太王碑述略	『书法』 1981(3)
谈国桓	1932	好太王碑手札	『辽东文献征略』
都永浩	2001	东北亚民族关系与『历史研究』中的几个重要问题	『黑龙江民族丛刊』4
都永浩	2003	对东北亚民族与历史问题研究的理论思考	『中国边疆史地研究』3
都兴智	1995	从始祖神话传说看东北古代民族与中原民族的联系	『辽宁师范大学学报』(社会科学版)5
都兴智	2000	再论从始祖神话传说看东北古代民族与中原民族的联系－兼答吕学雄先生	『辽宁师范大学学报』(社会科学版)3
都兴智	2001	略论东北古代族名与山水之名的关系	『社会科学战线』1
都兴智	2001	唐政权与朝鲜半岛的关系述论	『史学集刊』3
都兴智	2004	唐末辽东南部地区行政归属问题试探	『辽宁师范大学学报』(社会科学版)1
都兴智	2005	濊貊浅论	『博物馆研究』2
顿嵩元	2002	肃慎考	『黄河科技大学学报』1
董高	1995	公元3至6世纪慕容鲜卑、高句丽、朝鲜、日本马具之比较研究	『文物』10
佟达	1991	辽宁新宾县转水湖山城	『北方文物』1
佟达	1993	关于高句丽南北交通道	『博物馆研究』1993(3)

佟达	1994	新宾五龙高句丽山城	『辽海文物学刊』1994(2)
董万仑	1986	白山靺鞨五考	『北方文物』2
董万仑	1989	后汉书东沃沮传考证	『世界历史』3
董万仑	1999	古代东方秽与貊研究的再反思	『北方文物』4
董万仑	2001	朝鲜半岛境内"靺鞨"人再研究	『世界历史』4
董峰	1993	国内城中新发现的遗迹和遗物	『高句丽研究文集』, 延边大学出版社
董峰	1995	东北地区高句丽山城的分类及年代	『博物馆研究』1995(3)
董峰	2001	集安高句丽古坟壁画墓中的四神图	『博物馆研究』2001-1
童斌	1986	日本出土反映古代中、朝、日文化交流的超一流马具	『国外社会科学』4
董长富 文 琳	1984	辑安高句丽古墓壁画	『文物天地』1984(6)
董长富 张中国	1992	集安高句丽壁画临摹的几点体会	『吉林省博物馆学会成立十周年纪念文集』
董长富 张中国	1993	集安高句丽壁画临摹述略	『高句丽研究文集』, 延边大学出版社
佟柱臣	1986	东北民族史与东北考古学中的几介问题	『东北地方史研究』1986(2)
东办	2005	"高句丽文化的历史价值" 中韩学术讨论会综述	『中国边疆史地研究』2005(1)
董学增	1986	吉林市龙泽山高句丽山城及其附近卫城调查报告	『北方文物』1986(4)
邓常云	1987	燕州城初探	『地名巫刊』1987(4)
滕红岩	1997	高句丽与倭的关系	『高句丽历史与文化研究』, 吉林文史出版社
滕红岩	1999	'中国文物考古辞典'中高句丽遗迹辞条的误释	『全国首届高句丽学术研讨会论文集』
滕红岩	2004	中原王朝对高句丽政权册封新探	『通化师范学院学报』2004(3)

(마)

马 彦	1999	德兴里壁画墓研究述评	『全国首届高句丽学术研讨会论文集』
马 洪	1995	从高句丽的方铜印像书印的出现年代	『博物馆研究』1995(1)
马 洪	1997	冉牟墓墨铭书法艺术	『博物馆研究』1997(1)
马大正	1999	深入研究 规范宣传 加强管理-关于高句丽问题研究和宣传工作的建议	『东北民族与疆域研究动态』1999(1)

马大正	2000	中国学者高句骊『历史研究』的百年历程	『中国边疆史地研究』1
马大正	2004	中国疆域的形成与发展	『中国边疆史地研究』3
马大正	2004	再论高句丽历史研究中的相关问题	『高句丽渤海历史问题研究论文集』
马大正	2005	东北边疆『历史研究』的回顾与思考	『北华大学学报』(社会科学版)1
马德谦	1996	"发"人刍议	『北方文物』2
马莎	2004	让历史告诉未来－高句丽王城、王陵及贵族墓葬申遗成功随想	『前进论坛』9
马彦	1983	乙支文德家世考证述评	『朝鲜研究文集』1983(2)
马一虹	2002	唐封大祚荣"渤海郡王"号考－兼及唐朝对渤海与高句丽关系的认识	『北方文物』2002(2)
马一虹	2003	靺鞨与东突厥关系考述	『史林』6
马一虹	2004	靺鞨部族分布地域考述	『中国文化研究』2
马一虹	2004	中国与周边国家关系史学术讨论会综述	『中国史研究动态』2
马一虹	2006	从唐墓志看入唐高句丽遗民归属意识的变化－以高句丽末代王孙高震一族及权势贵族为中心	『北方文物』1
马俊	1986	五女山山城	『辽宁大学学报』1986(1)
满承志	1987	通化县小都岭出土大批石范	『博物馆研究』1987(3)
望 月	1985	中日"好太王碑长春讨论会"召开	『世界史研究动态』1985(10)
孟庆义 王臻	1999	『高句丽研究』的新突破 - 一读 "高句丽历史研究"	『全国首届高句丽学术研讨会论文集』
孟古托力	1993	隋王朝对边疆辽海的经略	『中国边疆史地研究』1993(1)
孟古托力	2001	高句丽王国儒家文化述论	『黑龙江民族丛刊』2
孟祥忠 番国庆 郑淑云		1993　西丰城子山山城考	『沈阳文物』1993(2)
明学·中澍	1986	一分更为可信的高句丽史料-关於 '翰苑审夷部' 注人 '高丽记' 佚文	『学术研究丛刊』1986-5
苗威	2000	试论隋与高句丽战争	『延边大学学报』(社会科学版)3
苗威	2003	隋朝经略高句丽	『北方民族』2003(2)
苗威	2004	从金富轼的高句丽观看高句丽政权的性质及其历史归属	『中国边疆史地研究』4
苗威	2004	从隋唐君臣的高句丽观看高句丽政权的性质	『北方民族』2004(2)
苗威	2005	朝鲜县的初址及变迁考	『北方文物』4

武家昌 1990 试探明代万里长城东部起点－兼考江沿台堡 『北方文物』1
武家昌 1992 桓仁县米沟仓高句丽壁画大墓 『中国考古学年鉴』
武家昌 1993 辽宁桓仁高句丽壁画墓 『中国文物报』1993.6.9.
武家昌 1994 桓仁米仓沟将军墓壁画初探 『辽海文物学刊』1994(2)
武家昌 1997 抚顺山龙石棚与积石墓 『辽海文物学刊』
武家昌 1997 米仓沟将军墓壁画及诸壁画墓被葬者的问题研究 韩国『高句丽研究』1997.7.21.
武家昌 2002 关于集安高句丽王陵的看法 『博物馆研究』4
武家昌 2005 集安两座高句丽墓上的石碑为"通天柱"说 『北方文物』3
武家昌 2005 本溪小市墓及相关问题 『博物馆研究』2
武家昌 2006 冬寿墓壁画中的乐器及相关问题 『博物馆研究』1
武家昌 魏运亨 1992 桓仁发现高句丽壁画大墓 『中国文物报』1992.3.8.
武建军 1993 朝鲜的传统音乐和舞蹈 『中国音乐』3
抚顺市文化局文物工作队 1964 辽宁抚顺市高尔山古城址调查管报 『考古』1964-12
抚顺市博物馆 (佟达) 1992 辽宁新宾县高句丽太子城 『考古』1992(4)
抚顺市博物馆 新宾县文化局(佟达 张正岩) 1985 辽宁省新宾县黑沟高句丽早期山城 『文物』1985(2)
抚顺市博物馆(佟达) 1991 辽宁新宾县转水湖山城 『北方文物』1991(1)
武玉环 2004 渤海与高句丽族属及归属问题探析 『史学集刊』2
武玉环 2005 渤海与高句丽族属、族俗的比较研究 『社会科学辑刊』5
文物参考资料 编辑部 1957 辽宁集安通沟高句丽时代墓的壁画 『文物参考资料』1957(1)
文一 1979 南朝鲜史学界对'高句丽拓境碑'的研究进展情况 『朝鲜史动态』1979년 5기
文章 2003 我院耿铁华教授专著『中国高句丽史』出版发行 『通化师范学院学报』3
文章 2004 耿铁华教授新著『好太王碑一千五百八十年祭』出版 『通化师范学院学报』3

(바)

朴龙渊 1994 东北地区高句丽长城 『高句丽遗物研究』, 东北朝鲜民族教育出版社
朴文一 2005 关於在历史上"中"与"外"的划分问题之初见 『高句丽历史问题论文集』

朴容绪	1981	德兴里壁画墓考	『朝鲜史通讯』1981(3)
박용연	1990	연변 옛 장성에 관하여	『조선학연구』1990-1
朴润陆 高占一	1997	罗通山城考	『高句丽渤海研究集成』 卷一, 哈尔滨出版社
朴润武	1990	长白县干沟子墓地调查	『博物馆研究』1990-1
朴润武	1992	高句丽渤海都城比较研究	『第四次朝鲜学国际学术讨论会论文概要』 1992-8
朴润武	1994	鸭绿江流域干沟子高句丽积石墓的调查研究	『高句丽遗物研究』1994(1)
朴润武	1994	高句丽都城与渤海都城的比较	『高丽学研究』1994(1)
朴钟培	2002	中国文化在韩国的传播与发展	『郧阳师范高等专科学校学报』1
朴真奭	1981	试论广开土碑文的 "辛卯年记事"	『朝鲜史通讯』1981(3)
朴真奭	1985	高句丽栅遗址考	『朝鲜问题研究丛书』1985(3)
朴真奭	1987	城山子山城和土城村土城及其筑城年代	『延边大学学报』1987(4)
朴真奭	1989	关于高句丽存在山上王与否的问题－与杨通方同志商榷	『世界历史』2
朴真奭	1989	好太王碑中的朱蒙王及其出身	『朝鲜学研究』1989(2)
朴真奭	1989	好太王碑中的任那日本府的存在与否问题	朝鲜 『历史科学』1989(1(2)
朴真奭	1990	关于好太王碑的永乐年号	『渤海史研究』1990(1)
朴真奭	1991	关于四五世纪东亚东部"国家关系的结构分析"之再分析	『延边大学学报』(社会科学版)1
朴真奭	1992	关于好太王碑文的东夫余	『朝鲜学国际学术讨论会文集』
朴真奭	1994	好太王陵考	『高句丽学研究』1994(3)
朴真奭	1994	好太王碑别体字考高句丽文化	『国际学术会论文集』, 海外韩民族研究所编
朴真奭	1994	中国对好太王碑的研究动态与争点-以申卯年纪事为中心 韩国 京畿大学校博物馆	『广开土王碑研究的再照明』
朴真奭	1994	「关于好太王碑文别体字的考证」 韩国 海外韩民族研究所	『高句丽文化国际学术会议论文集』
朴真奭	1994	高句丽栅城遗址再考	韩国 『韩国民族史国际学术讨论会论文集』1994(11)
朴真奭	1996	辛卯年纪事再论	韩国 『高句丽研究』 第4辑
朴真奭	1998	关于好太王碑文永乐五年条 "碑丽" 的考证	『延边大学朝鲜问题研究所 建所20周年论文集』
朴真奭	1998	关于好太王碑中守墓人烟户的身份	『朝鲜学,韩国学论丛』(6), 延边大学出版社

朴真奭	1999	北京大学图书馆藏好太王碑拓本采拓年代考证	『史学论丛』
朴真奭	2004	试论四~五世纪东北亚世界的朝贡册封体系	『高句丽渤海历史问题研究论文集』
朴真奭	2005	试论中外古书关於高句丽历史地位的记载	『高句丽历史问题论文集』
朴真奭	2006	关于拨奇与发岐几个问题的初步意见－以古朝鲜、汉四郡及高句丽研究为中心	『高句丽史新研究』 延边大学出版社
朴灿奎	1997	小水貊与梁貊关系考	『先史和古代』
朴灿奎	1998	关于王莽朝高句丽记事的诸史料辨析	朝鲜学韩国学论丛6, 延边大学出版社
朴灿奎	1999	论高句丽'下户'的性质	『史学论丛』1999(8)
朴灿奎	2000	高句丽太祖王宫考	『东疆学刊』2000(4)
朴灿奎	2000	小水貊与梁貊关系考-小水貊的地理位置和活动的时限考	『北方民族』2000(3)
朴灿奎	2000	王莽朝高句丽记事的诸史料辨析－王莽朝高句丽记事与高句丽侯驺考(上)	『延边大学学报』(社会科学版)3
朴灿奎	2000	高句丽侯驺考－王莽朝高句丽记事与高句丽侯驺考(下)	『延边大学学报』(社会科学版)4
朴灿奎	2001	高句丽之新大王和故国川王考	『东疆学刊』1
朴灿奎	2001	再析『三国志·高句丽传』中的王莽朝高句丽记事－答刘子敏先生	『北方民族』2001(3)
朴灿奎	2003	高句丽之"下户"性质考	『东疆学刊』2003(3)
朴灿奎	2004	浅谈高句丽历史归属研究的几个问题	『高句丽渤海历史问题研究论文集』
潘鼐	1996	中国与朝鲜古代星座同异溯源	『自然科学史研究』1
方 卯	1985	我研究好太王碑主要学术成果简介	『吉林文物』1985.5.15.
方格	1988	吉林省六处全国重点文物保护单位	『博物馆研究』1988(3)
方起东	1962	吉林辑安高句丽霸王朝山城	『考古』1962(11)
方起东	1982	集安东台子高句丽建筑遗址的性质和年代	『东北考古与历史』1982(1)
方起东	1985	我省文物考古工作者应邀赴日参加好太王碑学术讨论会	『吉林文物』1985.5.15.
方起东	1985	高句丽古墓的演进	『博物馆研究』1985(2)
方起东	1985	高句丽古墓的时代变化	『好太王碑-四,五世纪的东亚与日本』, 日本 东方书店
方起东	1986	千秋墓, 太王陵和将军坟墓主人的推定	『博物馆研究』1986(2)
方起东	1986	唐高句丽乐舞扎记	『博物馆研究』1987(1)

方起东	1987	高句丽故乡的宝藏	『城市时报』1987.10.14.
方起东	1987	失落千年的古都	『吉林日报』1987.5.13.
方起东	1987	城垣的意外发现	『吉林日报』1987.5.27.
方起东	1980	集安高句丽墓壁画中的舞乐	『文物』1980-7
方起东	1987	高句丽人的生死观	『吉林日报』1987.6.11.
方起东	1993	高句丽的墓制和葬俗	『东北亚历史与考古信息』1993(1,2)
方起东	1995	好太王碑释文一得	『博物馆研究』1995(1)
方起东	1996	高句丽墓葬研究中的几个问题	『辽海文物学刊』2
方起东 刘振华	1979	统一多民族国家的历史见证-吉林省文物考古工作三十年的主要收获	『文物考古工作三十年』, 文物出版社
方起东 林至德	1983	集安洞沟两座树立石碑的高句丽古墓	『考古与文物』1983(2)
方起东刘萱堂	2002	集安下解放第31号高句丽壁画墓	『北方文物』2002(3)
方正铁	1994	高句丽"广开土王"开元年的考证	『图书馆学研究』6
庞志国	1980	吉林省古城浅说	『吉林师范大学学报』(人文社会科学版)4
庞志国	1984	吉林省考古事业回顾	『城市时报』1984.9.23.
方铁	2006	古代治边观念的研究内容与主要特点	『中国边疆史地研究』1
方学凤	1989	东女真与高句丽之间发展贸易的原因及其性质	『朝鲜学国际学术会议文集』1989
方学凤	1997	中国古代都城制对朝鲜, 日本古代都城制的影响	『延边大学学报』(社会科学版)1
拜根兴	2005	也论苏君墓当为苏定方墓	『考古与文物』5
拜根兴	2006	高句丽、百济遗民关联问题研究的现状与展望	『中国历史地理论丛』2
白云翔	2000	东北汉对中国与朝鲜半岛关系的考古学观察	『北方文物』2000-4
柏忱	1984	火炕小考	『北方文物』1
樊远生	1987	高句丽民族的探讨	『博物馆研究』1987(3)
范犁	1999	好太王碑文烟户,奴客诸词补释	『全国首届高句丽学术研讨会论文集』
范犁 杨春吉	1997	立在墓旁的石刻人像	『新文化报』1997.9.25.
范犁 杨春吉	1998	王志修《高句丽永乐太王古碑歌》主释与说明	『通化师院学报』1998(2)
范犁 杨春吉	1998	王国维与毋丘俭浅碑	『新文化报』1998.4.30.

范犁 杨春吉	1997	初氏父子与好太王碑	『新文化报』1997.1.27.
范犁	1986	我国历史上的高句丽	『中国青年报』1986.9.26.
范犁	1986	文物丰富的集安	『中国青年报』 1986.8.24.
范犁	1993	'高句丽族属探源'驳议	『高句丽研究文集』, 延边大学出版社
范犁	1993	毋丘俭征高句丽的几个问题	『高句丽研究文集』, 延边大学出版社
范犁	1996	高句丽人的婚姻和家庭	『通化师范学院学报』1
范犁	1997	高句丽古墓的几个问题	『高句丽历史与文化』
范梨	1997	高句丽先人经过铜器时代	『博物馆研究』1997(2)
范犁	1998	全国首届高句丽学术研讨会概述	『通化师范学院学报』3
范恩实	2003	"靺鞨"族称新考	『北方文物』3
范恩实	2003	靺鞨与高句丽关系史研究	『鞍山师范学院学报』1
傅朗云	1991	东北考古民族学引言	『北方文物』2
傅朗云	1992	中国东北与古代东北夷	『中国边疆史地研究』2
傅朗云	1993	牛河梁"女神庙"族属考	『北方文物』1
傅朗云	1995	东北夷初探	『克山师专学报』1
傅朗云	1995	东北发族源流及其活动地区索证	『中国边疆史地研究』2
傅朗云	1995	朝鲜民族族源神话研究	『黑龙江民族丛刊』2
傅朗云	1996	『好太王碑』所载相关问题的思考	『社会科学战线』4
傅朗云	1999	渤海"土人"新释	『黑龙江社会科学』3
傅朗云	2000	尤卡吉尔人族源考析—东北亚『民族研究』新议	『黑龙江民族丛刊』2
傅朗云	2001	东北亚历史民族－高夷·高丽·高句丽	『东北亚论坛』1
傅朗云	2002	关于高句丽与朝鲜立国关系及其它	『博物馆研究』2
付云龙	1910	高丽好太王碑跋	『长白汇徵录』 卷8
富品莹 吴洪宽	1994	海城英城子高句丽山城调查简报	『辽海文物学刊』1994(2)
卑琳	2004	高句丽城址出土陶器研究	『东北史地』2004(12)
费驰	2005	对中韩学者关于高句丽遗民问题的比较研究－兼与韩国学者金玄淑商榷"高句丽遗民的自我意识"问题	『长春师范学院学报』1

(사)

谢景泉	1999	医巫闾山名称考释	『锦州师范学院学报』(哲学社会科学版)2
史未央	2005	高句丽与百济新罗的争霸	『东北史地』2005-3
史义银	1995	六朝时期及之前的韩国与中韩关系	『盐城师范学院学报』(哲学社会科学版)3
史长乐	2006	曾巩对高丽世次十问	『东北史地』2006-3
常宗豪	1973	高句丽广开土好太王碑跋	『联合书院学报』11
索介然	1985	中日学者长春"好太王碑讨论会" 介绍	『中国史研究动态』1985(10)
徐 晔	1997	谈浅古代高句丽民族服饰	『高句丽渤海研究集成』 卷二 1997.11.
徐家国	1984	汉玄菟郡二迁址考略	『社会科学辑刊』1984(3)
徐家国 孙力	1987	辽宁抚顺高尔山城发掘简报	『辽海文物学刊』1987(2)
徐健顺	2005	论『三国史记』对原典的改造与儒家思想观念	『东疆学刊』1
徐建新	1993	高句丽好太王碑研究史概述	『世界史研究动态』1993(10)
徐建新	1994	北京收藏的好太王碑原石拓本及其意义	日本『明治大学国际交流基金会 外国学者讲演录』1994(2号)
徐建新	1994	北京现存好太王碑原石拓本的调查与研究-以王少箴藏本和北京图书馆藏本为中心	『韩国研究』1994(1)
徐建新	1995	好太王碑碑字的考察	『"走向国际化的日本"国际学术研讨会论文集』, 天津人民出版社
徐建新	1995	关於北京发现的六种好太王碑原石拓本	『当代韩国』1
徐建新	1995	关于北京大学图书馆所藏好太王碑原石拓本	『世界历史』1995(2)
徐建新	1995	关于北京所藏好太王碑原石拓本	日本 『历史读本』 1995年春季号(3月)
徐建新	1995	关于北京发现的六种好太王碑原石拓本	『当代韩国』1
徐建新	1999	好太王碑争论与原石拓本	『全国首届高句丽学术研讨会论文集』
徐建新	2005	高句丽好太王碑早期墨本的新发现－对1884年潘祖荫藏本的初步调查	『中国史研究』1
徐光辉	1992	中原高句丽碑	『东北亚历史与文物』, 辽渖书社
徐光辉	1993	高句丽积石墓研究	『青果集』, 知识出版社
徐贵通	1996	中原王朝对高句丽诸王的册封	『通化师范学院学报』1
徐贵通	1997	高句丽寺庙述略	『高句丽历史与文化研究』
徐德源	1980	试论高句丽国家的社会性质	『朝鲜史通讯』(2)

徐德源	1982	高句丽社会性质问题的综合述评	『辽宁大学学报』1982(6)
徐德源	1997	高句丽好太王碑建立之原委与性质重探	『高句丽渤海研究集成』 卷三, 哈尔滨出版社
徐德源	1999	关于朝鲜半岛早期史研究经受误导的反思	『全国首届高句丽学术研讨会论文集』
徐德源	2000	先秦到隋唐时期辽东地方归属问题考论	『黑土地的古代文明』, 远方出版社
徐德源	2001	高句丽历史与疆域归属问题补议	『社会科学战线』5
徐德源	2002	高句丽"长寿王"不是中国人吗?	『北方民族』2002(4)
徐德源	2004	集安博物馆藏高句丽印及印文考释	『博物馆研究』3
徐德源	2005	汉字标记高句丽语语间地名字词汉译选释	『东北史地』2005-5
徐德源	2005	高句丽族语言微识彔	『中国边疆史地研究』1
徐德源	2006	汉乐浪郡属县令地考定质疑	『东北史地』2006-2
徐秉琨	1995	中国古代对马的使用	『辽海文物学刊』1
徐树钧	1910	高句丽好太王碑释文	『宝鸭斋题跋(宏文化石印手稿本)』
徐日范	1999	北韩境内高句丽城的分布和研究现状	韩国 『高句丽山城研究』1999.12.31.
西川宏	2002	中国高句丽考古学的成果与课题	『历史与考古信息』·东北亚2002(2)
徐翰煊, 张志立, 王洪峰	1982	高句丽罗通山城调查	『文物考古汇编』1982-1
薛瑞泽	2005	南北朝时期与朝鲜半岛诸国的交往	『吉林师范大学学报』(人文社会科学版)5
薛作标	1985	以辽宁古今县名为例探索地名命名的某些规律	『中国历史地理论丛』1
盛昱	1989	好太王碑释文	
苏长青	1985	高句丽早期平原城-下古城子	『辽宁本溪丹东地区考古学术讨论会文集』
苏长青	1987	下古城子-高句丽平原城	『桓仁文化史料科』1987-2
苏长青 陈德辉	1988	桓仁地区的早期高句丽	『方志天地』1988(6)
苏长春	2005	一部独特的专志－『五女山志』	『中国地方志 』2005-10
苏才	1957	集安高句丽遗迹调查简记	『吉林省文物工作通讯』
苏才	1961	吉林辑安高句丽建筑遗址的清理	『考古』1961(1)
粟谷	1983	关于高句丽的山城	『博物馆研究』 1983(1)
孙启林	1998	二战后朝鲜史学界『高句丽研究』概况	『东北民族与疆域研究动态』1998(1)

孙启林	1999	二战后朝鲜半岛南北方史学界对高句丽研究综述	『全国首届高句丽学术研讨会论文集』
孙启林	1999	韩国徐炳国著"高句丽帝国史"简介	『全国首届高句丽学术研讨会论文集』
孙金花	1997	大朱留王史事考	『高句丽历史与文化研究』, 吉林文史出版社
孙金花	2000	长寿王迁都及其陵墓考论	『通化师院学报』2000(6)
孙德连	1990	卑沙城	『金州博物馆馆刊』1990(1)
孙丽萍 王萍	2002	黑龙江省博物馆馆藏『好太王碑』碑拓赏析	『北方文物』2002(2)
孙文范	1999	高句丽迁都平壤刍议	『东北民族与疆域研究动态』1999(2)
孙祥伟	2006	三国时期东吴、辽东与三韩关系探略	『陇东学院学报』(社会科学版)1
巽善信	1997	东亚的马胄	『辽海文物学刊』1
孙力	1986	抚顺市高尔山城	『中国考古学年鉴』, 文物出版社
孙力	1997	辽宁的高句丽山城及其墓意义	『高句丽渤海研究集成』 卷三, 哈尔滨出版社
孙玉良	1984	高句丽社会性质浅析	『博物馆研究』1984(1)
孙玉良	1985	公元五世纪前後高句丽的发展	『北方文物』1985(3)
孙玉良	1986	高句丽名将泉盖苏文-附男生	『东北历史名人传』古代卷 上, 吉林文史出版社
孙玉良	1986	高句丽始祖朱蒙	『东北历史名人传』 古代卷 上, 吉林文史出版社
孙玉良	1986	高句丽太祖高宫	『东北历史名人传』 古代卷 上, 吉林文史出版社
孙玉良	2001	溯本追源 以成证论－评『古代中国高句丽历史丛论』	『社会科学战线』2001(6)
孙玉良	2003	唐征高句丽的动机与效果	『中国东北边疆研究』
孙玉良 李展福	1990	高句丽东中原王朝的关系	『博物馆研究』1990-3
孙仁桀	1985	集安出土的金饰	『博物馆研究』1985(1)
孙仁杰	1985	集安出土的高句丽金饰	『博物馆研究』1985(1)
孙仁杰	1986	谈高句丽壁画墓中的莲花图案	『北方文物』4
孙仁桀	1988	'折天井'墓调查拾零	『博物馆研究』1988-3
孙仁杰	1993	高句丽串墓的考察与研究	『高句丽研究文集』, 延边大学出版社
孙仁杰	1993	谈高句丽积石墓保护管理	『高句丽研究文集』, 延边大学出版社
孙仁杰	1993	高句丽积石墓葬具研究	『高句丽研究文集』, 延边大学出版社

孙仁杰	1994	集安洞沟古墓群三座石墓葬清理	『博物馆研究』1994(2)
孙仁杰	1997	论高句丽石室墓的起源	『高句丽历史与文化研究』, 吉林文史出版社
孙仁杰	2002	高句丽石室墓起源的再探讨	『博物馆研究』4
孙仁杰	2004	洞沟高句丽墓地的分布与排列研究	『东北史地』2004(9)
孙仁杰	2005	从泉氏墓志墓地看高句丽回葬报	『东北史地』2005-4
孙仁杰 迟勇	1984	在杨方金子塔上-记集安将军坟及其它文物胜迹	『文物天地』1984(6)
孙仁杰	2003	好太王碑现状观测与保护的思考	『博物馆研究』3
孙进己	1981	我国北方民族的主源主流和多源多流问题	『求是学刊』4
孙进己	1982	渤海的族源	『学习与探索』3
孙进己 艾生武	1982	关于高句丽社会性质的几介问题	『朝鲜史通讯』1982(4)
孙进己	1982	我国古代北方各族葬俗试析	『东北师大学报』(哲学社会科学版)3
孙进己	1983	"东北民族源流与分布"学术讨论会在抚顺举行	『史学集刊』4
孙进己	1983	高句丽的社会性质	『朝鲜史通讯』4
孙进己	1984	东北民族源流与分布学术讨论会综述	『民族研究』1
孙进己	1984	东北民族关系史的分期	『民族研究动态』4
孙进己	1984	汉真番郡考	『黑龙江文物丛刊』3
孙进己	1985	历代东北民族的分布(上)	『东北地方史研究』2
孙进己	1985	积极开展濊貊史的研究	『松辽文物』1
孙进己	1985	东北民族史研究的回顾与展望	『东北地方史研究』1
孙进己	1986	历古代东北民族的分布(下)	『东北地方史研究』1
孙进己	1986	秽貊源流考	『松辽文物』1986(2)
孙进己 张志立	1986	秽貊文化的探索『辽海文物学刊』1986年1期; 1992『东北亚历史与考古』	
孙进己	1986	东北史资料信息工作的回顾与展望	『图书馆研究』2
孙进己	1987	东北诸民族的形成发展过程	『东北地方史研究』4
孙进己	1988	秽貊史研究中的几个问题	『东北史研究导报』1
孙进己	1989	东北民族分布研究中的一些理论问题	『东北地方史研究』2

孙进己　1991　韩民族的形成过程『国际朝鲜史学术会议发言稿』; 1995『东北亚民族史论研究』中州古籍出版社

孙进己　1992　人类学在东北民族史的应用　『人类学应用论集』学林出版社

孙进己　1992　新罗统一朝鲜半岛南部在朝鲜民族形成中的作用　『威海中国朝鲜史学术会议发言』

孙进己　1993　高句丽的归属『集安高句丽国际学术会议』;1995『东北亚民族史论研究』中州古籍出版社

孙进己　1993　古朝鲜的归属及疆界『长春中朝边界史学术会议发言』;1995『东北亚民族史论研究』中州古籍出版社

孙进己 孙泓　1993　七至十三世纪的中朝边界『长春中朝边界史学术会议交流』; 1995『东北亚民族史论研究』中州古籍出版社

孙进己　1994　渤海的归属　『东北亚民族史论研究』中州古籍出版社

孙进己　1994　渤海民族的形成发展过程　『北方文物』2

孙进己　1994　关于高句丽归属问题的几个争议焦点『东北民族史研究』;1997『高句丽,渤海研究集成』哈尔滨出版社

孙进己　1994　国家和民族的归属　『东北亚民族史论研究』;1997『高句丽,渤海研究集成』哈尔滨出版社

孙进己　1994　高句丽王国的管辖范围　『东北民族史研究』1;1997『高句丽,渤海研究集成』哈尔滨出版社

孙进己　1994　高句丽王国和中央皇朝的关系　『东北民族史研究』1;1997『高句丽,渤海研究集成』哈尔滨出版社

孙进己　1995　东北亚各族文明形成发展理论的研究　『东北亚文化研究』中州古籍出版社

孙进己　1996　高句丽史学术研讨会会议纪要　『高句丽史学术会议交流』

孙进己　1997　关于高句丽研究的国内外动态　『全国朝鲜汉文古籍整理研究会发言』1997.7.

孙进己　1997　高句丽族的起源　『高句丽 渤海研究集成』1 哈尔滨出版社

孙进己　1997　高句丽国家的建立和发展　『高句丽 渤海研究集成』1 哈尔滨出版社

孙进己　1997　高句丽民族分布的变迁　『高句丽 渤海研究集成』1 哈尔滨出版社

孙进己　1997　高句丽王国的民族分布　『高句丽 渤海研究集成』1 哈尔滨出版社

孙进己　1997　高句丽王国的都城　『高句丽 渤海研究集成』1 哈尔滨出版社

孙进己　1997　高句丽王国的地方建置　『高句丽 渤海研究集成』1 哈尔滨出版社

孙进己　1997　高句丽族和周边各族的关系　『高句丽 渤海研究集成』1 哈尔滨出版社

孙进己　1997　高句丽族的社会制度　『高句丽 渤海研究集成』1 哈尔滨出版社

孙进己　1997　高句丽的文化　『高句丽 渤海研究集成』哈尔滨出版社

孙进己　1997　高句丽的习俗　『高句丽 渤海研究集成』1 哈尔滨出版社

孙进己　1997　高句丽国改称高丽的时间　『高句丽 渤海研究集成』1 哈尔滨出版社

孙进己　1997　高句丽国家的灭亡　『高句丽 渤海研究集成』1 哈尔滨出版社

孙进己　1997　高句丽民族的流向　『高句丽 渤海研究集成』1 哈尔滨出版社

孙进己　1998　为维持中朝韩友好和半岛国势稳定历史上高句丽的归属仍以中朝共有为宜『当代中国边疆问题调研』

孙进己　1999　高句丽文化渊源考　『全国首届高句丽学术研讨会论文集』

孙进己　1999　关于东北民族史研究的一些问题　『民族研究』5

孙进己　2000　对东北民族史研究方法的一些体会　『黑土地的古代文明』, 远方出版社

孙进己　2000　沈阳石台子高句丽山城城名及建立时间考　『北方文物』1

孙进己　2001　中国统一多民族国家的形成与发展　『史学集刊』3

孙进己　2001　高句丽历史研究综述　『社会科学战线』2

孙进己　2001　当前研究高句丽归属的几个问题　『东疆学刊』3

孙进己　2001　东北民族史研究综述　『辽宁社科志』

孙进己　2001　国际法中关于确定土地民族政治归属的原则　『中国东北民族与疆域研究』百花文艺出版社

孙进己　2001　高句丽文物考古研究综述, 韩国『高句丽研究』第七界学术会议的学术报告;『高句丽遗迹发掘和遗物』学研文化社

孙进己　2002　少说多做, 加强高句丽史研究　『北方民族』1

孙进己　2002　高句丽的起源及前高句丽文化的研究　『社会科学战线』2002(2)

孙进己　2002　20世纪的东北民族史研究　『20世纪的辽宁史学』辽宁大学出版社

孙进己　2002　再论高句丽归属的研究　『通化高句丽史学术会议交流』

孙进己 孙泓　2002　高句丽的历史地理研究综述　『东北历史地理论丛』哈尔滨出版社

孙进己　2003　中国疆域形成发展理论研究　『中南民院学报』1

孙进己　2003　中华民族的形成与发展　『史学研究』1

孙进己　2003　关于高句丽渤海研究中的一些问题　『高句丽渤海历史问题研究论文集』延边大学出版社

孙进己　2003　「高句丽国内城定点与建城时间论辩－兼考尉那岩城、丸都城、平壤城与黄城诸城址『全国第三届高句丽学术研讨会』2003.10. 集安; 2004『东北史地研究』2

孙进己　2003　论民族融合的不同类型及中华民族融合的不同状况　『史学集刊』2003(1)

孙进己　2003　论历史归属研究中的理论标准　『东疆学刊』1

孙进己　2004　中国高句丽史研究开放繁荣的六年 『고구려의 역사와 문화유산』; 2004『辽宁文史』3
孙进己　2004　「中国民族 政权 疆域研究」　韩国国史编撰委员会; 2005『东北史地』1
孙进己　2004　高句丽和中朝（韩）的关系与归属『高句丽研究』18辑，学研文化社
孙进己 孙泓　2004　「东北亚各国对高句丽土地人民文化的继承」 韩国·高句丽研究财团『北方史论丛』1;『高句丽历史问题论文集』延边大学出版社
孙进己　2005　「国史范围的确定」高句丽历史与文化学术研讨会2005年8月，延吉; 2006『高句丽史新研究』延边大学出版社.
孙泓　1997　「辽金时期渤海后裔中高句丽遗民的流向」『全国辽史契丹史学术研讨会论文』阜新
孙泓　1999　高句丽族的形成发展及消亡 『全国首届高句丽学术研讨会论文集』
孙泓　1999　对高句丽归属问题的研究　『历史上政权, 民族归属理论研究』
孙泓　1999　历史上政权及民族归属理论研究论著目录 『历史上政权、民族归属理论研究』
孙泓　2002　高句丽、高氏高丽与王氏高丽的区别 『高句丽研究论集』国家九五社会科学基金项目
孙泓　2003　韩国召开〈高句丽研究现状和课题〉学术会议 『东北边疆历史与现状系列研究工程通讯』3
孙泓　2004　高句丽文化的主体　『东北史地』2004(12)
孙泓　2004　中国学者高句丽归属研究综述　『高句丽研究』18 学研文化社
孙泓　2004　「高句丽和东北亚各国各族的关系」韩国高句丽研究财团『北方史论丛』1; 2005『高句丽历史问题论文集』
孙泓　2004　百年来中朝关系史研究综述 『中外关系史百年回顾与展望学术会议』珠海
孙泓　2005　中国与东北亚各国关系的历史、现状与未来 『第六届 中外关系史学术研讨会』, 延吉
宋福娟　2003　高句丽与北方民族的融合　『通化师范学院学报』1
宋福娟 赵福香　2000　高句丽的水上交通　『通化师院学报』2000(6)
宋耀环　1997　塞外江南高句丽的古都－集安　现代交际2
宿 白　1952　朝鲜安岳所发现的冬寿墓　『文物参考资料』1952(1)
叔问　1900　郑氏高句丽永乐好太王碑释文纂考书後 高丽国永乐好太王碑释文纂考
习韦仁 史桂荣　2006　「20世纪韩国朝鲜日本对古代中朝关系史研究成果概述」『东北史地』2006-1
施蛰存　1989　魏丸都的纪功碑残石　『北山集古录』, 巴蜀书社
辛占山　1994　辽宁境内高句丽城地的考察　『辽海文物学刊』1994(2)

辛占山 李新全 梁志龙 王俊辉 2000 桓仁五女山城考古发掘获重要成果 『中国文物报』2000.1.19.
辛香兰 2002 民族艺术之花-朝鲜动画片『好童王子和乐浪公主』赏析 『吉林艺术学院学报』3
沈 西 1985 我派出代表团参加在日本奉行的好太王碑学术讨论会 『博物馆研究』1985(1)
沈克秋 1987 试论高句丽的社会性质 『中国朝鲜史研究论丛』1987(1)
沈阳市文物考古工作队 2001 辽宁沈阳市石台子高句丽山城第二次发掘简报 『考古』3

(아)

安清泰 1980 论高句丽, 百济, 新罗三国的社会性质 『学术研究丛刊』1980(2)
杨 燕 1998 北京大学图书馆藏《好太王碑》版本概况 『书法丛刊』1998(1)
杨 育 1997 谈高句丽壁画中的舞蹈 『高句丽历史与文化研究』, 吉林文史出版社
杨 泓 1958 高句丽壁画石墓 『文物参考资料』1958(4)
杨 泓 1984 高句丽墓葬的新发现 『新中国的考古发现和研究』
杨 泓 1984 中国古代马具的发展和对外影响 『文物』1984(9)
梁启政 2004 略述中外学者对好太王碑未记载好太王时期高句丽攻略辽东一事的研究 『东北史地』2004(6)
梁启超 1931 跋刘子植好太王碑考释 『北平图书馆馆刊』5 : 4, 1931年8月
兰群 李德镇 1989 太子河名称古今谈 『方志天地』1989(3)
杨军 1996 秽与貊 『烟台师范学院学报』(哲学社会科学版)4
杨军 2001 高句丽五部研究 『吉林大学社会科学学报』2001(4)
杨军 2001 高句丽中央官制研究 『黑龙江民族丛刊』2001(4)
杨军 2001 也谈高句丽柳花神话 『社会科学战线』2001(1)
杨军 2002 高句丽地方统治结构研究 『史学集刊』2002(1)
杨军 2002 高句丽族属溯源 『社会科学战线』2002(2)
杨军 2002 从"别种"看高句丽族源 『东疆学刊』2002(1)
杨军 2004 秽国考 『黑龙江民族丛刊』1
杨军 2004 朝鲜半岛与"辽东"内涵的关系 『辽宁师范大学学报』(社会科学版)2
杨军 2005 高句丽地方官制研究 『社会科学辑刊』6

杨军	2005	粟末靺鞨与渤海国	『中国边疆史地研究』2005-3
杨军	2006	靺鞨诸部与渤海建国集团	『民族研究』2
杨大钧	1998	关于"襄平"与"辽东"－曹雪芹祖籍辽阳考略之一红楼梦学刊1	
杨东晨	2001	论秦汉时期吉林地区的民族与文化	『松辽学刊』(人文社会科学版)1
杨茂盛	1988	『东北民族源流』一书评介	『北方文物』3
杨伯馨	1933	高丽墓碑	『湳故』
杨保隆	1985	勿吉地域西南部边至考	『北方文物』4
杨保隆	1987	各史『高句骊传』的几个问题辨析	『民族研究』1
杨保隆	1998	高句骊族族源与高句骊人流向	『民族研究』4
杨保隆	1999	论高句丽与王氏高句丽无前后相承关系	『社会科学战线』1999-1
杨宝镛	1918	好太王砖跋	『梦碧簃石言』
杨昭全	1998	中国朝鲜古代史研究概述	『韩国研究论丛』4, 1998-2
杨小平	1996	论渤海国的主体民族问题	『黑龙江教育学院学报』4
杨守敬	1909	高句丽广开土好太王碑跋	『高丽好太王碑』
杨秀祖	1996	隋炀帝征高句丽的几个问题	『通化师范学院学报』1
杨秀祖 侯雪峰	1997	试论高句丽与夫余的关系	『高句丽历史与文化研究』, 吉林文史出版社
杨頤	1887	好太王碑考订	
杨永芳 杨 光	1994	岫岩境内五座高句丽山城调查简报	『辽海文物学刊』1994(2)
梁玉多	2000	关于'小高丽国'的几个问题	『黑土地的古代文明』, 远方出版社
梁玉多	2002	高句丽遗民的渤海化进程	『哈尔滨学院学报』9
杨雨舒	2002	第二届东北边疆历史与现状暨高句丽学术研讨会综述	『社会科学战线』5
梁银景	2005	龙门宾阳南洞文昭皇后高氏与高句丽	『敦煌研究』6
梁利	1997	浅议汉文化在朝鲜的流播和影响	『解放军外国语学院学报』4
梁志龙	1992	桓仁地区高句丽城址概述	『博物馆研究』1992(1)
梁志龙	1993	梁貊略说	『辽海文物学刊』1993(1)
梁志龙	1994	哥勿考辨	『辽海文物学刊』1994(2)

梁志龙	1995	高句丽南北道新探	『社会科学战线』1995(1)
梁志龙	1996	高句丽史札五则	『博物馆研究』1996(3)
梁志龙	1996	高句丽名称考释	『辽海文物学刊』1
梁志龙	1997	朱蒙考源	『社会科学战线』5
梁志龙	1997	沸流杂考	『北方文物』4
梁志龙	1998	善射为朱蒙新解	『博物馆研究』1998(3)
梁志龙	1999	高句丽国王名号相似现象的分析	『北方文物』4
梁志龙	1999	高句丽史摭遗	『全国首届高句丽学术研讨会论文集』
梁志龙	2001	高句丽史地拾零	『博物馆研究』2001(2)
梁志龙	2001	高句丽隧神考	『北方文物』4
梁志龙	2003	高句丽史物小考	『博物馆研究』3
梁志龙	2004	高句丽儒释道三教杂论	『北方文物』2
梁志龙	2005	泉氏家族世系及其事略	『东北史地』2005-4
梁志龙	2005	怀念方起东先生	『东北史地』2005-5
梁志龙 王俊辉	1994	辽宁桓仁出土青铜遗物墓葬及相关问题	『博物馆研究』1994.2.
杨志红	1999	高句丽的建筑工艺	『通化师范学院学报』6
梁振晶	1994	高句丽千里长城考	『辽海文物学刊』1994(2)
杨春吉	1996	高句丽史中的几个问题	『通化师范学院学报』1
杨春吉	1999	集安高句丽壁画的现状与保护研究	『全国首届高句丽学术研讨会论文集』
杨春吉 泛犁	1996	好太王碑在集安	『新文化报』1996.12.30.
杨春吉 泛犁	1998	金毓黻丸都访古	『新文化报』1998.4.23.
杨春吉 耿铁华	2000	我国东北历史上的高句丽政权	『吉林日报』2000.6.30.
杨春吉 杜润泽	1997	金毓黻先生对高句丽史的研究	『高句丽历史与文化研究』, 吉林文史出版社
杨春吉 朴润泽	1997	千年古墓话维修	『新文化报』1997.10.2.
杨春吉 泛犁	1997	千秋风雨话丸都	『新文化报』1997.8.14.
杨春吉 孙金花	1997	国外高句丽历史与考古研究概况	『高句丽历史与文化研究』, 吉林文史出版社

杨春吉赵宏伟 1998 通化师范学院『高句丽研究』所近期成果 『东北民族与疆域研究动态』1998(1)

杨通方 1980 '隋书东夷高句丽列传'订误 『朝鲜史通讯』1980(2)

杨通方 1981 高句丽不存在山上王延优其人-论朝鲜『三国史记』有关高句丽君主世系问题 『世界历史』3

杨通方 1981 濊貊族概貌 『朝鲜史通讯』1981(3)

严翼相 1997 韩国古代汉字为中国上古音说 『语言研究』1

严长禄 1994 从板瓦纹饰看延边地区古城的时代性质 『高句丽遗物研究』, 东北朝鲜民族教育出版社

严长禄 杨再林 1988 延边地区高句丽-渤海时期纹铭板瓦初探 『博物馆研究』1988(2)

엄장록, 정영진 1989 연변지구 고구려고성 - 책성을 겸하여 논함 연변대학 제1차 조선학국제토론회 논문집

厉声 2005 关於"东北工程"与"高句丽历史研究"的几点见解 : 在"高句丽历史问题学术研讨会"上的讲话 『高句丽历史问题论文集』

厉声 2006 高句丽 陌生的王朝 『华夏人文地理』2006-3

厉声 · 李方 2004 隋唐征伐高句丽争议 『高句丽渤海历史问题研究论文集』

黎虎 1994 孙权对辽东的经略 『北京师范大学学报』(社会科学版)5

阎万章 1984 汉代安市县城与高句丽安市城非一地考 『地名学研究』1984(1)

闫海 1999 高句丽物质民俗初探 『辽宁师范大学学报』(社会科学版)4

阎海 2001 高句丽的"建安道"初探 『博物馆研究』

阎海 孙璇 2001 试论高句丽与殷商的文化渊源 『辽宁师范大学学报』2001(6)

闫海 林克宇 李玉颖 2001 高句丽 "建安道 初探" 『博物馆研究』2

晔 昊 1983 高句丽墓葬 『吉林文物』1983.4.10.

叶昌炽 1909 奉天一则 『语石』, 苏州振新书社

荣文库 1994 试评金毓黻的东北地方史研究 『辽宁大学学报』(哲学社会科学版)5

宁会学 2002 高句丽始祖朱蒙墓何在 『博物馆研究』2

宁会学 2004 桓仁米仓沟将军墓墓主考 『博物馆研究』3

荣禧 1903 高句丽永乐太王墓碑谰言 『古高句丽永乐太王墓碑文考』

荣禧 1903 高句丽永乐太王墓碑文 『古高句丽永乐太王墓碑文考』

倪军民 1996 两唐书『高丽传』比较研究 『通化师范学院学报』1

倪军民 耿铁华 杨春吉 2000 高句丽历史归属问题论稿 『通化师范学院学报』2000(1)
倪军民 秦升阳 1998 首回高句丽研讨会在通化市召开 『东北民族与疆域研究动态』1998(1)
倪军民 秦升阳 1999 高句丽的军事扩张与疆域 『全国首届高句丽学术研讨会论文集』
豫宛 1982 辽宁召开东北古代各族社会性质学术讨论会 『社会科学辑刊』5
倪屹 2002 第二玄菟郡探讨 『延边大学学报』(社会科学版)2
吴光国 1915 高句丽古碑文 『辑安县乡土志』
吴琦幸 1985 叶昌炽与好太王碑研究 『社会科学战线』1985(4)
吴安其 1997 高句丽古音考及朝鲜半岛古文化 世界民族1
吴越 1999 『东北『历史地理』研究』简介 『中国史研究动态』6
吴焯 2006 从相邻国的政治关系看佛教在朝鲜半岛的初传 『中国史研究』2006-1
吴长山 1989 西丰城子山山城 『辽宁大学学报』(哲学社会科学版)4
吴重熹 1900 高句丽永乐好太王碑文纂考後跋 『高丽国永乐好太王碑释文纂考』
温秀荣 2002 高句丽山城的排水系统 『博物馆研究』2
温秀荣 张波 1996 关于抚顺地区的高句丽山城 『博物馆研究』1996(1)
温玉成 2001 集安长川高句丽一号墓的佛教壁画 『敦煌研究』1
温玉成 2001 集安长川一号高句丽墓佛教壁画研究 『北方文物』2001(2)
温玉成 2004 高句丽"相之国" 『北方文物』2004(3)
王 侠 1993 集安高句丽封土石室墓与日本须曾虾夷古墓 『博物馆研究』1993(2)
王 侠 1994 高句丽抹角叠涩墓初论 『北方文物』1994(1)
王嘉信 2004 「『西周青铜器-利簋』,『高句丽古墓壁画-伏羲女娲图』普资封, 『上海集邮』1
王开文 1999 朝鲜半岛的武技史话 『成都体育学院学报』2
王建群 1982 好太王碑乙未年纪事考释 『博物馆研究』1982(1)
王建群 1983 好太王碑文译注(上) 『博物馆研究』1983(1)
王建群 1983 好太王碑文译注(下) 『博物馆研究』1983(3)
王建群 1983 好太王碑的发现和捶拓 『社会科学战线』1983(4)
王建群 1983 好太王碑六年丙申,八年戊戌条考释 『学习与探索』1983(4)

王建群 1985 和好太王碑研究有关的几个问题 『博物馆研究』1985(1)
王建群 1985 关于九州大学脏好太王碑拓本的拓制年代 『好太王碑-四,五世纪的东亚与日本』, 日本 东方书店
王建群 1985 好太王碑文中“倭”的实体 『博物馆研究』1985(3)
王建群 1986 申采浩对好太王碑的论述和他辑安纪闻 『博物馆研究』1986(3)
王建群 1987 高句丽族属探究 『学习与探索』1987(6)
王健群 1987 高句丽千里长城 『博物馆研究』1987(3)
王健群 1987 玄菟郡的徙迁与高句丽丽的发展 『社会科学战线』1987(2)
王健群 1988 对集安古墓的新认识 『好太王碑与集安壁画古墓』, 日本木耳社
王健群 1989 东北史识小录 『博物馆研究』1989(1)
王建群 1992 集安高句丽好太王碑 『中国文物报』1992.3.8.
王建群 1996 广开土王碑文中“倭”的实体 韩国『高句丽研究』第4辑
王宏刚 2001 古代北方民族妇女社会地位、作用的历史考察 『黑龙江民族丛刊』4
王国维 1940 魏 毌丘俭丸都山纪功石刻跋 『王国维遗书』
王国维 1989 丸都山纪功碑刻拔 『观堂集林』卷20
王纪 2004 高句丽壁画的远缘移植－我对高句丽风情剪纸的初探 『美术』10
王纪 2005 高句丽壁画绘制技艺解析与临摹技术法研究 『东北史地』2005-5
王纪 2005 高句丽风情剪纸对高句丽壁画的远缘移植 『通化师范学院学报』3
王金波 1981 丹东市靉河尖古城的初步探索 『辽宁省考古博物馆学会成立大会会刊』
王来柱 1994 宽甸县金坑高岭水库淹没区青铜时代和汉代遗址考古调查 『博物馆研究』1994(3)
王丽丽 2004 吉林省历史文化遗存类科普旅游资源的开发 『资源开发与市场』2
王丽萍 2001 浅析高句丽舞乐在历史上的地位和作用 『社会科学战线』6
王连春 1997 丹东市区的高句丽山城 『高句丽渤海研究集成』卷三, 哈尔滨出版社
王利群 2001 高句丽自然灾害初探 『通化师范学院学报』3
王利群 2005 高句丽自然灾害发生状况及影响 『中国边疆史地研究』4
王立达 1955 关於高丽, 高句丽及其他 朝鲜史问题的商推 『历史教学』1955(5)
王立达 1957 新罗, 高句丽, 百济‘三国并立’时期朝鲜经济文化的发展及其在构

		通中日文化上所起的作用	『史学月刊』1957(10)
王绵厚	1985	汉晋隋唐之南苏水与南苏城考	『历史地理』1985(4)
王绵厚	1986	隋唐辽宁建置地理述考	『东北地方史研究』1986(1)
王绵厚	1986	建国以来辽宁地区民族考古发现与研究	『民族研究动态』1986(4)
王绵厚	1987	古代高句丽族称深源	『辽海文物学刊』(第2)1987
王绵厚	1988	略述东北史地研究	『东北地方史研究』1988(4)
王绵厚	1990	近十年来辽宁地区考古发现述要	『东北地方史研究』1990(1)
王绵厚	1993	"玄菟"与"新城"新解-兼论沈阳东上伯官屯古城的健置名称与时代	『沈阳文物』1993(1)
王绵厚	1994	关于汉以前东北"貊"族考古学文化的考察一兼论大石棚和石棺墓文化的族属与时代	『文物春秋』1
王绵厚	1994	鸭绿江古岸高句丽山城综合研究	『辽海文物学刊』1994(2)
王绵厚	1996	关于高句丽后期都城平壤"三城一宫"的地理考证	『历史地理』第14集
王绵厚	1996	新城、南苏、木底道与高句丽南北二道的关系	『社会科学战线』5
王绵厚	1997	高句丽民族的起源及其考古学文化	『高句丽渤海研究集成』卷一, 哈尔宾出版社
王绵厚	1997	关于高句丽第二"丸都城"考略	『高句丽渤海研究集成』卷三, 哈尔滨出版社
王绵厚	1997	高句丽的城邑制度与都城	『辽海文物学刊』2
王绵厚	1999	关于高句丽古城研究的若干问题	『全国首届高句丽学术研讨会论文集』
王绵厚	1999	高句丽古城建筑的年代区分及历史背景	韩国『高句丽山城研究』1999.12.31.
王绵厚	2000	高句丽的城邑制与其社会发展的发展略论	『黑土地的古代文明』, 远方出版社
王绵厚	2001	关于通化万发拨子遗址的考古与民族学考察	『北方文物』3
王绵厚	2001	高句丽城邑制度与山城	『社会科学战线』2001(1)
王绵厚	2002	高夷、濊貊与高句丽－再论高句丽族源主体为先秦之"高夷"即辽东"二江"流域"貊"部说	『社会科学战线』5
王绵厚	2004	关于确认高句丽历史地位的三要素	『高句丽渤海历史问题研究论文集』
王绵厚	2004	辽东"二江"和"二河"上游青铜文化与高句丽起源	『北方民族』2004(2)
王绵厚	2005	西汉时期的高句丽"五部"与"第二玄菟郡"	『东北史地』2005-6
王绵厚	2005	论高夷 句丽 高句丽与西汉玄菟郡递变与归属关系的历史定位	『高句丽历史问题论文集』

王绵厚 2006 高句丽起源的国内外代表性观点解析－再论高句丽族源主体为辽东“二江”和“二河”上游“貊”部说 『社会科学辑刊』1
王绵厚 2006 西汉时期的高句丽“五部”与“第二玄菟郡”－关于高句丽早期历史的若干问题 『高句丽史新研究』 延边大学出版社
王文彬 1992 关于朝鲜书艺同中国书法同源同步之问题－答金膺显先生(1) 『延边大学学报』(社会科学版)1
王仿生 1983 毋丘俭应是三国魏人 『文物』1983-1
王培真 徐建新 1993 好太王碑原石拓本的新发现及其研究 『世界历史』1993(2)
王炳山 王炳海 1993 高句丽好太王陵疑考(上)-千秋墓,将军坟, 太王陵不是好太王陵墓 『通化日报』1993.8.3.
王炳山 王炳海 1993 高句丽好太王陵疑考(下)-兼及千秋墓,将军坟 『通化日报』1993.9.7.
王炳山 1994 高句丽好太王陵疑考－兼及千秋墓、将军坟 『职大学报』4
王炳山 曹德全 1999 高句丽始祖朱蒙姓“高”考析 『职大学报』1999(3)
汪玢玲 1988 东北神话与古代女权 『黑龙江民族丛刊』1
王鹏勇 2000 高句丽之钉履 『博物馆研究』2000(1)
王成国 2001 渤海是継承高句丽的国家吗? 『社会科学战线』6
王成国 2004 渤海与高句丽比较研究 『学习与探索』1
王世贤 1992 古代中国与朝鲜半岛国家文化交流述略 『烟台大学学报』(哲学社会科学版)4
王小甫 2005 新罗北界与唐朝辽东 『史学集刊』3
王纯信 1990 高句丽, 高丽及≪好太王碑≫-兼与陈仲明先生商榷 『书法报』 1990.8.22.
王纯信 1996 高句丽民族艺术遗存中的生殖崇拜 『社会科学战线』4
王纯信 1997 金蛙传说与蛙纹瓦当 『高句丽历史与文化研究』, 吉林文史出版社
王纯信 1997 高句丽服饰原流考 『高句丽历史与文化研究』, 吉林文史出版社
王纯信 1997 高句丽服饰考略 『通化师范学院学报』3
王纯信 1998 高句丽民族“爱莲尚莲”滥觞考论 『通化师院学报』1998(4)
王纯信 2000 高句丽石刻画像与母神崇拜 『黑土地的古代文明』, 远方出版社
王纯信 王纪 2003 高句丽鎏金镂空马饰图案艺术识读 『通化师范学院学报』2003(5)
王承礼 1984 吉林辽宁的高句丽遗址 『考古与文物』1984(6)

王承祀	1986	集安高句丽积石墓	『中国大百科全书-考古学』
王承祀	1986	桓仁县高句丽遗迹	『中国大百科全书-考古学』
王承祀	1986	集安高句丽成址	『中国大百科全书-考古学』
王承祀 韩淑华	1964	吉林辑安通沟第十二号高句丽壁画墓	『考古』1964(2)
王彦	2003	巧解高句丽天书之谜	『兰台世界』4
王咏梅	2000	关于安市城址的考察与研究	『北方文物』2
王巍	1994	考古学所见四世纪的东亚细亚	湖岩美术馆学术丛书『古代东亚细亚的再发现』
王禹浪	1995	中国东北地区古城文化遗迹概述	『黑龙江民族丛刊』4
王禹浪	1997	靺鞨黑水部地理分布初探	『北方文物』1
王禹浪	2003	北夷"索离"国及其夫余初期王城新考	『黑龙江民族丛刊』1
王禹浪	2004	东北历史与文化考察纪行—1996年度鸭绿江右岸考察记录(上)	『大连大学学报』1
王禹浪	2004	1996年度鸭绿江右岸考察记录(下)	『大连大学学报』5
王禹浪	2005	古代辽阳城建制沿革初探	『大连大学学报』5
王禹浪 王宏北	2002	黑龙江渤海山城的高句丽文化典型特征	『黑龙江民族丛刊』2002(3)
王仁学	1989	从『旧唐书·渤海传』中"别种"的提法看渤海王族族属关系	『东疆学刊』3
王静	1999	北魏四夷馆论考	『民族研究』4
王存信	1997	金蛙传说与蛙纹瓦当－高句丽民族的蛙崇拜析略	『通化师范学院学报』2
王仲殊	1990	关于好太王碑文辛卯年条的释读	『考古』1990(11)
王仲殊	1991	再论好太王碑文辛卯年的释读	『考古』1991(12)
王增新	1964	辽宁抚顺市前屯, 洼浑木高句丽墓发掘简报	『考古』1964(10)
王志修	1895	高句丽永乐好太王碑考	『奉天军粮署』
王臻	1999	谈朱蒙类利在位时的高句丽国力	『史学论丛』1999(8)
王臻	2001	东北亚古族历史的开篇之作－析陈寿的『三国志·东夷传』	『延边大学学报』(社会科学版)2
王臻	2005	高句丽同新罗百济的战和关系	『东北史地』2005(1)
王臻 金星月	2000	高句丽"三貊"说	『延边大学学报』2000(2)
王从安 王俊辉 赵金付	2006	沸流王故地在桓仁	『东北史地』2006-2

王则　1994　「集安古城应是丸都城」　韩国 湖岩美术馆学巫书,『古代亚细亚的再发现』
王海萍　1995　辽宁省博物馆馆藏碑志综述　『辽海文物学刊』1
王侠　1987　我国东北古代民族的海上活动　『北方文物』1
王会庵　1992　漫话≪好太王碑≫　『中国文物报』1992.4.12.
王晓南　2002　高句丽的起源问题再论　『通化师范学院学报』6
王晓卫　1998　论北魏文明太后的族属及所受教育　『历史教学』1
辽宁省文物考古研究所　1991　辽宁省宽甸县虎山城　『中国考古学年鉴』, 文物出版社
辽宁省文物考古研究所　2001　辽宁凌源市牛河梁遗址第五地点1998-1999年度的发掘『考古』8
辽宁省文物考古研究所 ; 本溪市博物馆 ; 桓仁县文物管理所　1998　「辽宁桓仁县高丽墓子高句丽积石墓」『考古』3
辽宁省文物局　1999　桓仁米仓沟壁画墓　『中国文物报』1999.11.30.
辽宁省博物馆(沈白文) 1984　辽宁本溪晋墓　『考古』1984(8)
姚玉成　2000　"别种"探微『北方文物』1
龙木　2002　第二届东北边疆历史与现状高句丽学术研讨会述要　『中国边疆史地研究』2002(3)
龙木　2003　"高句丽·渤海问题学术研讨会"纪要　『中国边疆史地研究』2003(3)
牛金娥　2004　高句丽民族对东北开发的贡献　『北方文物』2
于逢春　2004　高句丽历史问题学术研讨会述评　『中国边疆史地研究』4
禹尚烈　2005　『三国史记』、『三国遗事』之梦的解析　『东疆学刊』2
于云峰　1931　好太王碑文及拔　『集安县志』
禹钟烈　1983　高句丽民族的分布　『朝鲜史研究』(5)
于春海　1999　中国野史中的高丽史料研究　『延边大学学报』(社会科学版)1
于波　2006　汉文化对高句丽文化的影向　『东北史地』2006(2)
于学岭　1992　辑安古墓壁画中的朝鲜族古代体育　『体育文化导刊』3
熊义民　2002　高句丽长寿王迁都之平壤非今平壤辨　『中国史研究』4
熊义民　2002　唐初海军初探　『史学月刊』11
熊义民　2002　隋炀帝第一次东征高句丽兵力新探　『暨南学报』(哲学社会科学版)4
远 生　1983　高句丽的鎏金铜钉鞋『博物馆研究』1983(1)

袁刚 2000 炀帝北巡 『沧桑』1
袁刚 2002 暴君隋炀帝评价的论辨－关于暴君之暴的政治分析 『南都学坛』4
袁刚 2002 说隋大业十一年雁门事变 大同职业技术学院学报2
元沈 1983 ‘朱蒙’考 『朝鲜问题研究丛书』1
袁辉 1993 泊汋口位置考 『北方文物』1993(2)
袁辉 1995 丝绸之路丹东段述路 『丹东师专学报』4
魏国忠 2001 论渤海主体民族的族属问题 『社会科学战线』3
魏国忠 2003 围绕高句丽政权历史归属问题的国际论争 『北方民族』2003(1)
魏国忠 郭素美 魏建华 2001 关于渤日交聘中的“高丽国”问题 『北方文物』 2001(1)
魏运享 苗家生 1992 辽宁首次发掘出高句丽大墓-明长城起点处又现古国遗井 『光明日报』 1992.2.13.
魏存成 1985 高句丽四耳展沿壶的演变及有关的几个问题 『文物』1985.7.
魏存成 1985 高句丽初、中期的都城 『北方文物』2
魏存成 1987 高句丽积石墓的类型和演变 『考古学报』1987(3)
魏存成 1989 高句丽、渤海文化之发展及其关系 『吉林大学社会科学学报』4
魏存成 1990 高句丽, 渤海墓葬的比较 『大古民俗研究』1990(1集)
魏存成 1991 高句丽马具的发现与研究 『北方文物』1991(4)
魏存成 1992 高句丽考古学文化基本特徵的展开 『高句丽的都城遗迹和古墓』, 同朋舍出版株式会社
魏存成 1992 近年古句丽考古的主要发现与研究 『圆光大学国际学术会议论文集 东北亚古代文化的源流和展开』
魏存成 1993 集安高句丽大型积石墓王陵 『青果集』, 知识出版社
魏存成 1994 再谈高句丽积石墓的类型和演变 『博物馆研究』1994(1)
魏存成 1997 夫馀高句丽族源传说考 『高句丽渤海研究集成』 卷一, 哈尔宾出版社
魏存成 1998 半介世纪以来我国高句丽考古的发现与研究 『东北民族与疆域研究动态』1998(1)
魏存成 1999 深入开展高句丽考古研究的几点意见 『通化师院学报』1999(1)
魏存成 1999 吉林省内高句丽山城的现状和特性 韩国 『高句丽山城研究』1999.12.31.
魏存成 2000 吉林省高句丽山城的发现与研究 『黑土地的古代文明』, 远方出版社
魏存成 2001 近年来我国高句丽考古的主要发现与研究 『东北亚论坛』1

魏存成	2004	集安在高句丽历史上的重要地位及其遗产表现	『吉林大学社会科学学报』2
魏存成	2004	中原南方政权对高句丽的管辖册封及高句丽改称高丽时间考	『史学集刊』2004(1)
魏学辉	2006	浅析中原壁画对高句丽壁画之影响	『东疆学刊』2006-1
柳 岗	1983	高句丽的壁画墓	『吉林文物』1983.4.30.
柳 岚	1999	高句丽和辽金古城的比较研究	韩国 『高句丽山城研究』1999.12.31.
柳 岚	2000	高句丽古城研究	『博物馆研究』2000(1)
刘炬	2000	论唐朝的开明政策与高句丽灭亡之关系	『社会科学战线』2000-5
刘炬	2001	试论盖苏文	『社会科学战线』5
刘炬	2002	周边政策僵化－高句丽灭亡的重要原因	『北方民族』2002(1)
刘炬	2003	高句丽相权考	『北方文物』2003(3)
刘炬	2004	论中国历史上少数民族政权性质的界定标准－兼谈高句丽政权的性质	『东北史地』2004(5)
刘炬 马彦	2000	论唐朝的开明政策与高句丽灭亡之关系	『社会科学战线』2000(5)
刘庆	1988	“别种”杂说	『北方文物』1
刘景文	1981	好太王碑与好太王陵	『吉林文物』1981.6.20.
刘景文 王侠	1997	集安县高句丽及渤海墓葬	『高句丽渤海研究集成』卷二, 哈尔滨出版社
刘炬	1999	唐太宗东征高句丽胜败辨	『北方民族』1999(3)
刘炬 宁勇	1999	论唐太宗东征高句丽受挫之原因	『全国首届高句丽学术研讨会论文集』
刘国石	2005	有关高句丽研究的两个问题	『北华大学学报』(社会科学版)2
刘国友	2006	西安平考	『辽宁工程技术大学学报』2
喻权中	2001	东北亚诸族创世与起源神话考原—兼与“东北亚的圣母柳花”说商榷	『社会科学战线』1
喻权中	2003	长白山神话与中国东北诸族的文化取向	『学习与探索』1
刘贵富	2004	中国高句丽世界文化遗产地旅游的可持续发展研究,	『学术交流』10
柳岚, 张云岩	1982	1976年集安洞沟古墓清理	『文物考古汇编』1982-1
柳岚	2004	高句丽的石串墓研究	『博物馆研究』4
柳岚	2004	高句丽王陵研究	『北方民族』2004(2)
柳岚 张雪岩	2005	高句丽封土墓研究	『博物馆研究』3

刘丽霞	1999	我国学者研究好太王碑的三部著作及评介	『全国首届高句丽学术研讨会论文集』
刘范弟	1994	『三国志』四夷传偏缺原因试探	『长沙电力学院学报』(社会科学版)3
刘变	1981	访高句丽早期遗址五女山城	『朝鲜史通讯』1981(3)
刘凤翥	1985	《好太王碑研究》介绍	『民族研究动态』1985(1)
刘萱堂	1986	五盔坟四号墓壁画中的龙	『吉林文物』1986.9.25
刘萱堂	1997	中国集安高句丽壁画墓与辽东辽西汉魏晋壁画墓比较研究	韩国『高句丽研究』1997.7.21.
刘萱堂	1998	谈高句丽壁画墓研究概述	『北方文物』1998(1)
柳雪峰	1996	佛教在韩国的传播	『当代韩国』4
刘素云	2005	高句丽的发祥地-卒本川当今何地?	『东北史地』2005-6
刘承千	1922	晋高句丽好太王碑	『海东金石苑补遗』
刘承千	1922	好太王碑跋尾	『海东金石苑补遗』
柳永祥	1987	高句丽的迁都浅议	『辽宁大学学报』1987(5)
柳永祥	1988	朱蒙与东明-高句丽始祖问题探索	『辽宁大学学报』1988(6)
刘永祥	1992	从都城变迁看高句丽的不同发展时期	『东北亚历史与文化』, 辽沈书社
刘永智	1981	好太王碑"辛卯年"记事初探	『学术研究丛刊』1981(2)
刘永智	1981	最新发现的高句丽碑	『学术研究丛刊』1981(1)
刘永智	1981	也谈萨水究在何处	『朝鲜史通讯』1981(3)
刘永智	1982	幽州刺史墓小考	『朝鲜史通讯』1982(4)
刘永智	1982	高句丽壁画与中国文化的关系	『学术研究丛刊』1982(4)
刘永智	1983	关于好太王碑争论的问题	『东北史研究』1983(1辑)
刘永智	1983	幽州刺史墓考略	『历史研究』2
刘永智	1984	《广开土境平安好太王碑文释略》初评	『学术研究丛刊』1984(1)
刘永智	1985	好太王碑的发现和捶拓发现及其他	『社会科学战线』1985(1)
刘永智	1986	《高句丽碑出土记》刍议	『学术研究丛刊』1986(4)
刘永智	1986	朝鲜学者对朝鲜平安南道发掘幽州刺史墓的看法	『国外社会科学情报』8
刘永智	1987	萨水考略	『社会科学战线』1987(4)

刘永智	1988	从好太王碑看高句丽社会性质	『朝鲜学研究』第一集
刘永智	1994	高句丽是中国的少数民族国家	『中朝关系史研究』
刘永智	1994	高句丽国与南北朝的关系	『中朝关系史研究』
刘永智	2000	『三国史记·高句丽本纪』校评	『社会科学战线』2000(6)
刘玉山	2005	北燕王高云被弑真相探微	『求索』11
刘伟	2006	儒家思想在高句丽前期的传播原因及影向	『东北史地』2006(1)
俞伟超	1960	跋朝鲜平安南道顺川都龙凤里辽东城冢调查报告	『考古』1960(1)
类维顺 姜鑫	2003	高句丽墓室壁画－中国美术史册中的瑰宝	吉林艺术学院学报 2003(2)
刘毅	1998	渤海国族源考－以中国, 日本, 朝鲜史料为据	『日本研究』4
刘伊丹	1994	试谈桓仁米仓沟将军墓壁画	『辽海文物学刊』1994.
刘一秀 武家昌	1993	我省首次发掘高句丽壁画大墓	『沈阳日报』1993.1.2.
刘子敏	1994	关于好太王碑“辛卯”句的语法分析	『延边教育学园学刊』1994(1,2)
刘子敏	1995	高句丽新大王伯固考	『延边大学学报』(社会科学版)3
刘子敏	1995	「简议“钜燕”与东北亚的若干古族—读『山海经』」	『民族研究』4
刘子敏	1995	高句丽国与南北朝的关系	『中朝韩日关系史研究论丛』, 延边大学出版社
刘子敏	1996	貊族考	『北方民族』1996(1)
刘子敏	1996	“高夷”考辨	『延边大学学报』(社会科学版)4
刘子敏	1996	“辽东外徼”考释	『延边大学学报』(社会科学版)2
刘子敏	1996	关于“辽东”的考辨	『中国边疆史地研究』1
刘子敏	1996	高句丽族故地沿革考	『通化师范学院学报』1
刘子敏	1996	战国秦汉时期辽东都东边界考	『社会科学战线』1996(5)
刘子敏	1996	古代高句丽同中原王朝的关系	『东疆学刊』3
刘子敏	1997	‘古高句丽’新探	『高句丽历史与文化研究』, 吉林文史出版社
刘子敏	1999	高句丽五部新探	『全国首届高句丽学术研讨会论文集』
刘子敏	1999	苍海郡研究	『东疆学刊』2
刘子敏	1999	关于高句丽政权及其领域的历史归属问题之我见	『全国首届高句丽学术研讨会论文集』

刘子敏 1999 关于毌丘俭征伐高句丽的探讨 『史学论丛』1999(8)

刘子敏 1999 关于『魏志·高句丽传』的探讨 『通化师范学院学报』3

刘子敏 2000 走出高句丽『历史研究』的误区—试析古人在高句丽归属问题上的错误说法 『东疆学刊』1

刘子敏 2001 “崔氏乐浪”考辨 『北方文物』2

刘子敏 2001 不要无视燕秦汉之辽东长城－从王莽朝高句丽记事谈起 『北方民族』2001(1)

刘子敏 2001 高句丽疆域沿革考辨 『社会科学战线』2001(4)

刘子敏 2001 驳『“百济略有辽西”记事初探』 『延边大学学报』(社会科学版)1

刘子敏 2002 朱蒙之死新探－兼说高句丽迁都“国内” 『北方文物』2002(4)

刘子敏 2002 高句丽族源研究 『社会科学战线』2002(5)

刘子敏 2002 几条关于朱蒙记事史料的研究 『博物馆研究』2

刘子敏 2004 “高句丽县”研究 『东北史地』2004(7)

刘子敏 2004 东北亚古族古国归属谈 『高句丽渤海历史问题研究论文集』

刘子敏 2004 新成果新高度－评『古代中国高句丽历史续论』『中国边疆史地研究』2004(4)

刘子敏 2005 中华天下秩序中的高句丽：兼论册封朝贡及割据问题 『高句丽历史问题论文集』

刘子敏 2006 史学观、方法论及其他－以古朝鲜、汉四郡及高句丽研究为中心 『高句丽史新研究』 延边大学出版社

刘子敏 金荣国 1994 关于'三国史记'所记太祖大王至东川王资料的辨析 『高丽学研究』1994(2)

刘子敏 金荣国 1995 ‘山海经’貊国考 『北方文物』1995(4)

俞慈韵 1992 中外文化交流的新成果－汉城版『高句丽简史』评介 『北方文物』2

刘长江 1994 略论地理环境对高句丽文化的影向 『辽海文物学刊』1994(2)

刘节 1928 好太王碑考释 『国学论丛』2-1

刘兆田 杨 光 董玉芹 1997 岫岩娘娘城山城兴废年代初探 『高句丽渤海研究集成』卷三, 哈尔滨出版社

刘俊 丁晓强 1997 本溪小市地区高句丽遗迹遗物考『高句丽渤海研究集成』卷 1, 哈尔滨出版社

刘春英 姜维东 2001 唐王朝对内迁高句丽人的安置措施 『长春师范学院学报』2001(6)

刘洪峰 张芳 2006 中国高句丽史精品课程建设述论 『通化师范学院学报』3

刘晓东 2003 渤海陶器的分类, 分期与传承渊源研究 『北方文物』1

刘厚生 1999 高句丽是我国东北古代少数民族的地方政权 『东北民族与疆域研究动态』1999(2)

刘厚生 2003 长白山文化的界定及其他 『中国边疆史地研究』4

刘萱堂 1998 集安高句丽壁画墓研究概述 『北方文物』1

刘萱堂 2003 集安高句丽壁画墓与辽东辽西汉魏晋壁画墓比较研究 『博物馆研究』1

刘萱堂 2003 集安高句丽壁画墓与辽东辽西汉魏晋壁画墓比较研究(续篇一) 『博物馆研究』2

刘萱堂 2004 集安高句丽壁画墓与辽东辽西汉魏晋壁画墓比较研究(续篇之二) 『博物馆研究』3

刘兴林·魏海波 1981 桓仁府近高句丽的早期活动遗迹 『辽宁省考古博物馆学会成立大会会刊』

陆心源 1990 高句丽广开土王谈德纪勋碑跋 『仪顾堂续跋』

尹国有 1997 高句丽墓室壁画中的鸟图腾 『高句丽历史与文化研究』, 吉林文史出版社

尹国有 1997 高句丽壁画中的汤谷扶桑图 『高句丽历史与文化研究』, 吉林文史出版社

尹国有 1997 高句丽墓室壁画中的尚鸟艺术 『通化师范学院学报』3

尹国有 1997 高句丽壁画中的尚鸟艺术 『通化师院学报』1997(3)

尹国有 1997 高句丽汤谷扶桑图及扶桑观念播迁考略 『通化师院学报』1997(2)

尹国有 1998 高句丽四神墓壁画"怪异面"新解 『通化师院学报』1998(1)

尹国有 1998 集安高句丽墓室壁画的艺术特征与表现形式 『通化师院学报』1998(2)

尹国有 1999 集安高句丽墓室壁画表现形式研究 『全国首届高句丽学术研讨会论文集』

尹国有 1999 高句丽壁画中的"天书" 『通化师范学院学报』3

尹国有 1999 高句丽妇女面妆及头饰 『通化师院学报』1999(1)

尹国有 1999 高句丽妇女面妆与头饰考 『通化师范学院学报』1

尹国有 2000 高句丽的石文化 『通化师院学报』2000(1)

栗谷 1984 关於高句丽的山城 『博物馆研究』(1)

应方德 1997 洞沟古墓群 『高句丽渤海研究集成』 卷二, 哈尔滨出版社

李强 1986 沃沮、东沃沮考略 『北方文物』1

李炬 1998 汉文化对朝鲜司法文化的影响 『中国文化研究』2

李炬 1999 朝鲜古代汉文诗『箜篌引』与汉文化 『青海师专学报』3

李健才 1983 桦甸苏密城考 『北方文物』2

李健才 1987 东北地区中部的边岗和延边长城 『辽海文物学刊』1987(1)

李健才 1990 关于高句丽南北道的探讨 『历史地理』1990(8)

李健才 1990 玄菟郡的建立和迁移 『东北地方史研究』1990(1)

李健才 1991 唐代高丽长城和扶余城 『民族研究』4

李健才 1991 高句丽的都城和疆域 『中国边疆史地研究报』告 1991(1,2)

李健才 1993 真番郡考评述 『中国边疆史地研究』4

李健才 1995 吉林市龙潭山山城考 『博物馆研究』1995(2)

李建才 1998 平壤地区是否只有後汉遗物而无前汉遗物 『中国边疆史地研究』1998(4)

李健才 2000 三论北夫余、东夫余即夫余的问题 『社会科学战线』6

李健才 2000 再论唐代高句丽的扶余城和千里长城 『北方文物』2000(1)

李健才 2001 评汉代乐浪郡在今辽河以西说 『中国边疆史地研究』1

李健才 2004 再论高句丽迁都到国内以前有无汉代县城的问题 『东北史地』2004(6)

李健才 2004 近百年国内外有关中国『东北史研究』回顾与展望 『博物馆研究』3

李健才 2005 唐代泉氏家族墓地不在集安在洛阳令人信服 『东北史地』2005-4

李国强 2004 "东北工程"与中国东北史的研究 『中国边疆史地研究』4

李国强 朴灿奎 于逢春 2005 高句丽历史问题学术研讨会综述 『高句丽历史问题论文集』

李国强 2006 高句丽历史与文化学术研讨会综述 『高句丽史新研究』 延边大学出版社

李乐营 1996 从冉牟墓志和好太王碑看高句丽书法 『通化师院学报』1996(1)

李乐营 1998 高句丽法律、司法及其特点 『通化师范学院学报』4

李乐营 秦升阳 2000 高句丽王位継统法考略 『黑土地的古代文明』, 远方出版社

李乐营 2001 古代高句丽印章文化探析-兼与中原印章文化比较 『长春师范学院学报』1

李乐营 2003 高句丽自然宗教信仰对象辨析 『中国边疆史地研究』2

李乐营 2004 长白山:中国古代民族人口交融的锋面地区 『学习与探索』5

李乐营 2006 高句丽宗教文化研究述评 『通化师范学院学报』3

李大龙 1995 高句丽与唐王朝互使述论 黑龙江民族总刊1995(1)

李大龙 1995 高丽与唐王朝互使述论 『黑龙江民族丛刊』1

李大龙 1998 从高句骊县到安东都护府-高句骊和历代中央王朝关系述论 『民族研究』 1998(4)

李大龙	1999	东夷校尉考述	『黑龙江民族丛刊』3
李大龙	2000	唐代使者接待礼仪考	『黑龙江民族丛刊』2
李大龙	2003	关于高句丽侯驺的几个问题	『学习与探索』5
李大龙	2003	高句丽史研究的又一部力作－『中国高句丽史』评介	『中国边疆史地研究』4
李大龙	2004	五代至明中国正史将高句丽史入王氏高丽传,朝鲜传原因试析	『高句丽渤海历史问题研究论文集』
李大龙	2005	从汉唐藩属体制看高句丽政权的归属	『高句丽历史问题论文集』
李大龙	2006	不同藩属体系的重组与王朝疆域的形成－以西汉时期为中心	『中国边疆史地研究』1
李大龙	2006	辉煌的高句丽文化	『寻根』2006-1
李大龙	2006	关于高句丽早期历史的几个问题	『高句丽史新研究』延边大学出版社
李德山	1989	好太王碑研究综述	『古籍整理研究学刊』5
李德山	1992	高句丽族称及其族属考辨	『社会科学战线』1992(1)
李德山	1995	东北古民族源于东夷论	『东北师大学报』(哲学社会科学版)4
李德山	1998	屈起于中国东北的古国-高句丽	『东北民族与疆域研究动态』1998(1)
李德山	1998	貊族的族源及其发展演变	『社会科学战线』1
李德山	1999	全国首届东北民族与疆域问题学术讨论会纪要	『黑龙江民族丛刊』4
李德山	2001	东北边疆和朝鲜半岛古代国族研究	『中国边疆史地研究』4
李德山	2003	当前高句丽史研究中的几个问题	『中国边疆史地研究』2
李德山	2003	试论长白山文化的特点	『中国边疆史地研究』4
李德山	2004	唐朝对高句丽政策的形成, 嬗变及其原因	『中国边疆史地研究』4
李德山	2006	白山靺鞨史论	『社会科学战线』1
李德山	2006	再论高句丽民族的起源	『东北史地』2006-3
李德山	2006	高句丽族人口去向考	『社会科学辑刊』1
李德山	2006	隋朝征讨高句丽的原因试析	『高句丽史新研究』延边大学出版社
李东源	1999	通过好太王碑看朱蒙建立高句丽国的年代	『延边大学学报』(社会科学版)1
李乐莹	2001	古代高句丽印章文化初探	『长春师范学院学报』2001-2
李乐莹	1997	高句丽民族性格初探	『高句丽历史与文化研究』, 吉林文史出版社

李炼	1989	凤凰山山城	『辽宁大学学报』1989(1)
李连友	1993	朝鲜传统体育的尚武特色及其成因	『成都体育学院学报』3
李明	1982	国外研究高句丽史近况点滴	『博物馆研究』创刊号
李文信, 孙守道	1962	古代辽宁境内的匈奴. 鲜卑和高句丽的文化遗存	『辽宁日报』 1962.9.11
李炳海	2002	夫余神话的中土文化因子—兼论夫余王解慕漱系中土流人	民族文学研究1
李凭	2002	魏燕战争前后北魏与高句丽的交往	『上海师范大学学报』(哲学社会科学版)6
李三谋	1997	东汉王朝的边疆经略	『中国边疆史地研究』3
李成 张秀芬	2005	靺鞨诸部与肃慎的後裔	『东北史地』2005-3
李树林	1998	高句丽人像石刻是外星人吗	『通化日报』1998.8.15.
李树林	2000	"跃进文化" 的考古发现与高句丽民族起源研究	『黑土地的古代文明』, 远方出版社
李树林	2002	吉林集安高句丽3319墓日月神阙考释及相关重大课题研究	『社会科学战线』3
李淑英	1999	高句丽人饮酒酿酒考	『通化师范学院学报』6
李淑英	2000	中国学者对高句丽历史的研究	『史学集刊』2000 增刊
李淑英	2001	五女山城不是纥升骨城	『通化师范学院学报』1
李淑英	2005	高句丽古城研究的新成果-读王绵厚先生的 『高句丽古城研究』	『北方文物』4
李淑英 耿铁华	2001	高句丽纥升骨城新考	『北方民族』2001(2)
李淑英 耿铁华	2004	高句丽建国时间考论	『学习与探索』2004(3)
李淑英 耿铁华	2004	两汉时期高句丽的封国地位	『中国边疆史地研究』2004(4)
李淑英 耿铁华	2003	高句丽王陵及相关问题研究	『社会科学战线』2003(2)
李淑英	2006	高句丽民族起源研究述要	『通化师范学院学报』3
李亚丽	2005	世界遗产高句丽 鸭绿江畔古名城-集安市旅游业发展初探	『国土与自然资源研究』2005-4
李岩	2006	朝鲜古代丧葬仪礼及其灵魂崇拜观念探微	『延边大学学报』(社会科学版)1
李若迁	1996	高句丽文化与中原文化渊源关系述略	『通化师范学院学报』1
李彦平	1999	关于安东都护府的性质夏置与否等问题的探讨	『东北民族与疆域研究动态』1999(2)
李彦平	1999	高句丽婚姻的开放性	『北方文物』2
李英	1996	四十年来我国『高句丽研究』的文献计量学分析	『通化师院学报』1996(1)

李英 范犁	1997	东明王史诗与高句丽传说	『高句丽历史与文化研究』, 吉林文史出版社
李英武	2005	古代中韩文化交流探析	『东北亚论坛』5
李英顺	2005	从〈三国史记〉的记载看东北亚古族古国的"事大" 理念	『东北史地』2005-6
李龙范	1990	关于高句丽人的鸟羽插冠	『大古民俗研究』1990-1
李宇峰	1990	略述东北古代少数民族的农牧与渔猎经济	『古今农业』1990(2)
李云泉	2002	汉唐中外朝贡制度述论	『东方论坛』6
李云铎	1981	德兴里古墓之人不是高句丽人而是中国人	『高句丽研究资料』1981(1)
李甸甫	1988	高句丽新城的始筑年代	『辽海文物学刊』1988(2)
李殿福	1962	高句丽壁画	『长春日报』1962.11.28.
李殿福	1962	一九六二年春季吉林辑安考古调查简报	『考古』(11)
李殿福	1962	画像石刻	『长春日报』1962.6.3.
李殿福	1980	集安高句丽墓研究	『考古学报』57, 1980(2)
李殿福	1980	集安高句丽壁画初探	『社会科学辑刊』4
李殿福	1981	集安洞沟三室壁画著录补正	『考古与文物』1981(3)
李殿福	1982	集安山城子山城考略	『求是学刊』1982(1)
李殿福	1982	高句丽丸都山城	『文物』1982(6)
李殿福	1982	集安高句丽山城子山城调查与考略	『文物考古滙编』1982(1)
李殿福	1983	集安洞沟三座壁画墓	『考古』1983(4)
李殿福	1983	唐代渤海贞孝公主墓壁画与高句丽壁画比较研究	『北方文物』2
李殿福	1984	集安卷云纹铭文瓦当考辩	『社会科学战线』1984(4)
李殿福	1986	两汉时代的高句丽及其物质文化	『辽海文物学刊』1986(1)
李殿福	1990	高句丽民族宗教信仰	『北方民族』1990(2)
李殿福	1991	高句丽易名高丽考	『高句丽渤海的考古与历史』, 学生社
李殿福	1991	三十年来我对古句丽渤海遗迹的调查与研究	『考古学研究』38-1号
李殿福	1991	高句丽考古新发现	『历史月刊』46, 1991.11.
李殿福	1991	高句丽金铜,石雕佛造像及中原郡碑-兼谈高句丽易名高丽之始	『博物馆研究』1991(1)

李殿福	1991	高句丽山城构造与变迁	日本『九州考古学』第66号
李殿福	1991	高句丽民族的文学音乐舞蹈体育	『博物馆研究』1991(3)
李殿福	1992	高句丽民族的社会生活	『东北亚历史与文化』, 辽濘书社
李殿福	1992	高句丽考古的回顾与展望	『辽海文物学刊』14
李殿福	1993	高句丽文化	『中国古代北方民族文化史』, 黑龙江人民出版社
李殿福	1997	通过高句丽古墓壁画看高句丽社会生活习俗的研究	韩国『高句丽研究』1997.7.21.
李殿福	1998	『高句丽山城研究』	『北方文物』1998(4)
李殿福	2000	高句丽的经济	『博物馆研究』2000-3
李展福	2001	高句丽的灭亡	『博物馆研究』2001-1
李殿福	2001	高句丽古墓壁画反映高句丽社会生活习俗的研究	『北方文物』3
李殿福	2001	高句丽民族的社会生活与习俗	『社会科学战线』2
李殿福	2005	高句丽贵族有回葬旧茔之习俗集安五盔坟应为王陵	『东北史地』2005(4)
李殿福	2006	国内城始建于战国晚期燕国辽东郡塞外的一个据点之上	『东北史地』2006-3
李殿福 孙玉良	1990	高句丽的都城	『博物馆研究』1990(1)
李正夫	1988	句丽族与汉字	『长白学圃』1988(4)
李正平	1991	集安高句丽墓室霉菌清除技术报告	『博物馆研究』1991-1
李正平	1996	吉林省古墓壁画保护措施的探讨	『博物馆研究』1996(1)
李钟周	2000	东北亚的圣母柳花—中国东北与朝鲜半岛的柳花神崇拜	『社会科学战线』1
李宗勋	1995	高句丽源流略考	『中朝韩日关系史研究论丛』, 延边大学出版社
李宗勋	1999	也谈高句丽栅城遗址	『史学论丛』
李宗勋	2004	韩国的高句丽研究及其史观－以高句丽归属问题为中心	『史学集刊』4
李宗勋	2006	韩国社会的高句丽意识与我们的研究方法	『高句丽史新研究』 延边大学出版社
李缙云	1989	前所未见的好太王碑陵字	『中国文物报』1989.8.25.
李春祥	1997	高句丽东川王高位宫评传	『通化师范学院学报』2
李春祥	2002	从正史『高句丽传』看高句丽政权的内属性	『通化师范学院学报』2002(1)
李春祥	2005	论『三国史记』的编撰方法、历史观及史学思想	『中国边疆史地研究』4

李治亭	2001	东北地方史研究的回顾与展望	『中国边疆史地研究』4
李泽棉	1999	高句丽古墓壁画的创作思想	『辽宁大学学报』(哲学社会科学版)5
李海叶	2005	慕容氏辽东政权的"侨土"关系	『内蒙古大学学报』(人文.社会科学版)3
李晓钟 刘焕民	1998	沈阳石台子高句丽山城考古发掘取得重要收获	『中国文物报』1998.5.17.
李晓钟 刘长江	1993	沈阳石台子高句丽山城发掘报告	『辽海文物学刊』1993(1)
李辉	2001	南北朝时期高句丽强盛原因试析	『长春师范学院学报』6
李歆	2001	高句丽冬寿夫妇像	『通化师范学院学报』3
李渊	2002	唐安东都护府的几个问题	『黑龙江民族丛刊』3
人 杰	1996	推陈串新的≪好太王碑新考≫	『吉林日报』1996.2.28.
林大雄	1999	中国正史中的中朝音乐文化交流史料研究	『中国音乐』学1
任丽娟	2002	辽滨塔	『兰台世界』8
林茂雨 李龙彬	2002	高句丽民族的婚丧习俗及宗教信仰	『北方文物』2002(3)
林世贤	1998	吉林省集安洞沟古墓群七星山墓区两座古墓的考察	『北方文物』1998(4)
林沄	1999	说"貊"	『史学集刊』4
林沄	1999	夫余史地再探讨	『北方文物』4
任传兴	1994	高句丽先都考	『满族研究』4
任重	2006	北魏城市规划与建筑文化在朝鲜半岛的传播	『当代韩国』1
林至德	1998	集安高句丽壁画墓的演进及分期	『东北亚历史与考古信息』1998(2)
林至德	1998	集安高句丽壁画古墓的发现与保护	『东北亚历史与考古信息』1998(2)
林至德 耿铁华	1985	集安出土的高句丽瓦当及其年代	『考古』1985(7)
林至德 耿铁华	1988	集安出土高句丽瓦当及其年代	日本『古代文化』40卷3号
林至德 张雪岩	1984	高句丽两都城-国内城和丸都山城	『文物天地』1984(6)
任鸿魁	1994	泊汋地方位考述	『辽海文物学刊』1994(2)

(자)

张劲锋	2000	鸟羽－独特的高句丽帽饰	『通化师范学院学报』3

张久和	2003	两晋十六国时期慕容鲜卑与高句丽的关系	『黑龙江民族丛刊』2003(3)
张国庆	1987	“北人尚炕”习俗的由来	『北方文物』3
张国庆	1988	略论汉武帝对乌桓和对濊东沃沮高句丽的不同治理方式	『沈阳师院学报』1988(3)
张国庆	1988	略谈东北地区源于古代少数民族名称的地名	『黑龙江民族丛刊』1
张国庆	1988	慕容鲜卑与高句丽的辽东之战	『吉林师范学院学报』1988-2
张国庆	1989	西晋至北魏时期“护东夷校尉”初探	『中央民族大学学报』(哲学社会科学版)3
张军	2000	高句丽民族史诗略说	『黑土地的古代文明』，远方出版社
张德玉	1989	军事重镇木底城考	『东北地方史研究』1989(4)
张博泉	1980	汉玄菟郡考	『吉林大学学报』1980(6)
张博泉	1982	『魏书 · 豆莫娄传』中的几个问题	『北方文物』2
张博泉	1985	真番郡考	『北方文物』4
张博泉	1997	高句丽社会性质研究	『黑龙江社会科学』4
张博泉	1998	夫余的地理环境与疆域	『北方文物』2
张博泉	1998	高句丽与中原文明	『社会科学战线』5
张博泉	1998	关于箕子朝鲜侯东迁及高丽辽东之地问题研究之我见-兼与李健才先生商讨	『博物馆研究』1998(1)
张博泉	1999	北夫余与东夫余史地考略	『史学集刊』4
张博泉	1999	中朝关系史研究的问题与构想	『东北民族与疆域研究动态』1999(1)
张碧波	1998	渤海大氏考	『学习与探索』5
张碧波	1998	汉四郡考释	『学习与探索』1
张碧波	1998	高句丽文化渊源考	『北方文物』1
张碧波	1999	略谈古朝鲜高句丽研究中的误区	『东北民族与疆域研究动态』1999(2)
张碧波	1999	高句丽研究中的误区	『中国边疆史地研究』3
张碧波	1999	古朝鲜研究中的误区—东北史评之一	『黑龙江民族丛刊』4
张碧波	2000	关于历史上民族归属与疆域问题的再思考—兼评“一史两用”史观	『中国边疆史地研究』2
张碧波	2000	高句丽原始宗教文化论略	『黑龙江民族丛刊』2000(2)
张碧波	2000	殷商高句丽满族“三仙女”族源神话的比较研究	『满语研究』2000(1)

张碧波	2000	论4至6世纪东北亚政治格局及高句丽渤海与日本结援真相	『北方论丛』2000-2
张碧波	2001	渤海大氏续考	『北方文物』3
张碧波	2001	高句丽"风俗好淫"考辨	『博物馆研究』4
张碧波	2001	论4至10世纪东北亚政治格局及高句丽渤海与日本"结援"的历史真相	『北方论丛』2001(2)
张碧波	2002	关于渤海王室高句丽意识的考辨	『北方论丛』2002(1)
张碧波	2002	高句丽文化性质考辨－评90年代国际学界的高句丽研究	『北方民族』2002(2)
张碧波	2002	一个研究新阶段的标志－评『古代中国高句丽历史丛论』	『中国边疆史地研究』2002(2)
张碧波	2002	关于东北史研究中的方法论问题－兼评东北史学研究的几种倾向	『哈尔滨学院学报』3
张碧波	2003	中国历史疆域的界定与文献学考古学的根据－以东北民族与疆域为例	『学习与探索』1
张碧波	2003	高句丽历史考古研究的新成就－评王绵厚的『高句丽古城研究』	『中国边疆史地研究』2003(4)
张碧波	2003	高句丽(民族与政权)归属问题的几点思考	『北方民族』2003(4)
张碧波	2003	论高句丽的太阳崇拜文化	『博物馆研究』3
张碧波	2004	汉唐时期的东北疆域	边疆经济与文化5
张碧波	2005	高句丽壁画墓四神图像与中国的天文学、神话学	『北方文物』1
张碧波	2005	从百济高句丽灭国到渤海建国－公元663-713年间东北亚政治格局走向的历史解读	『东北史地』2005(1)
张碧波	2006	朝鲜半岛古文化渊源的考察	『东北史地』2006-1
张甫白	1996	高句丽五部与统一的民族和国家	『黑龙江社会科学』1
张福有	1998	"丸都" "丸都" 辨	『长白山日报』1998.2.16.
张福有	1998	"丸都" ""丸都" 再辨-〈全唐诗〉隋炀帝诗句的一处误印	『长白山日报』1998.3.30.
张福有	1999	中华诗词中有关高句丽的诗文考略	『全国首届高句丽学术研讨会论文集』
张福有	2004	集安禹山3319号墓卷云纹瓦当铭文考证与初步研究	『社会科学战线』3
张福有	2004	高句丽、渤海国与长白山文化	『长春师范学院学报』6
张福有	2005	集安禹山3319号墓卷云纹瓦当铭文识读与考证	『中国历史文物』3
张福有	2005	赵振华洛阳西安出土北魏与唐高句丽人墓志及泉氏墓地	『东北史地』2005-4
张福有	2005	高句丽的平壤 新城与黄城	『高句丽历史问题论文集』
张福有	2005	跟方起东先生学写古文章	『东北史地』2005-5

张福有 孙仁杰 迟勇 2006 朱蒙所葬之龙山及太王陵铜铃峻字考 『东北史地』2006-1
张福有 赵振华 2005 洛阳、西安出土北魏与唐高句丽人墓志及泉氏墓地 『东北史地』2005(4)
张福有 迟勇 孙仁杰 2006 集安蒿子沟墓地调查与东川王陵考 『东北史地』2006-3
张彬彬 2000 撩开高句丽早期遗存的面纱 『吉林日报』2000.6.17.
张思齐 1996 论唐太宗唐高宗关于辽东的诗文 『吉首大学学报』(社会科学版)4
张璇如 2000 外国学者有关我国东北疆域民族的种种错误观点 『黑土地的古代文明』, 远方出版社
张雪岩 1985 集安考古述略 『辽宁本溪丹东地区考古学术讨论会文集』
张雪岩 1986 集安出土的古镜 『文物』(6)
张雪岩 1988 集安两座高句丽封土墓 『博物馆研究』1988(1)
张雪岩 1991 吉林集安东大坡高句丽墓葬发掘简报 『考古』1
张雪岩 1991 吉林集安高句丽墓葬发掘简报 『考古』1991(7)
张雪岩 1992 集安高句丽时期的采石杨 『博物馆研究』1992(1)
张雪岩 1993 高句丽大型方坛阶梯石室墓的建筑与保护 『高句丽研究文集』, 延边大学出版社
张雪岩 1993 集安青铜短剑墓及相关问题 『高句丽研究文集』, 延边大学出版社
张淑华 2004 吉林出土的多孔器及相关问题 『北方文物』1
藏式毅, 王树楠, 金毓黻 1934 晋高句丽好太王碑释文 『奉天通志』
张驭寰 1958 集安附近高句丽时代的建筑 『文物参考资料』1958(4)
庄严 1983 高句丽族源初探 『朝鲜史研究』1983(5)
张琏瑰 1980 朝鲜史学界研究隋炀帝征战高句丽有关史料 『国外社会科学动态』1980-5
张延厚 1932 好太王碑拔语 『辽东文献征略』
章永林 2002 "第二届东北边疆历史与现状暨高句丽学术研讨会"第二阶段会议在我院召开 『通化师范学院学报』6
张云全 1991 丹东发现规模宏大结构罕见古迹遗址 『人民日报』 (海外版) 1991.12.15.
张威威 2004 韩国对"高句丽史"问题评论综述 『国际资料信息』9
张殿甲 2000 鸭绿江中上游高句丽、渤海遗址调查综述 『北方文物』2
张正岩 王平鲁 1994 新城道及新城道上𣲶城考 『辽海文物学刊』1994(2)
张增香 2004 浅谈古代中国对朝鲜的影响 『东疆学刊』3

张增香　2005　高句丽归属问题之我见　『白城师范学院学报』4
张志立　1992　高句丽风俗研究　『东北亚历史与文化』, 辽沈书社
张志立　1997　高句丽南北道和有关城址的考证　『高句丽渤海研究集成』 卷一, 哈尔滨出版社
张志立 陈国庆 1990　东北石质葬具综述　『中国考古学会第六次年会论文集』
张昌熙　1986　东夫余及其地望初探　『延边大学学报』(社会科学版)4
장창희　1990　고구려 선인들에게 있은 선사시대의 성에 대하여-방언 '구루(沟娄)'의 언변과정을 중심으로 『조선학연구』 제3권 1990, 연변대학출판사, 연길
张昌熙　1993　东夷传中古高句丽资料辨析-兼谈古高句丽的几个问题　『延边大学学报』1993(2)
张春霞　1999　高句丽国家的形成发展灭亡　『全国首届高句丽学术研讨会论文集』
张春海　2002　试析从古朝鲜至高句丽时代的韩国古代法　『解放军外国语学院学报』5
张翠敏　2004　大嘴子第三期文化聚落遗址研究　『博物馆研究』2
张太湘　1981　大城子古城调查记　『文物资料丛刊』4, 1981.3.
张泰湘　2002　从考古学材料看历史上的夫余、沃沮人　『黑龙江民族丛刊』4
张海滨　1999　关于中国马镫的思考　『宁夏大学学报』(社会科学版)2
张凰台　1910　释高句丽碑文　『长白汇徵录』 卷8
张喜英　1992　千年古代石城调查记　『鞍山文物滙编』
张福有 孙仁杰 迟勇　2006　豆谷 豆谷离宫及琉璃明王陵　『东北史地』2006-2
翟立伟 仇起 2003　吉林市的城市起源-兼论龙潭山城的始建年代　『博物馆研究』3
甸 甫　1982　汉代白玉耳环　『吉林文物』1982.3.15.
田大方 崔莉 郭跃坤　2005　高句丽王城世界文化遗产保护策略研究　中国科技信息 2005(2)
钱星博　1993　高句丽好太碑研究概述　『文物天地』1993(5)
传少华　1983　钓鱼台古城　『吉林文物』1983.1.5.
田耘　1984　西岔沟古墓群族属问题浅析　『北方文物』1
丁光勋　1996　魏晋南北朝时期朝鲜的社会风俗　『历史教学』问题6
郑君雷　2005　论"西汉墓幽州分布区"　『考古与文物』6
郑基焕　1992　高句丽壁画研究　『第四次朝鲜学国际学术讨论会论文概要』

郑基焕	1996	中原文化与高句丽墓壁画	『高丽学研究』5
郑基焕	1997	集安高句丽墓壁画中的神画艺术	『美术研究』2
程尼娜	2001	渤海与日本交聘中"高丽国"的辨析	『吉林大学社会科学学报』4
程尼娜	2004	护东夷校尉考	『北方文物』4
程尼娜	2005	唐代安东都护府研究	『社会科学辑刊』6
郑德平	2003	安东都护府的设置, 撤销及其意义	『中国地名』1
郑文焯	1900	高丽国永乐好太王碑释文纂考(平湖朱氏刻本)平	『湖朱氏刻本』
郑淑英	1995	高丽宫廷舞蹈的継承	『舞蹈』6
丁英	1995	我国的19处古墓葬	『兰台世界』12
郑永振	1990	연변지구 고구려 유적 및 몇 개 문제에 대한 연구	『韩国上古史学报』 第4号 1990.11.
郑永振	1991	高句丽, 渤海, 靺鞨墓葬形制比较研究	『百济研究』 22集
郑永振	1994	高句丽, 渤海墓制的比较研究	『高句丽遗物研究』1994.2.
郑永振	1999	关于延边地区的城郭研究	韩国 『高句丽山城研究』1999.12.31.
郑玉善	2000	历史上我国东北与朝鲜半岛关系	『大连民族学院学报』2
郑祖襄	1991	略述两汉时期的少数民族音乐	『民族艺术研究』4
郑辰	1984	抚顺高尔山城在调查发掘中	『辽宁文物』1984(6)
郑川水冯季昌	1989	鸭绿江名称考略	『方志天地』1989(4)
郑春颖	2004	浅谈正史『高句丽传』的设立	『东北史地』2004(12)
郑欣	2005	论高句丽、渤海及朝鲜族传统体育文化特点及价值	『辽宁体育科技』1
齐俊	1987	本溪地区太子河流域新石器至青铜时期遗址	『北方文物』1987(3)
齐俊	1992	辽宁桓仁浑江流域新石器及青铜时代的遗迹和遗物	『北方文物』1992(1)
齐俊, 梁志龙	2001	辽宁本溪县小市中心街高句丽墓	『北方文物』2001(2)
曹桂林 裴跃军	1983	铁领东南部的两座古代城址	『辽宁文物』1983(4)
曹桂林 王铁军	1994	铁岭境内五座高句丽山城简介	『辽海文物学刊』1994(2)
赵宏伟	1998	高句丽诸王血统考略	『通化师范学院学报』2
赵宏伟 黄甲元	1997	高句丽王狩猎考	『高句丽历史与文化研究』, 吉林文史出版社

曹德全	1994	“太王陵为广开土王墓”质疑(上)	『博物馆研究』1994(2)
曹德全	1996	“太王陵为广开土王墓”质疑(下)	『博物馆研究』1996.10.8.
曹德全	1997	高句丽名称辨疑	『高句丽渤海研究集成』卷一, 哈尔宾出版社
曹德全	1997	论汉武帝置高句丽县时还不存在高句丽族	『高句丽渤海研究集成』卷一, 哈尔宾出版社
曹德全	1999	“高句丽易名论” 质疑	『全国首届高句丽学术研讨会论文集』
曹德全	2000	『后汉书』、『三国志』中『高句丽传』的比较研究	『社会科学战线』4
赵东艳	1992	关于辑安高句丽壁画墓分期问题之我见	『东北地方史研究』1992(4)
赵东艳	1995	试论集安高句丽壁画墓的分期	『北方文物』3
赵东艳	1996	高句丽文化中的汉文化因素	『辽宁大学学报』(哲学社会科学版)3
赵秉新	1981	略论高句丽的社会性质	『朝鲜史通讯』 (3)
赵秉新	1982	关于'下户'的身分问题	『朝鲜史通讯』1982(4)
赵福香	1996	好太王碑研究的新成果－评『好太王碑新考』	『通化师范学院学报』1
赵福香	1997	将军坟是高句丽长寿王陵	『高句丽历史与文化研究』, 吉林文史出版社
赵福香 孙慧艳	1995	清末辽东局势与好太王碑的发现	『通化师院学报』1995(3)
赵福香 黄甲元	2002	高句丽在东北史上的地位	『通化师范学院学报』2002(6)
赵凤彩	1989	我国境内朝鲜族族源及其人口发展	『人口学刊』3
赵书勤	1982	集安文物史话	『吉林文物』1982.7.15.
赵书勤	1993	集安出土的高句丽铁锅	『高句丽研究文集』, 延边大学出版社
赵书勤	1997	集安两件馆藏文物名称少考	『博物馆研究』1997(2)
赵书勤	1997	集安发现-处高句丽时期的小手工业作坊遗址	『博物馆研究』1997(2)
赵书勤	1998	一件夏原的鎏金饰	『博物馆研究』1998(1)
刁书仁	2001	中朝边界沿革史研究	『中国边疆史地研究』4
曺讯	1980	叆河尖古城和汉安平瓦当	『考古』1980(6)
赵永春	2002	关于中国历史上疆域问题的几点认识	『中国边疆史地研究』3
赵永春	2005	认识中国历史疆域的几个原则	『高句丽历史问题论文集』
赵玉敏	2004	好太王碑载高句丽族源神话考	『东北史地』2004(10)

赵耀	1994	爱用石头的民族-高句丽族	『东北师大报』1994.9.25.
赵展	1999	试论高句丽的社会制度	『中央民族大学学报』(哲学社会科学版)4
曹正榕 朱涵康	1962	吉林辑安榆林河流域高句丽古墓调查	『考古 1962』(11)
曹正榕 朱涵康	1961	吉林集安榆林河流域高句丽建筑遗址的清理	『考古』1961：1
赵霞	2002	高句丽乐舞与吴越文化的渊源窥探	『绍兴文理学院学报』6
赵红梅	2004	真番郡考疑	『社会科学战线』6
赵红梅	2006	沃沮族称探析	『黑龙江民族丛刊』2
赵红梅	2006	玄菟太守考略	『史学集刊』2
赵晓刚	2003	石台子山城城名考辨	『北方文物』3
宗然	1993	高句丽文化国际学术会	『世界史研究动态』1993(10)
朱建平	1998	古代中韩医药交流	『当代韩国』1
周国林	1988	对《毋丘俭纪功碑》的一点异论	『中国文物报』1988.6.17.
朱昱暾	1995	高句丽与日本的交往	『社会科学战线』1995(5)
周英顺	1993	好太王碑书法浅谈	『高句丽研究文集』, 延边大学出版社
周英顺	1993	高句丽无釉陶器修复	『高句丽研究文集』, 延边大学出版社
周定国	2003	朝鲜韩国和高丽三个称谓的由来	『中国测绘』4
周采赫	2000	呼伦贝尔一带的'貊'槁离和'蒙'槁离	『呼伦贝尔学院学报』2
周采赫	2003	蒙古和朝鲜族的起源－"蒙Gooli"和"貊Gooli"	『蒙古学信息』1
朱春荣	1997	高句丽朱蒙神话溯源	『高句丽渤海研究集成』卷一, 哈尔宾出版社
朱恒夫	1996	韩族始祖神话的文化意义及中韩始祖神话比较	『民族艺术』4
周向永	1993	辽北东部山地青铜文化族属刍议	『辽宁大学学报』(哲学社会科学版)5
周向永	1994	高句丽金山城考	『博物馆研究』1994(3)
周向永	1996	辽宁开原境内的高句丽城址	『北方文物』1
周向永	1997	唐安东都护府延津州治考略	『辽海文物学刊』1
周向永	1998	高离族源试探	『内蒙古社会科学』(汉文版)4
周向永	1998	纥升骨词义发微	『博物馆研究』1998(1)

周向永	2005	辽宁开原建材村所出铜刀铭文涵义考	『北方文物』1
周向永 王兆华	1996	辽宁铁岭市催阵堡山城调查	『考古 』1996(7)
周向永王兆华	2001	辽宁铁岭张楼子山城调查	『北方文物』2001(2)
朱铉男	1995	高句丽的王室遗裔辽阳高氏家族	『高句丽研究』1
周惠泉	1998	古代东北少数民族发展史论	『社会科学辑刊』2
周惠泉	2001	东北民族文化与中华文化	『海南师范学院学报』(人文社会科学版)6
朱晓东 高文俊	2006	日韩学者对三国史记的研究	『东北史地』2006-2
中国文物地图集 吉林分册 编辑组(方起东)	1991	吉林省文物概述	『博物馆研究』1991(3)
中沈	1992	我城宽甸境内发现-罕见古井	『沈阳晚报』1992.1.26.
曾宪姝	1997	试评高句丽太祖王	『高句丽历史与文化研究』, 吉林文史出版社
曾宪姝	1996	高句丽好太王时期的扩张活动	『通化师范学院学报』1
迟勇	1993	高句丽封土墓的保护与管理	『高句丽研究文集』, 延边大学出版社
迟勇	1993	高句丽都城的战略防御系统	『高句丽研究文集』, 延边大学出版社
智喜君	2001	中原王朝同高句丽的关系不是中外关系—对现行高校历史教材的一点看法	『鞍山师范学院学报』4
陈光崇	1995	论隋唐之际经略辽海地区的战争	『益阳师专学报』1
陈大为	1960	桓仁县考古调查发掘简报	『考古』1
陈大为	1981	桓仁高句丽积石墓的外形和内部结构	『辽宁文物』1981(2)
陈大为	1981	试论桓仁高句丽积石墓的类型, 年代及其演变	『辽宁省考古博物馆学会成立大会会刊』
陈大为	1982	清源县英额门山城子调查记	『辽宁文物』1982(3)
陈大为	1986	辽宁高句丽山城初探	『中国考古学会第五次年会论文集』, 文物出版社
陈大为	1989	辽宁境内高句丽遗迹	『辽海文物学刊』1
陈大为	1992	抚顺高尔山城结构市局辨析	『辽海文物学刊』1992(2)
陈大为	1995	辽宁高句丽山城再探	『北方文物』3
陈大为	1995	辽阳岩州城山城	『辽海文物学刊』1
陈大为	1995	辽宁高句丽山城再探	『北方文物』1995(3)
陈大为	1995	辽阳岩州城山城	『辽海文物学刊』1995(1)

陈陶然 2005 关于高句丽好太王徵服东夫馀的几个问题 『东北史地』2005-4
陈立柱 2000 王莽与周边民族关系新论 『安徽史学』3
陈芳芝 1988 魏晋南北朝时期的东北地区 『北京大学学报』(哲学社会科学版)3
陈鹏 陈琳 2005 高句丽文化归属于中国东北"汉文化圈" 『东北史地』2005-5
陈相伟 1965 吉林辑安浑江中流的三处新石器时代遗址 『考古』1965(1)
陈相伟 1982 集安长川二号封土墓发掘简记 『文物考古汇编』1982-1
陈相伟 1985 吉林省考古历史述要『东北地方史研究』 1985(2)
秦升阳 1996 唐代对高句丽的政策及其演变 『通化师范学院学报』1
秦升阳 1997 高句丽名相-乙豆智明临答夫 『高句丽历史与文化研究』, 吉林文史出版社
秦升阳 1997 高句丽人口问题研究 『通化师范学院学报』4
秦升阳 1998 高句丽王朝继统法刍议 『通化师范学院学报』2
秦升阳 2003 高句丽的军事扩张及其疆域变迁 『通化师范学院学报』1
秦升阳 2004 高句丽王城王陵及贵族墓葬 『东北史地』2004(7)
秦升阳 2005 高句丽法律问题研究 『中国边疆史地研究』2005-3
秦升阳 2005 高句丽自然宗教信仰活动及俗制的解析 『东北史地』2005(1)
阵连开 1981 唐代辽东若干地名考释 『社会科学辑刊』1981(3)
秦维国 1991 好太王碑及其书法艺术 『菲律宾商报』1991.9.25.
秦维国 1991 刻在"关东第一石"上的珍贵历史和书法 新加坡『联合早报』1991.4.26.
秦维国 1992 好太王碑笔法浅谈 『企业文化报』1992.6.25.
陈兆夏 1982 高句丽壁画艺术初探 『中国画研究』1982(2)
陈钟远 王宇 2001 好太王碑乙未岁鐫文补识 『博物馆研究』2
陈仲明 1990 组犷雄的高句丽书法 『书法报』1990.1.31.
陈春霞 2003 突地稽"举部落"内附不当简为"举落"内附 『北方文物』2
陈平 2004 高句丽山城名辨析 『博物馆研究』2
陈平 2005 试析高句丽山城的起源 『内蒙古文物考古』2005-2
陈蒲清 1995 论古代朝鲜的寓言创伤 『湖南师范大学教育科学学报』6

陈蒲清　1996　古朝鲜族源神话与古代朝中文化关系　『求索』3
集安县文管所(阎毅之, 林至德) 1984　集安高句丽内城的调查与试掘　『文物』1984(1)
集安县文物保管所　1979　集安县两座高句丽积石墓的清理　『考古』1
集安县文物保管所　吉林省文物工作队(李殿福) 1981　吉林辑安洞沟三室墓理记 『考古与文物』1981(3)
集安县文物保管所(张雪岩)　1981　集安发现青铜短剑墓　『考古』1981(5)
集安县文物保管所(赵书勤　周云台) 1982　集安万宝汀242古墓清理简报　『考古与文物』1982(6)
集安县文物保管所 (赵书勤)　1984　集安老虎哨古墓发掘简报 『文物』1984(1)
集安县文物保管所(孙仁杰 董长富 迟勇) 1985 集安浑江流域新石器时代遗址调查　『博物馆研究』1985(3)
集安县文物保管所(孙仁杰 迟 勇)　1984　集安县新发现的两处高句丽墓群 『博物馆研究』1984(1)
集安县文物保管所(孙仁杰)　1984　集安县上下活龙古墓发掘简报 『文物』1984(1)
集安县文物保管所(阎毅之 林至德 赵书勤)　1983　集安高句丽墓葬发掘简报 『考古』1983(4)
集安县文物保管所(张雪岩 周云台)　1986　集安岭前鸭绿江流域原始社会遗址　『博物馆研究』1986(2)
『集安县志』编纂委员会　1931　好太王碑石文　『集安县志』

(차)

铁兄　1984　‘毋丘俭’与‘母丘俭辨　『社会科学战线』1984(2)
焦润明　2003　关于历史疆域归属若干理论问题的研究　『中国边疆史地研究』2
丛文俊　1996　关于高句丽好太王碑文字与书法之研究　韩国『高句丽研究』第4辑
崔国玺　1986　魏幽州刺史毋丘俭　『东北历史名人传』古代卷上, 吉林文史出版社
崔双来　1997　丹东地区高句丽山城及其墓葬考察纪要　『高句丽渤海研究集成』卷三, 哈尔滨出版社
崔永哲　1999　高句丽与孙吴的交往　『东疆学刊』4
崔玉宽　1986　凤凰山古城　『丹东史志』1986(1)
崔玉宽　1986　乌骨城考　『丹东史志』1986(1)
崔玉宽　1994　凤凰山山城调查简报　『辽海文物学刊』1994(2)
崔昌源　2002　从图腾文化痕迹看中韩古代民族之关系　『内蒙古师范大学学报』(哲学社会科学版)6
崔羲秀　1992　高句丽火神崇拜　中国朝鲜民俗论文集

崔羲秀　1992　朝鲜族和满族的始祖传说的比较　『延边大学学报』(社会科学版)1
崔羲秀　1998　朝鲜族与满族始祖传说、神话之比较　『延边大学学报』(社会科学版)2
秋 石　1994　毌丘俭纪功碑与毌丘俭　『方地研究』1994(1)
祝立业　2003　高句丽长寿王评传　『博物馆研究』4
祝立业　2003　论南北朝时期高句丽王国的内外政策　『社会科学战线』2003(2)
祝立业　2005　兼论高句丽王权与部权的消长　『东北史地』2005-5
祝立业　2006　从"五国五部化"到"五部一体化"-论高句丽王权与部权的消长　『高句丽史新研究』延边大学出版社
沈西　1982　关于高句丽丸都山城绍介的几个问题　『文物』1982(9)

(타)

汤池　1989　汉魏南北朝的墓室壁画 『中国美术全集』绘画编12 墓室壁画, 文物出版社
汤夺先　2002　试论新莽时期的民族政策　『湖北民族学院学报』(哲学社会科学版)4
通讯　1979　南朝鲜发现高句丽拓境碑　『朝鲜史研究』态 1979(3)
通讯报导　1988　(桓仁县)拐磨子发现青铜时代遗物　『辽宁日报』1988.10.18

(파)

彭作禄　1995　中朝"丝稠之路"辨考（下）　『丹东师专学报』4
冯家会　2006　辽河流域举世无双的宏伟建筑-古长城　『辽河』2006-4
冯季昌　1989　东北历代行政建置特点刍议　『北方文物』1
冯季昌　1990　古代东北民族建置述论　『辽宁大学学报』(哲学社会科学版)2
冯永谦　1992　丹东虎山高句丽遗址　『中国考古学年鉴』, 文物出版社
冯永谦　1997　高句丽泊汋城址的发现与考证　『北方史地研究』
冯永谦　2002　高句丽千里长城建置辨　『社会科学战线』2002(1)

(하)

何满潮 2005 国家重点文物保护工程－高句丽将军坟变形破坏机理研究 『岩石力学与工程学报』 2005-13

何满潮 王树仁 杨国兴 毛利勤 孙崇华 2004 高句丽将军坟稳定性评价及防护对策 『岩土力学』 2004(2)

何明 1992 集安市高句丽国内城马面基址 『中国考古学年鉴』, 文物出版社

何明 孙仁杰 林世贤 2002 集安麻线安子沟高句丽墓葬调查与清理 『北方文物』 2002(2)

何明 张雪岩 2003 吉林集安高句丽国内城马面址清理简报 『北方文物』 2003(3)

郝庆云 1996 曹魏军队进入"肃慎南界"考 『黑龙江史志』1

郝庆云 2003 简述渤海国主体民族的族属 『黑龙江民族丛刊』2

郝武华 2000 高尔山城考 『中国地名』2

韩今玉 1982 三十年来朝鲜历史学界研究三国时期社会性质政况简界 『朝鲜史通讯』(4)

韩瑞常 1995 试论东北亚奴隶社会的政治制度 『求是学刊』5

韩升 1995 "魏伐百济"与南北朝时期东亚国际关系 『历史研究』3

韩升 1996 隋炀帝伐高句丽之谜 『漳州师院学报』 1996(1)

韩升 1997 隋炀帝"辽东之役"刍议 『军事历史』2

韩升 1999 南北朝隋唐时代东亚的"佛教外交" 『佛学研究』

韩升 2000 唐朝对高句丽政策论析 海交史研究2000-1

韩忠富 2001 国内高句丽归属问题研究综述 『社会科学战线』2001(5)

许能洙 1998 中、朝、日佛教初传期比较 『延边大学学报』(社会科学版)1

许明网 1996 大连地区高句丽四座山城略考 『博物馆研究』1996(1)

许玉林 任鸿魁 1991 辽宁凤城胡家堡,孟家积石墓发掘简报 『博物馆研究』2

许泰一 1985 庆兴府赤岛纪迹碑铭的发现与考略 『延边大学学报』1985(1)1985.3.

许宪范 1985 濊貊迁徙考 『民族研究』4

许宪范 1985 '高句丽'名称由来及其民族形成 『延边大学学报』1985(2)

허호일 1990 주몽전설에 반영된 민족문화의식 『조선학연구』제2권 1990, 연변대학출판사, 연길.

佡俊岩 2002 从石台子山城看高句丽对山城选置,结构布局及建筑艺术 『博物馆研究』2

胡佳 2004 中韩"历史风波"暂歇 『南风窗』18

胡黎霞 2005 高句丽遗址的历史文化旅游价值与旅游文化教育的思考 『东北史地』2005-5
鸿 鹄 2000 安岳三号墓研究述评 『黑土地的古代文明』, 远方出版社
鸿鹄 2005 高句丽国相制度研究 『东北史地』2005-6
洪晴玉 1959 关于冬寿墓的发现和研究 『考古』1959(1)
华岩杰勇 1985 集安出土的几方铜印 『北方文物』1985(4)
华岩 1985 吉林集安出土的几方铜印 『北方文物』4
华阳 2004 东北地区古代火炕初探 『北方文物』1
华阳 2005 浅析褥萨的产生 『东北史地』2005-6
禾摘 1992 高句丽族称及其族属 『学术研究丛刊』1992(1)
黄甲元 1996 两封王后一封太后的高句丽女于氏 『通化师范学院学报』1
黄甲元 1996 高句丽长寿王高琏传略 『通化师范学院学报』1
黄甲元 1997 高句丽王狩猎考略 『通化师范学院学报』1
黄大年 2002 略论辽东佛教传布 『佛学研究』
黄岚 2004 从考古学看高句丽民族的饮食习俗 『东北史地』2004(9)
黄斌 黄林岐 2000 浅谈高句丽的战略防御配系和基本战法 『黑土地的古代文明』, 远方出版社
黄约瑟(香港) 1993 试论随代对高句丽的认识 『高句丽文化国际学术会论文集』
黄千 2005 高句丽壁画的本质特征探析 『通化师范学院学报』2005-5
晓文 1990 外星文明曾否光顾这里-集安高句丽古墓群人面石刻之新思索 『吉林日报』1990.12.5.

(저자명이 불명인 책)

旧拓好太王碑 『上海有正书局辑』1909.5
古鉴阁藏好太王碑 上海艺苑真赏社编缉出板 1929
好太王碑 『东三省古迹遗闻』1932
魏 毋丘俭丸都纪功石刻残石 『河北第一博物院画报』1934.5・6.
朝鲜发现高句丽时代古墓 『文物参考资料』1953-4
好太王碑考释 『古史考存』, 人民出版社, 1958

德兴里古墓的秘密-北朝鲜引人汪目的发掘调查 『参考消息』1980.12.5

朝鲜发现高句丽时代古墓 『文物参考资料』1995(4)

桓仁,抚顺的高句丽古墓 『高句丽渤海研究集成』 卷二, 哈尔滨出版社, 1997

关于对东北民族与疆域若干问题的研究 『东北民族与疆域研究动态』 1999(2)

好太王碑—高句丽历史的见证 『大连民族学院学报』2000(2)

「1999年全国十大考古新发现之一-通化万发拨子遗址」 『中国文物报』2000.5.31.

제 3부 분야별 논문목록

1. 금석문

杨頤	1887	好太王碑考订	
王志修	1895	高句丽永乐好太王碑考	『奉天军粮署』
叔问	1900	郑氏高句丽永乐好太王碑释文纂考书後	『高丽国永乐好太王碑释文纂考』
吴重熹	1900	高句丽永乐好太王碑文纂考後跋	『高丽国永乐好太王碑释文纂考』
陆心源	1900	高句丽广开土王谈德纪勋碑跋	『仪顾堂续跋』
郑文焯	1900	高丽国永乐好太王碑释文纂考(平湖朱氏刻本)平 湖朱氏刻本	
荣禧	1903	高句丽永乐太王墓碑谰言	『古高句丽永乐太王墓碑文考』
荣禧	1903	高句丽永乐太王墓碑文	『古高句丽永乐太王墓碑文考』
罗振玉	1908	高丽好太王碑释文	『国粹学报』4 : 10
罗振玉	1908	好太王陵砖跋	唐风楼金石文字跋尾
罗振玉	1909	高丽好太王碑跋	『神州国光集』 卷9 (3)
罗振玉	1909	好太王陵碑	『俑庐日扎』
杨守敬	1909	高句丽广开土好太王碑跋	『高丽好太王碑』
叶昌炽	1909	奉天一则	『语石』, 苏州振新书社
	1909	旧拓好太王碑	『上海有正书局辑』1909.5
付云龙	1910	高丽好太王碑跋	『长白汇徵录』 卷8
徐树钧	1910	高句丽好太王碑释文	『宝鸭斋题跋』(宏文化石印手稿本)
张凰台	1910	释高句丽碑文	『长白汇徵录』 卷8
吴光国	1915	高句丽古碑文	『辑安县乡土志』
杨宝镛	1918	好太王砖跋	『梦碧簃石言』
刘承千	1922	晋高句丽好太王碑	『海东金石苑补遗』
刘承千	1922	好太王碑跋尾	『海东金石苑补遗』
欧阳辅	1923	高丽好太王碑	『集古求真』 卷3, 江西开智书局石印手稿本

刘节	1928	好太王碑考释	『国学论丛』2-1
梁启超	1931	跋刘子植好太王碑考释	『北平图书馆馆刊』5：4, 1931.8.
于云峰	1931	好太王碑文及拔	『集安县志』
『集安县志』编纂委员会	1931	好太王碑石文	『集安县志』
金毓黻	1932	高句丽好太王释文及按语	『辽东文献征略』
谈国桓	1932	好太王碑手札	『辽东文献征略』
张延厚	1932	好太王碑拔语	『辽东文献征略』
	1932	好太王碑	『东三省古迹遗闻』
杨伯馨	1933	高丽墓碑	『沛故』
藏式毅, 王树楠, 金毓黻	1934	晋高句丽好太王碑释文	『奉天通志』
	1934	魏 毋丘俭丸都纪功石刻残石	『河北第一博物院画报』1934, (5・6)
罗福頤	1937	高句丽好太王碑释文	『满洲金石志』
王国维	1940	魏 毌丘俭丸都山纪功石刻跋	『王国维遗书』
劳干	1943	跋高句丽大兄冉牟墓志兼论高句丽都城之位置	『中央研究院历史语言研究所集刊』11本
	1958	好太王碑考释	『古史考存』, 人民出版社
常宗豪	1973	高句丽广开土好太王碑跋	『联合书院学报』11
文一	1979	南朝鲜史学界对'高句丽拓境碑'的研究进展情况	『朝鲜史动态』1979년 5기
通讯	1979	南朝鲜发现高句丽拓境碑	『朝鲜史研究态』1979(3)
段成桂	1981	好太王碑述略	书法 1981(3)
朴真奭	1981	试论广开土碑文的"辛卯年记事"	『朝鲜史通讯』1981(3)
刘景文	1981	好太王碑与好太王陵	『吉林文物』1981.6.20.
刘永智	1981	好太王碑"辛卯年"记事初探	『学术研究丛刊』1981(2)
刘永智	1981	最新发现的高句丽碑	『学术研究丛刊』1981(1)
王建群	1982	好太王碑乙未年纪事考释	『博物馆研究』1982(1)
高明士	1983	访劳贞一院士谈高句丽好太王碑	台湾 『韩国学报』1983(3)
高明士	1983	台湾所藏的高句丽好太王碑拓本	台湾 『韩国学报』1983(3)

王建群	1983	好太王碑文译注(上)	『博物馆研究』1983(1)
王建群	1983	好太王碑文译注(下)	『博物馆研究』1983(3)
王建群	1983	好太王碑的发现和捶拓	『社会科学战线』1983(4)
刘永智	1983	关于好太王碑争论的问题	『东北史研究』1983(1)
耿铁华译	1984	高句丽的好太王碑和好太王	『文物天地』1984-6
高明士	1984	《台湾所藏的高句丽好太王碑拓本》补述-兼述好太王碑研究近况	台湾『韩国学报』1984(4)
刘永智	1984	《广开土境平安好太王碑文释略》初评	『学术研究丛刊』1984(1)
耿铁华	1985	高句丽好太王碑及高句丽王朝与好太王	日本『市民之古代』第7集
高明士	1985	高句丽好太王碑研究的近况与展望	日本『邪马台国』第26辑
望 月	1985	中日“好太王碑长春讨论会”召开	『世界史研究动态』1985(10)
方 卯	1985	我研究好太王碑主要学术成果简介	『吉林文物』1985.5.15.
方起东	1985	我省文物考古工作者应邀赴日参加好太王碑学术讨论会	『吉林文物』1985.5.15.
索介然	1985	中日学者长春“好太王碑讨论会” 介绍	『中国史研究动态』1985(10)
沈 西	1985	我派出代表团参加在日本奉行的好太王碑学术讨论会	『博物馆研究』1985(1)
吴琦幸	1985	叶昌炽与好太王碑研究	『社会科学战线』1985(4)
王建群	1985	和好太王碑研究有关的几个问题	『博物馆研究』1985(1)
王建群	1985	关于九州大学脏好太王碑拓本的拓制年代	『好太王碑-四,五世纪的东亚与日本』, 日本 东方书店
刘凤翥	1985	《好太王碑研究》介绍	『民族研究动态』1985(1)
刘永智	1985	好太王碑的发现和捶拓发现及其他	『社会科学战线』1985(1)
许泰一	1985	庆兴府赤岛纪迹碑铭的发现与考略	『延边大学学报』1985-3
耿铁华	1986	好太王碑新考	『好太王碑争论之解明』, 日本 新泉社
罗继祖 丛文俊	1986	简谈好太王碑字体	『博物馆研究』1986(1)
王建群	1986	申采浩对好太王碑的论述和他辑安纪闻	『博物馆研究』1986(3)
刘永智	1986	《高句丽碑出土记》刍议	『学术研究丛刊』1986(4)
耿铁华	1987	高句丽贵族冉牟墓及墓志考	『辽海文物学刊』2
耿铁华	1988	好太王碑火前无完整拓本	『考古与文物』1988(1)

耿铁华	1988	好太王碑发现时间新探	日本『 市民之古代』第10集
耿铁华	1988	好太王碑火烧以前没有完全的拓本	日本『市民之古代』第10集
耿铁华	1988	对毋丘俭纪功碑的几点说明	『中国文物报』1988.7.22.
耿铁华	1988	毋丘俭纪功碑考略	『中国文物报』1988.4.29.
周国林	1988	对≪毋丘俭纪功碑≫的一点异论	『中国文物报』1988.6.17.
盛昱	1989	好太王碑释文	
李德山	1989	好太王碑研究综述	『古籍整理研究学刊』5
李缙云	1989	前所未见的好太王碑陵字	『中国文物报』1989.8.25.
施蛰存	1989	魏丸都的纪功碑残石	『北山集古录』, 巴蜀书社
王国维	1989	丸都山纪功碑刻拔	『观堂集林』卷20
耿铁华	1990	好太王碑的保护与现状	『文博』1990(2)
王纯信	1990	高句丽, 高丽及≪好太王碑≫-兼与陈仲明先生商榷	『书法报』1990.8.22.
王仲殊	1990	关于好太王碑文辛卯年条的释读	『考古』1990(11)
陆心源	1990	高句丽广开土王谈德纪勋碑跋	『仪顾堂续跋』
王仲殊	1991	再论好太王碑文辛卯年的释读	『考古』1991(12)
秦维国	1991	好太王碑及其书法艺术	『菲律宾商报』1991.9.25.
耿铁华	1992	好太王碑"辛卯年"句考释	『考古与文物』1992(4)
朴真奭	1992	关于好太王碑文的东夫余	『朝鲜学国际学术讨论会文集』
王建群	1992	集安高句丽好太王碑	『中国文物报』1992.3.8.
王会庵	1992	漫话≪好太王碑≫	『中国文物报』1992.4.12.
秦维国	1992	好太王碑笔法浅谈	企业文化报 1992.6.25.
徐光辉	1992	中原高句丽碑	『东北亚历史与文物』, 辽湳书社
耿铁华	1993	集安高句丽历史与好太王碑	『高句丽研究文集』, 延边大学出版社
徐建新	1993	高句丽好太王碑研究史概述	『世界史研究动态』1993(10)
王培真 徐建新	1993	好太王碑原石拓本的新发现及其研究	『世界历史』1993(2)
钱星博	1993	高句丽好太碑研究概述	『文物天地』1993(5)

周英顺	1993	好太王碑书法浅谈	『高句丽研究文集』, 延边大学出版社
耿铁华	1994	中国学者对好太王碑的研究	『高丽学研究』1994(1)
朴真奭	1994	好太王陵考	『高句丽学研究』1994(3)
朴真奭	1994	好太王碑别体字考高句丽文化	『国际学术会论文集』, 海外韩民族研究所编
朴真奭	1994	中国对好太王碑的研究动态与争点-以申卯年纪事为中心 韩国 京畿大学校博物馆	『广开土王碑研究的再照明』
朴真奭	1994	关于好太王碑文别体字的考证 韩国 海外韩民族研究所	『高句丽文化国际学术会议论文集』
方正铁	1994	高句丽"广开土王"开元年的考证	『图书馆学研究』6
徐建新	1994	北京收藏的好太王碑原石拓本及其意义 日本	『明治大学国际交流基金会 外国学者讲演录』1994(2号)
徐建新	1994	北京现存好太王碑原石拓本的调查与研究-以王少箴藏本和北京图书馆藏本为中心	『韩国研究』1994(1)
刘子敏	1994	关于好太王碑"辛卯"句的语法分析	『延边教育学园学刊』1994(1,2)
秋 石	1994	毋丘俭纪功碑与毋丘俭	『方地研究』1994(1)
金其桢	1995	中国碑文化的世界影响	中外文化交流2
方起东	1995	好太王碑释文一得	『博物馆研究』1995(1)
徐建新	1995	好太王碑碑字的考察	『"走向国际化的日本" 国际学术研讨会论文集』, 天津人民出版社
徐建新	1995	关於北京发现的六种好太王碑原石拓本	『当代韩国』1
徐建新	1995	关于北京大学图书馆所藏好太王碑原石拓本	『世界历史』1995(2)
徐建新	1995	关于北京所藏好太王碑原石拓本	日本 『历史读本』1995年春季号(3月)
徐建新	1995	关于北京发现的六种好太王碑原石拓本	『当代韩国』1
王海萍	1995	辽宁省博物馆馆藏碑志综述	『辽海文物学刊』1
赵福香 孙慧艳	1995	清末辽东局势与好太王碑的发现	『通化师院学报』1995(3)
高明士	1996	台湾的好太王碑拓本以及碑文的研究	韩国『高句丽研究』第4辑
朴真奭	1996	辛卯年纪事再论	韩国『高句丽研究』第4辑
傅朗云	1996	『好太王碑』所载相关问题的思考	『社会科学战线』4
杨春吉 泛 犁	1996	好太王碑在集安	『新文化报』1996.12.30.

王建群	1996	广开土王碑文中"倭"的实体	韩国『高句丽研究』第4辑
人 杰	1996	推陈串新的《好太王碑新考》	『吉林日报』1996.2.28.
曹德全	1996	"太王陵为广开土王墓"质疑(下)	『博物馆研究』1996.10.8.
赵福香	1996	好太王碑研究的新成果－评『好太王碑新考』	『通化师范学院学报』1
丛文俊	1996	关于高句丽好太王碑文字与书法之研究	韩国『高句丽研究』第4辑
李乐营	1996	从冉牟墓志和好太王碑看高句丽书法	『通化师院学报』1996(1)
范犁 杨春吉	1997	初氏父子与好太王碑	『新文化报』1997.1.27.
徐德源	1997	高句丽好太王碑建立之原委与性质重探	『高句丽渤海研究集成』卷三, 哈尔滨出版社
朴真奭	1998	关于好太王碑文永乐五年条"碑丽"的考证	『延边大学朝鲜问题研究所 建所20周年论文集』
范犁 杨春吉	1998	王志修《高句丽永乐太王古碑歌》注释与说明	『通化师院学报』1998(2)
杨 燕	1998	北京大学图书馆藏《好太王碑》版本概况	『书法丛刊』1998(1)
范犁 杨春吉	1998	王国维与毋丘俭浅碑	『新文化报』1998.4.30.
高明士	1999	中央研究院历史语言研究所藏高句丽好太王碑乙本原石拓本的史学价值 台湾	『古今论卫』(3)
朴真奭	1999	北京大学图书馆藏好太王碑拓本采拓年代考证	『史学论丛』
徐建新	1999	好太王碑争论与原石拓本	『全国首届高句丽学术研讨会论文集』
刘丽霞	1999	我国学者研究好太王碑的三部著作及评介	『全国首届高句丽学术研讨会论文集』
耿铁华 李淑英	1999	冉牟墓志集释	『全国首届高句丽学术研讨会论文集』
	2000	好太王碑—高句丽历史的见证	『大连民族学院学报』2000(2)
耿铁华	2000	冉牟墓志与中原高句丽碑	韩国『中原高句丽碑研究』2000.12.30.
耿铁华	2001	中原高句丽碑考释	『通化师范学院学报』1
陈钟远 王宇	2001	好太王碑乙未岁鐫文补识	『博物馆研究』2
耿铁华	2002	好太王碑拓本收藏著录及其年代	『社会科学战线』1
孙丽萍 王萍	2002	黑龙江省博物馆馆藏『好太王碑』碑拓赏析	『北方文物』2002(2)
金在善	2003	好太王碑文研究	『宜宾学院学报』2
孙仁杰	2003	好太王碑现状观测与保护的思考	『博物馆研究』3
文章	2004	耿铁华教授新著『好太王碑一千五百八十年祭』出版	『通化师范学院学报』3

梁启政　2004　略述中外学者对好太王碑未记载好太王时期高句丽攻略辽东一事的研究 『东北史地』2004(6)
耿铁华　2005　好太王碑一千五百九十年祭　『中国边疆史地研究』3
武家昌　2005　集安两座高句丽墓上的石碑为"通天柱"说 『北方文物』3
徐建新　2005　高句丽好太王碑早期墨本的新发现－对1884年潘祖荫藏本的初步调查 『中国史研究』1

2. 고분 (적석총 중심)

朝鲜发现高句丽时代古墓　『文物参考资料』1953-4
俞伟超　1960　跋朝鲜平安南道顺川都龙凤里辽东城冢调查报告 『考古』1960(1)
陈大为　1960　桓仁县考古调查发掘简报　『考古』1
曹正榕 朱涵康 1962　吉林辑安榆林河流域高句丽古墓调查　『考古』1962(11)
吉林博物馆(王承礼 李殿福 方起东) 1964 吉林辑安盔坟四号和五号墓清理略记 『考古』1964(2)
吉林城博物馆 1964　吉林辑安五盔坟四号墓清理略记　『考古』1964-2
王增新　1964　辽宁抚顺市前屯, 洼浑木高句丽墓发掘简报 『考古』1964(10)
吉林省文物工作队(方起东) 1977 吉林集安的两座高句丽墓 『考古』1977(2)
集安县文物保管所　1979　集安县两座高句丽积石墓的清理 『考古』1
顾铭学　1980　译高句丽的墓葬　『朝鲜史通讯』1980(2)
李殿福　1980　集安高句丽墓研究　『考古』学报57, 1980(2)
陈大为　1981　桓仁高句丽积石墓的外形和内部结构 『辽宁文物』1981(2)
陈大为　1981　试论桓仁高句丽积石墓的类型, 年代及其演变 辽宁省考古博物馆学会成立大会会刊
集安县文物保管所 吉林省文物工作队(李殿福) 1981 吉林辑安洞沟三室墓理记 『考古与文物』1981(3)
集安县文物保管所 (张雪岩) 1981 集安发现青铜短剑墓 『考古』1981(5)
柳岚, 张云岩 1982　1976 年集安洞沟古墓清理　『文物考古汇编』1982-1
集安县文物保管所 (赵书勤 周云台) 1982 集安万宝汀242古墓清理简报 『考古与文物』1982(6)
方起东 林至德 1983　集安洞沟两座树立石碑的高句丽古墓　『考古与文物』1983(2)
畔 昊　1983　高句丽墓葬　『吉林文物』1983.4.10.

集安县文物保管所(阎毅之 林至德 赵书勤) 1983 集安高句丽墓葬发掘简报 『考古』1983(4)
吉林省文物工作队 集安县文物保管所(张雪岩 柳岚) 1984 「1976年集安洞沟古墓清理」『考古』1984(1)
孙仁杰 迟 勇 1984 在杨方金子塔上-记集安将军坟及其它文物胜迹 『文物天地』1984(6)
杨 泓 1984 高句丽墓葬的新发现 『新中国的考古发现和研究』
辽宁省博物馆(沈白文) 1984 辽宁本溪晋墓 『考古』1984(8)
集安县文物保管所 (赵书勤) 1984 集安老虎哨古墓发掘简报 『文物』1984(1)
集安县文物保管所(孙仁杰 迟 勇) 1984 集安县新发现的两处高句丽墓群 『博物馆研究』1984(1)
集安县文物保管所(孙仁杰) 1984 集安县上下活龙古墓发掘简报 『文物』1984(1)
方起东 1985 高句丽古墓的演进 『博物馆研究』1985(2)
方起东 1985 高句丽古墓的时代变化 『好太王碑-四,五世纪的东亚与日本』, 日本 东方书店
耿铁华 1986 集安禹山高句丽高墓 『中国考古年鉴』1986
方起东 1986 千秋墓, 太王陵和将军坟墓主人的推定 『博物馆研究』1986(2)
王承礼 1986 集安高句丽积石墓 『中国大百科全书』-考古学
魏存成 1987 高句丽积石墓的类型和演变 『考古学报』1987(3)
耿铁华 1988 集安县禹山高句丽墓葬 『中国考古学年鉴』1988.3.
王健群 1988 对集安古墓的新认识 『好太王碑与集安壁画古墓』, 日本木耳社
张雪岩 1988 集安两座高句丽封土墓 『博物馆研究』1988(1)
陈大为 1989 辽宁境内高句丽遗迹 『辽海文物学刊』1
朴润武 1990 长白县干沟子墓地调查 『博物馆研究』1990-1
魏存成 1990 高句丽, 渤海墓葬的比较 『大古民俗研究』1990(1集)
张志立 陈国庆 1990 东北石质葬具综述 『中国考古学会第六次年会论文集』
晓 文 1990 外星文明曾否光顾这里-集安高句丽古墓群人面石刻之新思索 『吉林日报』1990.12.5.
李正平 1991 集安高句丽墓室霉菌清除技术报告 『博物馆研究』1991-1
张雪岩 1991 吉林集安东大坡高句丽墓葬发掘简报 『考古』1991-1
张雪岩 1991 吉林集安高句丽墓葬发掘简报 『考古』1991(7)
郑永振 1991 高句丽, 渤海, 靺鞨墓葬形制比较研究 『百济研究』22集

许玉林 任鸿魁 1991 辽宁凤城胡家堡,孟家积石墓发掘简报 『博物馆研究』2

魏运亨 苗家生 1992 辽宁首次发掘出高句丽大墓-明长城起点处又现古国遗井 光明日报 1992.2.13.

吉林省文物考古研究所 集安市文物保管所(孙仁杰 迟勇 张雪岩) 1993 集安洞沟古墓群禹山墓区集锡公路墓葬发掘『高句丽研究文集』, 延边大学出版社

王炳山 1993 高句丽好太王陵疑考(上)-千秋墓,将军坟,太王陵不是好太王陵墓 『通化日报』1993.8.3.

王炳山 1993 高句丽好太王陵疑考(下)-兼及千秋墓,将军坟『通化日报』1993.9.7.

太王陵不是好太王陵墓 『通化日报』1993.8.3.

徐光辉 1993 高句丽积石墓研究 『青果集』, 知识出版社

孙仁杰 1993 高句丽串墓的考察与研究 『高句丽研究文集』, 延边大学出版社

孙仁杰 1993 谈高句丽积石墓保护管理 『高句丽研究文集』, 延边大学出版社

魏存成 1993 集安高句丽大型积石墓王陵 『青果集』, 知识出版社

张雪岩 1993 高句丽大型方坛阶梯石室墓的建筑与保护 『高句丽研究文集』, 延边大学出版社

朴润武 1994 鸭绿江流域千沟子高句丽积石墓的调查研究 『高句丽遗物研究』1994(1)

孙仁杰 1994 集安洞沟古墓群三座石墓葬清理 『博物馆研究』1994(2)

王侠 1994 高句丽抹角叠涩墓初论 『北方文物』1

梁志龙 王俊辉 1994 辽宁桓仁出土青铜遗物墓葬及相关问题 『博物馆研究』1994.2.

王炳山 1994 高句丽好太王陵疑考-兼及千秋墓 将军坟 『职大学报』4

魏存成 1994 再谈高句丽积石墓的类型和演变 『博物馆研究』1994(1)

郑永振 1994 高句丽, 渤海墓制的比较研究 『高句丽遗物研究』1994.2.

曹德全 1994 "太王陵为广开土王墓" 质疑(上) 『博物馆研究』1994(2)

丁英 1995 我国的19处古墓葬 『兰台世界』12

1995 朝鲜发现高句丽时代古墓 『文物参考资料』1995(4)

方起东 1996 高句丽墓葬研究中的几个问题 『辽海文物学刊』2

耿铁华 1997 高句丽冉牟墓研究 『高句丽历史与文化研究』, 吉林文史出版社

武家昌 1997 抚顺山龙石棚与积石墓 『辽海文物学刊』

范犁 1997 高句丽古墓的几个问题 『高句丽历史与文化』

孙仁杰 1997 论高句丽石室墓的起源 『高句丽历史与文化研究』, 吉林文史出版社
杨春吉 朴润泽 1997 千年古墓话维修 『新文化报』1997.10.2.
刘景文 王侠 1997 集安县高句丽及渤海墓葬 『高句丽渤海研究集成』卷二, 哈尔滨出版社
应方德 1997 洞沟古墓群 『高句丽渤海研究集成』卷二, 哈尔滨出版社
赵福香 1997 将军坟是高句丽长寿王陵 『高句丽历史与文化研究』, 吉林文史出版社
1997 桓仁,抚顺的高句丽古墓 『高句丽渤海研究集成』卷二, 哈尔滨出版社
林世贤 1998 吉林省集安洞沟古墓群七星山墓区两座古墓的考察 『北方文物』1998(4)
辽宁省文物考古研究所 ; 本溪市博物馆 ; 桓仁县文物管理所 1998 辽宁桓仁县高丽墓子高句丽积石墓 『考古』3
高远大 2000 维修中发现的两座高句丽积石石室壁画墓 『博物馆研究』2000(1)
吉林省文物考古研究所 2001 吉林长白县干沟子墓地发掘简报 『考古』8
吉林省文物考古研究所 通化市文物管理委员会办公室 2001 吉林通化市万发拔拔子遗址二十一号墓的发掘 『考古』8
齐俊, 梁志龙 2001 辽宁本溪县小市中心街高句丽墓 『北方文物』2001(2)
武家昌 2002 关于集安高句丽王陵的看法 『博物馆研究』4
孙仁杰 2002 高句丽石室墓起源的再探讨 『博物馆研究』4
宁会学 2002 高句丽始祖朱蒙墓何在 『博物馆研究』2
何明 孙仁杰 林世贤 2002 集安麻线安子沟高句丽墓葬调查与清理 『北方文物』2002(2)
李淑英, 耿铁华 2003 高句丽王陵及相关问题研究 『社会科学战线』2003(2)
孙仁杰 2004 洞沟高句丽墓地的分布与排列研究 『东北史地』2004(9)
宁会学 2004 桓仁米仓沟将军墓墓主考 『博物馆研究』3
柳岚 2004 高句丽的石串墓研究 『博物馆研究』4
柳岚 2004 高句丽王陵研究 『北方民族』2004(2)
何满潮 王树仁 杨国兴 毛利勤 孙崇华 2004 高句丽将军坟稳定性评价及防护对策 『岩土力学』2004(2)
耿铁华 2005 高句丽泉氏墓地调查及其价值 『东北史地』2005(4)
吉林省考古研究所、集安县博物馆 2005 洞沟古墓群禹山墓区JYM3319号墓发掘报告 『东北史地』2005-6
武家昌 2005 本溪小市墓及相关问题 『博物馆研究』2
拜根兴 2005 也论苏君墓当为苏定方墓 『考古与文物』5

柳岚 张雪岩 2005 高句丽封土墓研究 『博物馆研究』3
李健才 2005 唐代泉氏家族墓地不在集安在洛阳令人信服 『东北史地』2005-4
李殿福 2005 高句丽贵族有回葬旧茔之习俗集安五盔坟应为王陵 『东北史地』2005(4)
张福有 2005 赵振华洛阳西安出土北魏与唐高句丽人墓志及泉氏墓地 『东北史地』2005-4
张福有 赵振华 2005 洛阳、西安出土北魏与唐高句丽人墓志及泉氏墓地 『东北史地』2005(4)
郑君雷 2005 论"西汉墓幽州分布区" 『考古与文物』6
何满潮 2005 国家重点文物保护工程-高句丽将军坟变形破坏机理研究 『岩石力学与工程学报』2005-13
张福有 迟勇 孙仁杰 2006 集安蒿子沟墓地调查与东川王陵考 『东北史地』2006-3
张福有 孙仁杰 迟勇 2006 「豆谷豆谷离宫及琉璃明王陵」 『东北史地』2006-2

3. 벽화

宿 白 1952 朝鲜安岳所发现的冬寿墓 『文物参考资料』1952(1)
曲绍伯 1957 临摹辑安高句丽古墓壁画的经过 『吉林省文物工作通讯』
『文物参考资料』编辑部 1957 辽宁集安通沟高句丽时代墓的壁画 『文物参考资料』1957(1)
杨 泓 1958 高句丽壁画石墓 『文物参考资料』1958(4)
金畤农 1959 关於高句丽古坟壁画上乐器的研究 『音乐研究』1959-3,4
洪晴玉 1959 关于冬寿墓的发现和研究 『考古』1959(1)
李殿福 1962 高句丽壁画 『长春日报』1962.11.28.
吉林省博文物安考古队(方起东) 1964 吉林辑安麻线沟一号高句丽壁画 『考古』1964(10)
王承礼 韩淑华 1964 吉林辑安通沟第十二号高句丽壁画墓 『考古』1964(2)
李殿福 1980 集安高句丽壁画初探 『社会科学辑刊』4
1980 德兴里古墓的秘密-北朝鲜引人注目的发掘调查 『参考消息』1980.12.5
朴容绪 1981 德兴里壁画墓考 『朝鲜史通讯』1981(3)
李云铎 1981 德兴里古墓之人不是高句丽人而是中国人 『高句丽研究资料』1981(1)
李殿福 1981 集安洞沟三室壁画著录补正 『考古与文物』1981(3)

吉林省文物工作队 集安县文物保管所(陈相伟 方起东) 1982 「辑安长川一号壁画墓」『东北考古与历史』1982(1)
刘永智 1982 幽州刺史墓小考 『朝鲜史通讯』1982(4)
刘永智 1982 高句丽壁画与中国文化的关系 『学术研究丛刊』1982(4)
陈相伟 1982 集安长川二号封土墓发掘简记 『文物考古汇编』1982-1
陈兆夏 1982 高句丽壁画艺术初探 『中国画研究』1982(2)
吉林省文物工作队 1983 吉林辑安长川二号封土墓发掘记要 『考古与文物』1983(1)
吉林省文物工作队, 集安县文物保管所 1983 集安长川二号封土墓发掘简报 『考古与文物』1983-1
柳 岗 1983 高句丽的壁画墓 『吉林文物』1983.430.
刘永智 1983 幽州刺史墓考略 『历史研究』2
李殿福 1983 集安洞沟三座壁画墓 『考古』1983(4)
李殿福 1983 唐代渤海贞孝公主墓壁画与高句丽壁画比较研究 『北方文物』2
吉林省文物工作队(李殿福) 1984 吉林辑安五盔坟四号墓 『考古学报』1984(1)
董长富 文琳 1984 辑安高句丽古墓壁画 『文物天地』1984(6)
康 捷 1986 朝鲜德兴里壁画墓及其有关问题 『博物馆研究』1986(1)
耿铁华 1986 高句丽壁画中的社会经济 『北方文物』1986(3)
高占一 杜宇 1986 毋丘俭纪功碑发现始末 『博物馆研究』1986(3)
孙仁杰 1986 谈高句丽壁画墓中的莲花图案 『北方文物』4
刘萱堂 1986 五盔坟四号墓壁画中的龙 『吉林文物』1986.9.25
刘永智 1986 朝鲜学者对朝鲜平安南道发掘幽州刺史墓的看法 『国外社会科学情报』8
耿铁华 1987 从高句丽壁画中的战争题材,看高句丽军队与战争 『北方文物』3
耿铁华 李淑英 1987 高句丽壁画中的贵族生活 『博物馆研究』1987(2)
王侠 1987 我国东北古代民族的海上活动 『北方文物』1
耿铁华 1988 高句丽壁画中的宗教与祭祀 『辽海文物学刊』1988-2
孙仁桀 1988 ‘折天井’墓调查拾零 『博物馆研究』1988-3
汤池 1989 汉魏南北朝的墓室壁画 『中国美术全集』绘画编12 墓室壁画, 文物出版社
董长富 张中国 1992 集安高句丽壁画临摹的几点体会 『吉林省博物馆学会成立十周年纪念文集』

武家昌	1992	桓仁县米沟仓高句丽壁画大墓	『中国考古学年鉴』
武家昌 魏运亨	1992	桓仁发现高句丽壁画大墓	『中国文物报』1992.3.8.
于学岭	1992	辑安古墓壁画中的朝鲜族古代体育	『体育文化导刊』3
郑基焕	1992	高句丽壁画研究	『第四次朝鲜学国际学术讨论会论文概要』
赵东艳	1992	关于辑安高句丽壁画墓分期问题之我见	『东北地方史研究』1992(4)
耿铁华	1993	集安高句丽古墓壁画及其保护	『高句丽研究文集』, 延边大学出版社
耿铁华	1993	集安五盔坟五号墓井壁画新解	『北方文物』1993(3)
董长富 张中国	1993	集安高句丽壁画临摹述略	『高句丽研究文集』, 延边大学出版社
武家昌	1993	辽宁桓仁高句丽壁画墓	『中国文物报』1993.6.9.
王 侠	1993	集安高句丽封土石室墓与日本须曾虾夷古墓	『博物馆研究』1993(2)
刘一秀 武家昌	1993	我省首次发掘高句丽壁画大墓	『沈阳日报』1993.1.2.
迟勇	1993	高句丽封土墓的保护与管理	『高句丽研究文集』, 延边大学出版社
武家昌	1994	桓仁米仓沟将军墓壁画初探	『辽海文物学刊』1994(2)
刘伊丹	1994	试谈桓仁米仓沟将军墓壁画	『辽海文物学刊』1994
赵东艳	1995	试论集安高句丽壁画墓的分期	『北方文物』3
李正平	1996	吉林省古墓壁画保护措施的探讨	『博物馆研究』1996(1)
郑基焕	1996	中原文化与高句丽墓壁画	『高丽学研究』5
金维诺	1997	墓室壁画在美术史上的重要地位	『美术研究』2
武家昌	1997	米仓沟将军墓壁画及诸壁画墓被葬者的问题研究	韩国『高句丽研究』1997.7.21.
杨 育	1997	谈高句丽壁画中的舞蹈	『高句丽历史与文化研究』, 吉林文史出版社
刘萱堂	1997	中国集安高句丽壁画墓与辽东辽西汉魏晋壁画墓比较研究	韩国『高句丽研究』1997.7.21.
尹国有	1997	高句丽墓室壁画中的鸟图腾	『高句丽历史与文化研究』, 吉林文史出版社
尹国有	1997	高句丽壁画中的汤谷扶桑图	『高句丽历史与文化研究』, 吉林文史出版社
尹国有	1997	高句丽墓室壁画中的尚鸟艺术	『通化师范学院学报』3
尹国有	1997	高句丽壁画中的尚鸟艺术	『通化师院学报』1997(3)
李殿福	1997	通过高句丽古墓壁画看高句丽社会生活习俗的研究	韩国『高句丽研究』1997.7.21.

郑基焕	1997	集安高句丽墓壁画中的神画艺术	『美术研究』2
刘萱堂	1998	集安高句丽壁画墓研究概述	『北方文物』1
尹国有	1998	高句丽四神墓壁画"怪异面"新解	『通化师院学报』1998(1)
尹国有	1998	集安高句丽墓室壁画的艺术特征与表现形式	『通化师院学报』1998(2)
林至德	1998	集安高句丽壁画墓的演进及分期	『东北亚历史与考古信息』1998(2)
林至德	1998	集安高句丽壁画古墓的发现与保护	『东北亚历史与考古信息』1998(2)
马 彦	1999	德兴里壁画墓研究述评	『全国首届高句丽学术研讨会论文集』
杨春吉	1999	集安高句丽壁画的现状与保护研究	『全国首届高句丽学术研讨会论文集』
辽宁省文物局	1999	桓仁米仓沟壁画墓	『中国文物报』1999.11.30.
尹国有	1999	集安高句丽墓室壁画表现形式研究	『全国首届高句丽学术研讨会论文集』
尹国有	1999	高句丽壁画中的"天书"	『通化师范学院学报』3
李泽棉	1999	高句丽古墓壁画的创作思想	『辽宁大学学报』(哲学社会科学版)5
耿铁华	2000	高句丽壁画四神图及文化渊源	『黑土地的古代文明』, 远方出版社
鸿 鹄	2000	安岳三号墓研究述评	『黑土地的古代文明』, 远方出版社
董 峰	2001	集安高句丽古坟壁画墓中的四神图	『博物馆研究』2001-1
温玉成	2001	集安长川高句丽一号墓的佛教壁画	『敦煌研究』1
温玉成	2001	集安长川一号高句丽墓佛教壁画研究	『北方文物』2001(2)
李 歆	2001	高句丽冬寿夫妇像	『通化师范学院学报』3
方起东, 刘萱堂	2002	集安下解放第31号高句丽壁画墓	『北方文物』2002(3)
类维顺 姜鑫	2003	高句丽墓室壁画-中国美术史册中的瑰宝	吉林艺术学院学报 2003(2)
刘萱堂	2003	集安高句丽壁画墓与辽东辽西汉魏晋壁画墓比较研究	『博物馆研究』1
刘萱堂	2003	集安高句丽壁画墓与辽东辽西汉魏晋壁画墓比较研究(续篇一)	『博物馆研究』2
孙进己 孙泓	2004	公元3～7世纪集安与平壤地区壁画墓的族属与分期	『北方文物』2004(2)
王嘉信	2004	「『西周青铜器-利簋』『高句丽古墓壁画-伏羲女娲图』普资封」	『上海集邮』1
王纪	2004	高句丽壁画的远缘移植-我对高句丽风情剪纸的初探	『美术』10
刘萱堂	2004	集安高句丽壁画墓与辽东辽西汉魏晋壁画墓比较研究(续篇之二)	『博物馆研究』3

王纪	2005	高句丽壁画绘制技艺解析与临摹技术法研究	『东北史地』2005-5
王纪	2005	高句丽风情剪纸对高句丽壁画的远缘移植	『通化师范学院学报』3
张碧波	2005	高句丽壁画墓四神图像与中国的天文学、神话学	『北方文物』1
黄千	2005	高句丽壁画的本质特征探析	『通化师范学院学报』2005-5
武家昌	2006	冬寿墓壁画中的乐器及相关问题	『博物馆研究』1
魏学辉	2006	浅析中原壁画对高句丽壁画之影响	『东疆学刊』2006-1
耿铁华	2006	我国高句丽古墓壁画的研究历程	『高句丽史新研究』延边大学出版社

4. 정치

杨通方	1981	高句丽不存在山上王延优其人-论朝鲜『三国史记』有关高句丽君主世系问题	『世界历史』3
马彦	1983	乙支文德家世考证述评	『朝鲜研究文集』1983(2)
王仿生	1983	毌丘俭应是三国魏人	『文物』1983-1
元沈	1983	'朱蒙'考	『朝鲜问题研究丛书』1
耿铁华	1986	高句丽起源和建国问题探索	『求是学刊』1
范犁	1986	我国历史上的高句丽	『中国青年报』1986.9.26.
孙玉良	1986	高句丽名将泉盖苏文-附男生	『东北历史名人传』古代卷 上, 吉林文史出版社
孙玉良	1986	高句丽始祖朱蒙	『东北历史名人传』古代卷 上, 吉林文史出版社
孙玉良	1986	高句丽太祖高宫	『东北历史名人传』古代卷 上, 吉林文史出版社
柳永祥	1987	高句丽的迁都浅议	『辽宁大学学报』1987(5)
苏长青 陈德辉	1988	桓因地区的早期高句丽	『方志天地』1988(6)
柳永祥	1988	朱蒙与东明-高句丽始祖问题探索	『辽宁大学学报』1988(6)
张国庆	1988	略论汉武帝对乌桓和对濊东沃沮高句丽的不同治理方式	『沈阳师院学报』1988(3)
姜孟山	1989	高句丽五部	『朝鲜学国际学术会议文集』1989
朴真奭	1989	关于高句丽存在山上王与否的问题-与杨通方同志商榷	『世界历史』2
朴真奭	1989	好太王碑中的朱蒙王及其出身	『朝鲜学研究』1989(2)

张国庆	1989	西晋至北魏时期"护东夷校尉"初探	『中央民族大学学报』(哲学社会科学版)3
姜孟山	1990	高句丽的早期国家	『展望』1990(1)
朴真奭	1990	关于好太王碑的永乐年号	『渤海史研究』1990(1)
李健才	1990	关于高句丽南北道的探讨	『历史地理』1990(8)
李殿福	1991	高句丽易名高丽考	『高句丽渤海的考古与历史』, 学生社
刘子敏 金荣国	1994	关于'三国史记'所记太祖大王至东川王资料的辨析	『高丽学研究』1994(2)
刘子敏	1995	高句丽新大王伯固考	『延边大学学报』(社会科学版)3
韩瑞常	1995	试论东北亚奴隶社会的政治制度	『求是学刊』5
梁志龙	1996	高句丽史札五则	『博物馆研究』1996(3)
张甫白	1996	高句丽五部与统一的民族和国家	『黑龙江社会科学』1
秦升阳	1996	唐代对高句丽的政策及其演变	『通化师范学院学报』1
黄甲元	1996	两封王后一封太后的高句丽女于氏	『通化师范学院学报』1
黄甲元	1996	高句丽长寿王高琏传略	『通化师范学院学报』1
姜孟山	1997	高句丽族初期国家	『延边大学学报』 增刊
孙金花	1997	大朱留王史事考	『高句丽历史与文化研究』, 吉林文史出版社
梁志龙	1997	朱蒙考源	『社会科学战线』5
刘子敏	1997	'古高句丽'新探	『高句丽历史与文化研究』, 吉林文史出版社
李春祥	1997	高句丽东川王高位宫评传	『通化师范学院学报』2
曹德全	1997	高句丽名称辨疑	『高句丽渤海研究集成』 卷一, 哈尔宾出版社
曾宪姝	1997	试评高句丽太祖王	『高句丽历史与文化研究』, 吉林文史出版社
秦升阳	1997	高句丽名相-乙豆智明临答夫	『高句丽历史与文化研究』, 吉林文史出版社
孙进己	1997	高句丽国改称高丽的时间	『高句丽 渤海研究集成』1 哈尔滨出版社
孙进己	1997	高句丽国家的建立和发展	『高句丽 渤海研究集成』1 哈尔滨出版社
孙进己	1997	高句丽王国的地方建置	『高句丽 渤海研究集成』1 哈尔滨出版社
孙进己	1997	高句丽国家的灭亡	『高句丽 渤海研究集成』1 哈尔滨出版社
金在善	1998	高句丽职官考	『中央民族大学学报』(哲学社会科学版)5

梁志龙	1998	善射为朱蒙新解	『博物馆研究』1998(3)
李乐营	1998	高句丽法律、司法及其特点	『通化师范学院学报』4
李德山	1998	屈起于中国东北的古国-高句丽	『东北民族与疆域研究动态』1998(1)
赵宏伟	1998	高句丽诸王血统考略	『通化师范学院学报』2
秦升阳	1998	高句丽王朝継统法刍议	『通化师范学院学报』2
姜维东	1999	从夫余高句丽官制中的'加'看夫余玉文化与红山文化的关系	『全国首届高句丽学术研讨会论文集』
马大正	1999	深入研究 规范宣传 加强管理-关于高句丽问题研究和宣传工作的建议	『东北民族与疆域研究动态』1999(1)
孙文范	1999	高句丽迁都平壤刍议	『东北民族与疆域研究动态』1999(2)
杨保隆	1999	论高句丽与王氏高句丽无前后相承关系	『社会科学战线』1999(1)
梁志龙	1999	高句丽国王名号相似现象的分析	『北方文物』4
王炳山 曹德全	1999	高句丽始祖朱蒙姓"高"考析	『职大学报』1999(3)
王臻	1999	谈朱蒙类利在位时的高句丽国力	『史学论丛』1999-8月
刘子敏	1999	高句丽五部新探	『全国首届高句丽学术研讨会论文集』
李大龙	1999	东夷校尉考述	『黑龙江民族丛刊』3
李东源	1999	通过好太王碑看朱蒙建立高句丽国的年代	『延边大学学报』(社会科学版)1
李彦平	1999	关于安东都护府的性质复置与否等问题的探讨	『东北民族与疆域研究动态』1999(2)
张碧波	1999	略谈古朝鲜『高句丽研究』中的误区	『东北民族与疆域研究动态』1999(2)
张春霞	1999	高句丽国家的形成发展灭亡	『全国首届高句丽学术研讨会论文集』
曹德全	1999	"高句丽易名论"质疑	『全国首届高句丽学术研讨会论文集』
姜维东	2000	历史上的盖苏文政变	『黑土地的古代文明』, 远方出版社
高福顺	2000	"高丽记"所记高句丽官制体系的初步研究	『黑土地的古代文明』, 远方出版社
朴灿奎	2000	高句丽太祖王宫考	『东疆学刊』2000(4)
孙金花	2000	长寿王迁都及其陵墓考论	『通化师院学报』2000(6)
梁玉多	2000	关于'小高丽国'的几个问题	『黑土地的古代文明』, 远方出版社
杨春吉 耿铁华	2000	我国东北历史上的高句丽政权	『吉林日报』2000.6.30.

王绵厚	2000	高句丽的城邑制与其社会发展的发展略论	『黑土地的古代文明』, 远方出版社
刘 炬	2000	论唐朝的开明政策与高句丽灭亡之关系	『社会科学战线』2000-5
李乐营 秦升阳	2000	高句丽王位継统法考略	『黑土地的古代文明』, 远方出版社
朴灿奎	2001	高句丽之新大王和故国川王考	『东疆学刊』1
杨 军	2001	高句丽五部研究	『吉林大学社会科学学报』2001(4)
杨 军	2001	高句丽中央官制研究	『黑龙江民族丛刊』2001(4)
梁志龙	2001	高句丽史地拾零	『博物馆研究』2001-2
魏国忠 郭素美 魏建华	2001	关于渤日交聘中的"高丽国"问题	『北方文物』2001(1)
刘 炬	2001	试论盖苏文	『社会科学战线』5
李展福	2001	高句丽的灭亡	『博物馆研究』2001-1
傅朗云	2002	关于高句丽与朝鲜立国关系及其它	『博物馆研究』2
杨 军	2002	高句丽地方统治结构研究	『史学集刊』2002(1)
刘 炬	2002	周边政策僵化-高句丽灭亡的重要原因	『北方民族』2002(1)
刘子敏	2002	朱蒙之死新探-兼说高句丽迁都"国内"	『北方文物』2002(4)
李春祥	2002	从正史『高句丽传』看高句丽政权的内属性	『通化师范学院学报』2002(1)
李 渊	2002	唐安东都护府的几个问题	『黑龙江民族丛刊』3
张春海	2002	试析从古朝鲜至高句丽时代的韩国古代法	『解放军外国语学院学报』5
刘 炬	2003	高句丽相权考	『北方文物』2003(3)
郑德平	2003	安东都护府的设置, 撤销及其意义	『中国地名』1
祝立业	2003	高句丽长寿王评传	『博物馆研究』4
祝立业	2003	论南北朝时期高句丽王国的内外政策	『社会科学战线』2003(2)
耿铁华	2004	高句丽省称句丽考	『高句丽渤海历史问题研究论文集』
高福顺	2004	高句丽官制中的"加"	『东北史地』2004(8)
温玉成	2004	高句丽"相之国"	『北方文物』2004(3)
王绵厚	2004	关于确认高句丽历史地位的三要素	『高句丽渤海历史问题研究论文集』
李淑英 耿铁华	2004	高句丽建国时间考论	『学习与探索』2004(3)

程尼娜 2004 护东夷校尉考 『北方文物』4

杨军 2005 高句丽地方官制研究 『社会科学辑刊』6

梁志龙 2005 泉氏家族世系及其事略 『东北史地』2005-4

张碧波 2005 从百济高句丽灭国到渤海建国－公元663-713年间东北亚政治格局走向的历史解读 『东北史地』2005(1)

程尼娜 2005 唐代安东都护府研究 『社会科学辑刊』6

秦升阳 2005 高句丽法律问题研究 『中国边疆史地研究』2005-3

祝立业 2005 兼论高句丽王权与部权的消长 『东北史地』2005-5

鸿鹄 2005 高句丽国相制度研究 『东北史地』2005-6

华阳 2005 浅析褥萨的产生 『东北史地』2005-6

史长乐 2006 曾巩对高丽世次十问 『东北史地』2006-3

厉声 2006 高句丽 陌生的王朝 『华夏人文地理』2006-3

朴真奭 2006 关于拨奇与发岐几个问题的初步意见－以古朝鲜、汉四郡及高句丽研究为中心 『高句丽史新研究』延边大学出版社

祝立业 2006 从“五国五部化”到“五部一体化”－论高句丽王权与部权的消长 『高句丽史新研究』延边大学出版社

5. 민족문제

민족 및 종족의 기원 · 분포 · 유민 등

公孙燕 1962 论濊貊之‘貊’非东胡人-兼考汉初濊貊之望 『考古』1962(1)

李文信 孙守道 1962 古代辽宁境内的匈奴. 鲜卑和高句丽的文化遗存 『辽宁日报』1962.9.11

方起东 刘振华 1979 统一多民族国家的历史见证-吉林省文物考古工作三十年的主要收获 『文物考古工作三十年』, 文物出版社

孙进己 1981 我国北方民族的主源主流和多源多流问题 『求是学刊』4

杨通方 1981 濊貊族概貌 『朝鲜史通讯』1981(3)

孙进己 1982 渤海的族源 『学习与探索』3

姜孟山 1983 试论高句丽族的源流及其早期国家 『朝鲜史研究』总5)

禹钟烈 1983 高句丽民族的分布 『朝鲜史研究』总5) 1983

孙进己 1984 东北民族源流与分布学术讨论会综述 『民族研究』1

孙进己	1984	东北民族关系史的分期	『民族研究动态』4
庄 严	1983	高句丽族源初探	『朝鲜史研究』1983(5)
顾铭学 李云铎译	1984	高句丽的起源	『东北亚历史与考古』1984(4)
田 耘	1984	西岔沟古墓群族属问题浅析	『北方文物』1
孙进己	1985	历代东北民族的分布(上)	『东北地方史研究』2
孙进己	1985	积极开展濊貊史的研究	『松辽文物』1
许宪范	1985	濊貊迁徙考	『民族研究』4
许宪范	1985	'高句丽'名称由来及其民族形成	『延边大学学报』1985(2)
曲贵春	1986	古代秽貊研究	『史前研究』1986-(3,4)
曲 石	1986	试论濊貊与华夏、东夷族的关系	『北方文物』3
董万仑	1986	白山靺鞨五考	『北方文物』2
孙进己	1986	历古代东北民族的分布(下)	『东北地方史研究』1
孙进己	1986	秽貊源流考	『松辽文物』1986(2)
孙进己 张志立	1986	秽貊文化的探索	『辽海文物学刊』1986(1)
樊远生	1987	高句丽民族的探讨	『博物馆研究』1987(3)
王建群	1987	高句丽族属探究	『学习与探索』1987(6)
王绵厚	1987	古代高句丽族称深源	『辽海文物学刊』2
孙进己	1987	东北诸民族的形成发展过程	『东北地方史研究』4
孙进己	1988	秽貊史研究中的几个问题	『东北史研究导报』1
刘 庆	1988	"别种"杂说	『北方文物』1
张国庆	1988	略谈东北地区源于古代少数民族名称的地名	『黑龙江民族丛刊』1
姜孟山	1989	高句丽族起源的最初国家形态	『朝鲜学研究』 2卷, 延边大学出版社
王仁学	1989	从『旧唐书·渤海传』中"别种"的提法看渤海王族族属关系	『东疆学刊』3
赵凤彩	1989	我国境内朝鲜族族源及其人口发展	『人口学刊』3
孙进己	1989	东北民族分布研究中的一些理论问题	『东北地方史研究』2
冯季昌	1990	古代东北民族建置述论	『辽宁大学学报』(哲学社会科学版)2

孙进己	1991	韩民族的形成过程『国际朝鲜史学术会议发言稿』; 1995『东北亚民族史论研究』中州古籍出版社	
傅朗云	1992	中国东北与古代东北夷	『中国边疆史地研究』2
李德山	1992	高句丽族称及其族属考辨	『社会科学战线』1992(1)
禾 摘	1992	高句丽族称及其族属	『学术研究丛刊』1992(1)
孙进己	1992	人类学在东北民族史的应用	『人类学应用论集』学林出版社
孙进己	1992	新罗统一朝鲜半岛南部在朝鲜民族形成中的作用	『威海中国朝鲜史学术会议发言』
范 犁	1993	'高句丽族属探源'驳议	『高句丽研究文集』, 延边大学出版社
梁志龙	1993	梁貊略说	『辽海文物学刊』1993(1)
周向永	1993	辽北东部山地青铜文化族属刍议	『辽宁大学学报』(哲学社会科学版)5
金 岳	1994	东北貊族源流研究	『辽海文物学刊』1994(2)
孙进己	1994	渤海民族的形成发展过程	『北方文物』2
王绵厚	1994	关于汉以前东北"貊"族考古学文化的考察—兼论大石棚和石棺墓文化的族属与时代	『文物春秋』1
赵 耀	1994	爱用石头的民族-高句丽族	『东北师大报』1994.9.25.
高之谦	1995	关于高句丽长寿王后裔的研究-以'高氏家谱'为中心	『高句丽研究』1
傅朗云	1995	东北夷初探	克山师专学报1
傅朗云	1995	东北发族源流及其活动地区索证	『中国边疆史地研究』2
刘子敏	1995	简议"钜燕"与东北亚的若干古族—读	『山海经』『民族研究』4
李德山	1995	东北古民族源于东夷论	『东北师大学报』(哲学社会科学版)4
李宗勋	1995	高句丽源流略考	『中朝韩日关系史研究论丛』, 延边大学出版社
朱铉男	1995	高句丽的王室遗裔辽阳高氏家族	『高句丽研究』1
孙进己	1995	东北亚各族文明形成发展理论的研究	『东北亚文化研究』中州古籍出版社
金在善	1996	靺鞨小考－以粟末靺鞨为中心	『中央民族大学学报』(哲学社会科学版)3
马德谦	1996	"发"人刍议	『北方文物』2
杨 军	1996	秽与貊	烟台师范学院学报』(哲学社会科学版)4
杨小平	1996	论渤海国的主体民族问题	『黑龙江教育学院学报』4
刘子敏	1996	貊族考	『北方民族』1996(1)

刘子敏	1996	“高夷”考辨	『延边大学学报』(社会科学版)4
朴灿奎	1997	小水貊与梁貊关系考	『先史和古代』
王绵厚	1997	高句丽民族的起源及其考古学文化	『高句丽渤海研究集成』卷一, 哈尔宾出版社
李乐莹	1997	高句丽民族性格初探	『高句丽历史与文化研究』, 吉林文史出版社
孙进己	1997	高句丽族的起源	『高句丽 渤海研究集成』1 哈尔滨出版社
孙进己	1997	高句丽民族分布的变迁	『高句丽 渤海研究集成』1 哈尔滨出版社
孙进己	1997	高句丽王国的民族分布	『高句丽 渤海研究集成』1 哈尔滨出版社
孙进己	1997	高句丽族和周边各族的关系	『高句丽 渤海研究集成』1 哈尔滨出版社
孙进己	1997	高句丽民族的流向	『高句丽 渤海研究集成』1 哈尔滨出版社
孙泓	1997	「辽金时期渤海后裔中高句丽遗民的流向」	『全国辽史契丹史学术研讨会论文』阜新
耿铁华	1998	秽貊、高句丽及其相关问题	『通化师范学院学报』2
耿铁华	1998	秽貊、高句丽及其相关问题(二)	『通化师范学院学报』3
高路加	1998	渤海高氏与高姓宗族	『河北学刊』5
杨保隆	1998	高句骊族族源与高句骊人流向	『民族研究』4
王纯信	1998	高句丽民族“爱莲尚莲” 滥觞考论	『通化师院学报』1998(4)
刘 毅	1998	渤海国族源考－－以中国、	日本, 朝鲜史料为据『日本研究』4
李德山	1998	貊族的族源及其发展演变	『社会科学战线』1
张碧波	1998	渤海大氏考	『学习与探索』5
周向永	1998	高离族源试探	『内蒙古社会科学』(汉文版)4
周惠泉	1998	古代东北少数民族发展史论	『社会科学辑刊』2
耿铁华	1999	高句丽族源论稿(上)	『通化师范学院学报』1
耿铁华	1999	高句丽族源论稿(下)	『通化师范学院学报』3
董万仑	1999	古代东方秽与貊研究的再反思	『北方文物』4
傅朗云	1999	渤海“土人”新释	『黑龙江社会科学』3
孙进己	1999	关于东北民族史研究的一些问题	『民族研究』5
林 沄	1999	说“貊”	『史学集刊』4

孙 泓	1999	高句丽族的形成发展及消亡	『全国首届高句丽学术研讨会论文集』
朴灿奎	2000	小水貊与梁貊关系考-小水貊的地理位置和活动的时限考	『北方民族』2000(3)
傅朗云	2000	尤卡吉尔人族源考析—东北亚『民族研究』新议	『黑龙江民族丛刊』2
王臻 金星月	2000	高句丽"三貊"说	『延边大学学报』2000(2)
姚玉成	2000	"别种"探微	『北方文物』1
李树林	2000	"跃进文化"的考古发现与高句丽民族起源研究	『黑土地的古代文明』, 远方出版社
张军	2000	高句丽民族史诗略说	『黑土地的古代文明』, 远方出版社
周采赫	2000	呼伦贝尔一带的'貊'槁离和'蒙'槁离	『呼伦贝尔学院学报』2
孙进己	2000	对东北民族史研究方法的一些体会	『黑土地的古代文明』, 远方出版社
孙进己	2001	中国统一多民族国家的形成与发展	『史学集刊』3
孙进己	2001	东北民族史研究综述	『辽宁社科志』
姜守鹏	2001	再谈渤海国的族属问题	『社会科学战线』3
都永浩	2001	东北亚民族关系与历史研究中的几个重要问题	『黑龙江民族丛刊』4
董万仑	2001	朝鲜半岛境内"靺鞨"人再研究	『世界历史』4
傅朗云	2001	东北亚历史民族－高夷·高丽·高句丽	『东北亚论坛』1
杨东晨	2001	论秦汉时期吉林地区的民族与文化	『松辽学刊』(人文社会科学版)1
魏国忠	2001	论渤海主体民族的族属问题	『社会科学战线』3
李德山	2001	东北边疆和朝鲜半岛古代国族研究	『中国边疆史地研究』4
张碧波	2001	渤海大氏续考	『北方文物』3
徐德源	2002	高句丽"长寿王"不是中国人吗?	『北方民族』2002(4)
杨军	2002	高句丽族属溯源	『社会科学战线』2002(2)
杨军	2002	从"别种"看高句丽族源	『东疆学刊』2002(1)
王绵厚	2002	高夷、濊貊与高句丽－再论高句丽族源主体为先秦之"高夷"即辽东"二江"流域"貊"部说	『社会科学战线』5
王晓南	2002	高句丽的起源问题再论	『通化师范学院学报』6
刘子敏	2002	高句丽族源研究	『社会科学战线』2002(5)

孙进己	2002	20世纪的东北民族史研究	『20世纪的辽宁史学』辽宁大学出版社
金元石	2003	关于中国朝鲜族的含义	『中国边疆史地研究』4
范恩实	2003	"靺鞨"族称新考	『北方文物』3
孙进己	2003	论民族融合的不同类型及中华民族融合的不同状况	『史学集刊』2003(1)
宋福娟	2003	高句丽与北方民族的融合	『通化师范学院学报』1
王禹浪	2003	北夷"索离"国及其夫余初期王城新考	『黑龙江民族丛刊』1
周定国	2003	朝鲜韩国和高丽三个称谓的由来	『中国测绘』4
周采赫	2003	蒙古和朝鲜族的起源-"蒙Gooli"和"貊Gooli"	『蒙古学信息』1
郝庆云	2003	简述渤海国主体民族的族属	『黑龙江民族丛刊』2
孙进己	2003	中华民族的形成与发展	『史学研究』1
宫玉海	2004	"高句丽"非族名考	『社会科学战线』2004(3)
金延龄	2004	也谈高句丽民族的起源	『东北史地』2004(8)
牛金娥	2004	高句丽民族对东北开发的贡献	『北方文物』2
都兴智	2005	濊貊浅论	『博物馆研究』2
武玉环	2005	渤海与高句丽族属, 族俗的比较研究	『社会科学辑刊』5
梁银景	2005	龙门宾阳南洞文昭皇后高氏与高句丽	『敦煌研究』6
李成 张秀芬	2005	靺鞨诸部与肃慎的後裔	『东北史地』2005-3
耿铁华	2006	高句丽民族起源与民族融合	『社会科学辑刊』1
杨军	2006	靺鞨诸部与渤海建国集团	『民族研究』2
王绵厚	2006	高句丽起源的国内外代表性观点解析－再论高句丽族源主体为辽东"二江"和"二河"上游"貊"部说	『社会科学辑刊』1
李德山	2006	白山靺鞨史论	『社会科学战线』1
李德山	2006	再论高句丽民族的起源	『东北史地』2006-3
赵红梅	2006	沃沮族称探析	『黑龙江民族丛刊』2

6. 지리(강역)

张博泉	1980	汉玄菟郡考	『吉林大学学报』1980(6)
陈连开	1981	唐代辽东若干地名考释	『社会科学辑刊』1981(3)
徐家国	1984	汉玄菟郡二迁址考略	『社会科学辑刊』1984(3)
孙进己	1984	汉真番郡考	『黑龙江文物丛刊』3
薛作标	1985	以辽宁古今县名为例探索地名命名的某些规律	『中国历史地理论丛』1
杨保隆	1985	勿吉地域西南部边至考	『北方文物』4
张博泉	1985	真番郡考	『北方文物』4
王绵厚	1986	隋唐辽宁建置地理述考	『东北地方史研究』1986(1)
李强	1986	沃沮、东沃沮考略	『北方文物』1
张昌熙	1986	东夫余及其地望初探	『延边大学学报』(社会科学版)4
方起东	1987	高句丽故乡的宝藏	『城市时报』1987.10.14.
陈芳芝	1988	魏晋南北朝时期的东北地区	『北京大学学报』(哲学社会科学版)3
董万仑	1989	后汉书东沃沮传考证	『世界历史』3
兰群 李德镇	1989	太子河名称古今谈	『方志天地』1989(3)
郑川水冯季昌	1989	鸭绿江名称考略	『方志天地』1989(4)
冯季昌	1989	东北历代行政建置特点刍议	『北方文物』1
姜维公	1990	两唐书及『资治通鉴』关于安东都护府记载的不同	『古籍整理研究学刊』2
武家昌	1990	「试探明代万里长城东部起点－兼考江沿台堡」	『北方文物』1
李健才	1990	玄菟郡的建立和迁移	『东北地方史研究』1990(1)
袁辉	1993	泊汋口位置考	『北方文物』1993(2)
李健才	1993	真番郡考评述	『中国边疆史地研究』4
孙进己 孙泓	1993	七至十三世纪的中朝边界	『长春中朝边界史学术会议交流』; 1995『东北亚民族史论研究』中州古籍出版社
孙进己	1994	高句丽王国的管辖范围	『东北民族史研究』1;1997『高句丽,渤海研究集成』哈尔滨出版社
梁志龙	1994	哥勿考辨	『辽海文物学刊』1994(2)
王则	1994	集安古城应是丸都城	韩国『湖岩美术馆学巫书, 古代亚细亚的再发现』

任传兴 1994 高句丽先都考 『满族研究』4

任鸿魁 1994 泊汋地方位考述 『辽海文物学刊』1994(2)

刘子敏 金荣国 1995 '山海经'貊国考 『北方文物』1995(4)

梁志龙 1996 高句丽名称考释 『辽海文物学刊』1

刘子敏 1996 "辽东外徼"考释 『延边大学学报』(社会科学版)2

刘子敏 1996 关于"辽东"的考辨 『中国边疆史地研究』1

刘子敏 1996 高句丽族故地沿革考 『通化师范学院学报』1

刘子敏 1996 战国秦汉时期辽东都东边界考 『社会科学战线』 1996(5)

梁志龙 1997 沸流杂考 『北方文物』4

王禹浪 1997 靺鞨黑水部地理分布初探 『北方文物』1

周向永 1997 唐安东都护府延津州治考略 『辽海文物学刊』1

秦升阳 1997 高句丽人口问题研究 『通化师范学院学报』4

杨大钧 1998 「关于"襄平"与"辽东"－曹雪芹祖籍辽阳考略之一」 『红楼梦学刊』1

张博泉 1998 夫余的地理环境与疆域 『北方文物』2

张碧波 1998 汉四郡考释 『学习与探索』1

张福有 1998 "丸都" "丸都" 辨 『长白山日报』1998.2.16.

张福有 1998 "丸都" "丸都" 再辨-〈全唐诗〉隋炀帝诗句的一处误印 『长白山日报』1998.3.30.

周向永 1998 纥升骨词义发微 『博物馆研究』1998(1)

高福顺 1999 「简论"高丽记"佚文在地理学上的贡献」 『通化师院学报』1999(6)

谢景泉 1999 医巫闾山名称考释 『锦州师范学院学报』(哲学社会科学版)2

吴越 1999 『东北『历史地理』研究』简介 『中国史研究动态』6

刘子敏 1999 苍海郡研究 『东疆学刊』2

林沄 1999 夫余史地再探讨 『北方文物』4

张博泉 1999 北夫余与东夫余史地考略 『史学集刊』4

耿铁华 倪军民 杨春吉 2000 高句丽疆域调查与研究现状 『黑土地的古代文明』, 远方出版社

李健才 2000 三论北夫余、东夫余即夫余的问题 『社会科学战线』6

张璇如	2000	外国学者有关我国东北疆域民族的种种错误观点	『黑土地的古代文明』, 远方出版社
高福顺	2001	试论汉魏时期高句丽政权的统辖区域－以『三国史记·高句丽本纪』记事为中心	『东疆学刊』4
都兴智	2001	略论东北古代族名与山水之名的关系	『社会科学战线』1
闫海 林克宇 李玉颖	2001	高句丽"建安道 初探"	『博物馆研究』2
刘子敏	2001	"崔氏乐浪"考辨	『北方文物』2
刘子敏	2001	「不要无视燕秦汉之辽东长城－从王莽朝高句丽记事谈起」	『北方民族』2001(1)
刘子敏	2001	高句丽疆域沿革考辨	『社会科学战线』2001(4)
李健才	2001	评汉代乐浪郡在今辽河以西说	『中国边疆史地研究』1
李淑英	2001	五女山城不是纥升骨城	『通化师范学院学报』1
李淑英 耿铁华	2001	高句丽纥升骨城新考	『北方民族』2001(2)
顿嵩元	2002	肃慎考	『黄河科技大学学报1
倪屹	2002	第二玄菟郡探讨	『延边大学学报』(社会科学版)2
熊义民	2002	高句丽长寿王迁都之平壤非今平壤辨	『中国史研究』4
姜维公	2003	关于处理历史时期中朝边界问题的几点建议	『长春师范学院学报』1
张碧波	2003	中国历史疆域的界定与文献学考古学的根据－以东北民族与疆域为例	『学习与探索』1
高福顺	2004	『高丽记』所记平壤城考	『长春师范学院学报』2004(8)
都兴智	2004	唐末辽东南部地区行政归属问题试探	『辽宁师范大学学报』(社会科学版)1
马大正	2004	中国疆域的形成与发展	『中国边疆史地研究』3
杨军	2004	秽国考	『黑龙江民族丛刊』1
杨军	2004	朝鲜半岛与"辽东"内涵的关系	『辽宁师范大学学报』(社会科学版)2
刘子敏	2004	"高句丽县"研究	『东北史地』2004(7)
李乐营	2004	长白山:中国古代民族人口交融的锋面地区	『学习与探索』5
张碧波	2004	汉唐时期的东北疆域	『边疆经济与文化』5
赵红梅	2004	真番郡考疑	『社会科学战线』6
苗威	2005	朝鲜县的初址及变迁考	『北方文物』4
王绵厚	2005	西汉时期的高句丽"五部"与"第二玄菟郡"	『东北史地』2005-6

王小甫　2005　新罗北界与唐朝辽东　『史学集刊』3
刘素云　2005　高句丽的发祥地-卒本川当今何地?　『东北史地』2005-6
赵永春　2005　认识中国历史疆域的几个原则　『高句丽历史问题论文集』
方铁　2006　古代治边观念的研究内容与主要特点　『中国边疆史地研究』1
徐德源　2006　汉乐浪郡属县令地考定质疑　『东北史地』2006-2
王从安 王俊辉 赵金付　2006　沸流王故地在桓仁　『东北史地』2006-2
刘国友　2006　西安平考　『辽宁工程技术大学学报』2
李德山　2006　高句丽族人口去向考　『社会科学辑刊』1
王绵厚　2006　西汉时期的高句丽“五部”与“第二玄菟郡”－关于高句丽早期历史的若干问题　『高句丽史新研究』 延边大学出版社

7. 고고일반(유적)

康家兴　1956　浑江中流的考古调查　『考古通讯』1956(6)
苏才　1957　集安高句丽遗迹调查简记　『吉林省文物工作通讯』
吉林省文物管理委员会(刘法祥)　1960　吉林通化市江口村和东江村考古发掘简报　『考古』1960(7)
李殿福　1962　一九六二年春季吉林辑安考古调查简报　『考古』(11)
陈相伟　1965　吉林辑安浑江中流的三处新石器时代遗址　『考古』1965(1)
刘兴林·魏海波　1981　桓仁府近高句丽的早期活动遗迹　『辽宁省考古博物馆学会成立大会会刊』
赵书勤　1982　集安文物史话　『吉林文物』1982.7.15.
吉林省考古研究所, 集安县博物馆　1984　集安高句丽考古的新收获　『文物』1
庞志国　1984　吉林省考古事业回顾　『城市时报』1984.9.23.
王承礼　1984　吉林辽宁的高句丽遗址　『考古与文物』1984(6)
贾士金　1985　集安高句丽文物考古中的新课题　『博物馆研究』1985(2)
贾士金　1985　集安高句丽文物考古工作中的新课题　『博物馆研究』1985(2)
张雪岩　1985　集安考古述略　『辽宁本溪丹东地区考古学术讨论会文集』
陈相伟　1985　吉林省考古历史述要　『东北地方史研究』1985(2)

集安县文物保管所(孙仁杰 董长富 迟勇) 1985 集安浑江流域新石器时代遗址调查 『博物馆研究』1985(3)
佟柱臣 1986 东北民族史与东北考古学中的几介问题 『东北地方史研究』1986(2)
范 犁 1986 文物丰富的集安 『中国青年报』1986.8.24.
王绵厚 1986 建国以来辽宁地区民族考古发现与研究 『民族研究动态』1986(4)
王承礼 1986 桓仁县高句丽遗迹 『中国大百科全书』, 考古学
李殿福 1986 两汉时代的高句丽及其物质文化 『辽海文物学刊』1986(1)
集安县文物保管所(张雪岩 周云台) 1986 集安岭前鸭绿江流域原始社会遗址 『博物馆研究』1986(2)
方起东 1987 失落千年的古都 『吉林日报』1987.5.13.
齐俊 1987 本溪地区太子河流域新石器至青铜时期遗址 『北方文物』1987(3)
方格 1988 吉林省六处全国重点文物保护单位 『博物馆研究』1988(3)
王绵厚 1988 略述『东北史地』研究 『东北地方史研究』1988(4)
耿铁华 1989 高句丽文物古迹四题 『文物春秋』1989(4)
吉林省文物考古研究所(方起东 刘景文) 1990 吉林省近十年考古工作的主要收获(1979-1989) 『博物馆研究』1990(1)
王绵厚 1990 近十年来辽宁地区考古发现述要 『东北地方史研究』1990(1)
郑永振 1990 「연변지구 고구려 유적 및 몇 개 문제에 대한 연구」 『韩国上古史学报』第4号 1990.11.
吉林省文物考古研究所(方起东 刘景文) 1991 吉林省近十年的文物考古工作 『文物考古工作十年』, 文物出版社
傅朗云 1991 东北考古民族学引言 『北方文物』2
李殿福 1991 三十年来我对古句丽渤海遗迹的调查与研究 『考古学研究』38-1号
李殿福 1991 高句丽考古新发现 『历史月刊』46, 1991.11.
张云全 1991 丹东发现规模宏大结构罕见古迹遗址 『人民日报 (海外版)』1991.12.15.
中国文物地图集 吉林分册 编辑组(方起东) 1991 吉林省文物概述 『博物馆研究』 1991(3)
魏存成 1992 高句丽考古学文化基本特徵的展开 『高句丽的都城遗迹和古墓』, 同朋舍出版株式会社
魏存成 1992 近年古句丽考古的主要发现与研究 『圆光大学国际学术会议论文集 东北亚古代文化的源流和展开』
张雪岩 1992 集安高句丽时期的采石杨 『博物馆研究』1992(1)
中沈 1992 我城宽甸境内发现-罕见古井 『沈阳晚报』1992.1.26.
冯永谦 1992 丹东虎山高句丽遗址 『中国考古学年鉴』, 文物出版社

何明　1992　集安市高句丽国内城马面基址　『中国考古学年鉴』, 文物出版社
董峰　1993　国内城中新发现的遗迹和遗物　『高句丽研究文集』, 延边大学出版社
王来柱　1994　宽甸县金坑高岭水库淹没区青铜时代和汉代遗址考古调查　『博物馆研究』1994(3)
王巍　1994　考古学所见四世纪的东亚细亚　『湖岩美术馆学术丛书 古代东亚细亚的再发现』
干志耿　1997　东北考古述略　『社会科学战线』1
吉林省文物考古研究所 通化市文物管理办公室(王青 王志敏 张健宇) 1997 通化市王八脖子遗址及附近几处地点的调查与发掘　『博物馆研究』1997(2)
徐贵通　1997　高句丽寺庙述略　『高句丽历史与文化研究』
刘俊 丁晓强　1997　本溪小市地区高句丽遗迹遗物考　『高句丽渤海研究集成』卷 1, 哈尔滨出版社
耿铁华　1998　集安市新出土的几件高句丽文物　『博物馆研究』1998(2)
魏存成　1998　半介世纪以来我国高句丽考古的发现与研究　『东北民族与疆域研究动态』1998(1)
金宪鏞　1999　陕西新发现的高句丽人、新罗人遗迹　『考古与文物』6
滕红岩　1999　'中国文物考古辞典'中高句丽遗迹辞条的误释　『全国首届高句丽学术研讨会论文集』
魏存成　1999　深入开展高句丽考古研究的几点意见　『通化师院学报』1999(1)
金旭东 安文荣 杨立新　2000　探寻高句丽早期遗存及起源　『中国文物报』2000.3.19.
白云翔　2000　东北汉对中国与朝鲜半岛关系的考古学观察　『北方文物』2000-4
张彬彬　2000　撩开高句丽早期遗存的面纱　『吉林日报』2000.6.17.
张殿甲　2000　鸭绿江中上游高句丽、渤海遗址调查综述　『北方文物』2
　2000　1999年全国十大考古新发现之一通化万发拨子遗址　『中国文物报』2000.5.31.
王绵厚　2001　关于通化万发拨子遗址的考古与民族学考察　『北方文物』3
辽宁省文物考古研究所　2001　辽宁凌源市牛河梁遗址第五地点1998-1999年度的发掘　『考古』8
魏存成　2001　近年来我国高句丽考古的主要发现与研究　『东北亚论坛』1
西川宏　2002　中国高句丽考古学的成果与课题　『历史与考古信息』·东北亚2002(2)
任丽娟　2002　辽滨塔　『兰台世界』8
张泰湘　2002　从考古学材料看历史上的夫余、沃沮人　『黑龙江民族丛刊』4
张碧波　2003　高句丽历史考古研究的新成就-评王绵厚的『高句丽古城研究』　『中国边疆史地研究』2003(4)

马莎	2004	让历史告诉未来-高句丽王城, 王陵及贵族墓葬申遗成功随想	『前进论坛』9
王丽丽	2004	吉林省历史文化遗存类科普旅游资源的开发	『资源开发与市场』2
王禹浪	2004	东北历史与文化考察纪行—1996年度鸭绿江右岸考察记录(上)	『大连大学学报』1
王禹浪	2004	1996年度鸭绿江右岸考察记录(下)	『大连大学学报』5
张翠敏	2004	大嘴子第三期文化聚落遗址研究	『博物馆研究』2
秦升阳	2004	高句丽王城王陵及贵族墓葬	『东北史地』2004(7)
李亚丽	2005	世界遗产高句丽 鸭绿江畔古名城-集安市旅游业发展初探	『国土与自然资源研究』2005-4
胡黎霞	2005	高句丽遗址的历史文化旅游价值与旅游文化教育的思考	『东北史地』2005-5

8. 유물

曺讯	1980	鼕河尖古城和汉安平瓦当	『考古』1980(6)
甸 甫	1982	汉代白玉耳环	『吉林文物』1982.3.15.
远 生	1983	高句丽的鎏金铜钉鞋	『博物馆研究』1983(1)
耿铁华·朴至德	1984	辑安高句丽陶器的初步研究	『文物』1984(1)
杨 泓	1984	中国古代马具的发展和对外影响	『文物』1984(9)
李殿福	1984	集安卷云纹铭文瓦当考辩	『社会科学战线』1984(4)
孙仁桀	1985	集安出土的金饰	『博物馆研究』1985(1)
孙仁杰	1985	集安出土的高句丽金饰	『博物馆研究』1985(1)
魏存成	1985	高句丽四耳展沿壶的演变及有关的几个问题	『文物』1985.7.
林至德 耿铁华	1985	集安出土的高句丽瓦当及其年代	『考古』1985(7)
华岩杰勇	1985	集安出土的几方铜印	『北方文物』1985(4)
张雪岩	1986	集安出土的古镜	『文物』1986年 제6)
耿铁华	1987	集安的高句丽文物	『城市时报』1987.7.3.
耿铁华 林至德	1987	集安高句丽陶器基础的研究	日本 『古代文化』39卷8号
满承志	1987	通化县小都岭出土大批石范	『博物馆研究』1987(3)
严长禄 杨再林	1988	延边地区高句丽-渤海时期纹铬板瓦初探	『博物馆研究』1988(2)

林至德 耿铁华	1988	集安出土高句丽瓦当及其年代	日本『古代文化』40卷3号
通讯报导	1988	(桓仁县)拐磨子发现青铜时代遗物	『辽宁日报』1988.10.18
魏存成	1991	高句丽马具的发现与研究	『北方文物』1991(4)
李殿福	1991	高句丽金铜,石雕佛造像及中原郡碑-兼谈高句丽易名高丽之始	『博物馆研究』1991(1)
齐俊	1992	辽宁桓仁浑江流域新石器及青铜时代的遗迹和遗物	『北方文物』1992(1)
耿铁华 孙仁杰 迟勇	1993	高句丽兵器研究	『高句丽研究文集』, 延边大学出版社
孙仁杰	1993	高句丽积石墓葬具研究	『高句丽研究文集』, 延边大学出版社
张雪岩	1993	集安青铜短剑墓及相关问题	『高句丽研究文集』, 延边大学出版社
赵书勤	1993	集安出土的高句丽铁锅	『高句丽研究文集』, 延边大学出版社
周英顺	1993	高句丽无釉陶器修夏	『高句丽研究文集』, 延边大学出版社
罗宗真	1994	马镫与炼丹术—纪念李约瑟博士援华50周年	『东南文化』4
马 洪	1995	从高句丽的方铜印像书印的出现年代	『博物馆研究』1995(1)
董高	1995	公元3至6世纪慕容鲜卑、高句丽、朝鲜,	日本马具之比较研究『文物』10
巽善信	1997	东亚的马胄	『辽海文物学刊』1
王纯信	1997	金蛙传说与蛙纹瓦当	『高句丽历史与文化研究』, 吉林文史出版社
赵书勤	1997	集安两件馆藏文物名称少考	『博物馆研究』1997(2)
赵书勤	1997	集安发现-处高句丽时期的小手工业作坊遗址	『博物馆研究』1997(2)
李建才	1998	平壤地区是否只有後汉遗物而无前汉遗物	『中国边疆史地研究』1998(4)
赵书勤	1998	一件夏原的鎏金饰	『博物馆研究』1998(1)
乔梁	1999	高句丽陶器的编年与分期	『北方文物』1999(4)
张海滨	1999	关于中国马镫的思考	『宁夏大学学报』(社会科学版)2
王鹏勇	2000	高句丽之钉履	『博物馆研究』2000(1)
耿铁华	2001	高句丽釉陶器的类型与分期	『考古与文物』3
梁志龙	2003	高句丽史物小考	『博物馆研究』3
王纯信 王纪	2003	高句丽鎏金镂空马饰图案艺术识读	『通化师范学院学报』2003(5)
张淑华	2004	吉林出土的多孔器及相关问题	『北方文物』1
张福有 孙仁杰 迟勇	2006	朱蒙所葬之龙山及太王陵铜铃峻字考	『东北史地』2006-1

9. 귀속문제

국가 정권 역사 등의 귀속과 계승 문제

王立达	1955	关於高丽, 高句丽及其他 朝鲜史问题的商摧	『历史教学』1955(5)
王健群	1989	东北史识小彔	『博物馆研究』1989(1)
孙进己	1993	高句丽的归属『集安高句丽国际学术会议』;1995	『东北亚民族史论研究』中州古籍出版社
孙进己	1993	古朝鲜的归属及疆界 『长春中朝边界史学术会议发言』;1995	『东北亚民族史论研究』中州古籍出版社
孙进己	1994	关于高句丽归属问题的几个争议焦点『东北民族史研究』;1997	『高句丽,渤海研究集成』哈尔滨出版社
孙进己	1994	国家和民族的归属 『东北亚民族史论研究』;1997	『高句丽,渤海研究集成』哈尔滨出版社
刘永智	1994	高句丽是中国的少数民族国家	『中朝关系史研究』
孙进己	1994	渤海的归属	『东北亚民族史论研究』中州古籍出版社
郭素美	1996	略谈中国东北与东北亚关系的历史渊源	『黑龙江社会科学』1
杨春吉	1996	高句丽史中的几个问题	『通化师范学院学报』1
姜孟山	1997	关于高句丽史的几个问题	『回顾与展望』, 辽宁民族出版社
孙进己	1998	为维持中朝韩友好和半岛国势稳定历史上高句丽的归属仍以中朝共有为宜	『当代中国边疆问题调研』
姜孟山	1999	高句丽史的归属问题	『东疆学刊』4
那 炎	1999	高句丽是辖属于中原王朝的少数民族地方政权	『东北民族与疆域研究动态』1999(2)
刘子敏	1999	关于高句丽政权及其领域的历史归属问题之我见	『全国首届高句丽学术研讨会论文集』
刘厚生	1999	高句丽是我国东北古代少数民族的地方政权	『东北民族与疆域研究动态』1999(2)
张碧波	1999	高句丽研究中的误区	『中国边疆史地研究』3
张碧波	1999	古朝鲜研究中的误区—东北史评之一	『黑龙江民族丛刊』4
	1999	关于对东北民族与疆域若干问题的研究	『东北民族与疆域研究动态』1999(2)
孙泓	1999	对高句丽归属问题的研究	『历史上政权, 民族归属理论研究』
孙泓	1999	历史上政权及民族归属理论研究论著目彔	『历史上政权, 民族归属理论研究』
耿铁华 秦升阳	2000	高句丽历史课程建设的特色与价值	『通化师范学院学报』4
倪军民 耿铁华 杨春吉	2000	高句丽历史归属问题论稿	『通化师范学院学报』2000(1)
刘子敏	2000	走出高句丽『历史研究』的误区—试析古人在高句丽归属问题上的错误说法	『东疆学刊』1

张碧波	2000	关于历史上民族归属与疆域问题的再思考—兼评“一史两用”史观	『中国边疆史地研究』2
孙进己	2001	国际法中关于确定土地民族政治归属的原则	『中国东北民族与疆域研究』百花文艺出版社
徐德源	2001	高句丽历史与疆域归属问题补议	『社会科学战线』5
孙进己	2001	高句丽历史研究综述	『社会科学战线』2001(2)
孙进己	2001	当前研究高句丽归属的几个问题	『东疆学刊』3
王成国	2001	渤海是継承高句丽的国家吗?	『社会科学战线』6
韩忠富	2001	国内高句丽归属问题研究综述	『社会科学战线』2001(5)
梁玉多	2002	高句丽遗民的渤海化进程	『哈尔滨学院学报』9
张碧波	2002	关于渤海王室高句丽意识的考辨	『北方论丛』2002(1)
赵永春	2002	关于中国历史上疆域问题的几点认识	『中国边疆史地研究』3
孙进己	2002	再论高句丽归属的研究	『通化高句丽史学术会议交流』
孙泓	2002	高句丽、高氏高丽与王氏高丽的区别	『高句丽研究论集』国家九五社会科学基金项目
孙进己	2003	中国疆域形成发展理论研究	『中南民院学报』1
孙进己	2003	关于高句丽渤海研究中的一些问题	『高句丽渤海历史问题研究论文集』延边大学出版社
都永浩	2003	对东北亚民族与历史问题研究的理论思考	『中国边疆史地研究』3
孙进己	2003	论历史归属研究中的理论标准	『东疆学刊』1
魏国忠	2003	围绕高句丽政权历史归属问题的国际论争	『北方民族』2003(1)
李德山	2003	当前高句丽史研究中的几个问题	『中国边疆史地研究』2
张碧波	2003	高句丽（民族与政权）归属问题的几点思考	『北方民族』2003(4)
焦润明	2003	关于历史疆域归属若干理论问题的研究	『中国边疆史地研究』2
苗威	2004	从金富轼的高句丽观看高句丽政权的性质及其历史归属	『中国边疆史地研究』4
武玉环	2004	渤海与高句丽族属及归属问题探析	『史学集刊』2
朴灿奎	2004	浅谈高句丽历史归属研究的几个问题	『高句丽渤海历史问题研究论文集』
孙进己	2004	中国高句丽史研究开放繁荣的六年	『고구려의 역사와 문화유산』; 2004『辽宁文史』3
孙进己	2004	「中国民族 政权 疆域研究」韩国国史编撰委员会; 2005	『东北史地』1
魏存成	2004	集安在高句丽历史上的重要地位及其遗产表现	『吉林大学社会科学学报』2

刘 炬 2004 论中国历史上少数民族政权性质的界定标准－兼谈高句丽政权的性质 『东北史地』2004(5)
刘子敏 2004 东北亚古族古国归属谈 『高句丽渤海历史问题研究论文集』
李国强 2004 “东北工程”与中国东北史的研究 『中国边疆史地研究』4
李宗勋 2004 韩国的高句丽研究及其史观－以高句丽归属问题为中心 『史学集刊』4
张威威 2004 韩国对“高句丽史”问题评论综述 『国际资料信息』9
胡佳 2004 中韩 “历史风波” 暂歇 『南风窗』18
孙进已 孙泓 2004 「东北亚各国对高句丽土地人民文化的继承」 韩国·高句丽研究财团 『北方史论丛』1; 『高句丽历史问题论文集』 延边大学出版社
孙进已 2004 高句丽和中朝 (韩) 的关系与归属 『高句丽研究』18辑, 学研文化社
孙泓 2004 中国学者高句丽归属研究综述 『高句丽研究』18 学研文化社
孙进已 2005 「国史范围的确定」 高句丽历史与文化学术研讨会2005年8月, 延吉;2006 『高句丽史新研究』 延边大学出版社
姜维公 许立勋 2005 从〈三国史记 新罗本纪〉看金富轼对海东三国系年的安排 『东北史地』2005-6
耿铁华 2005 高句丽遗迹列人『世界文化遗产名录』与高句丽历史归属问题 『高句丽历史问题论文集』
朴文一 2005 关於在历史上“中”与“外”的划分问题之初见 『高句丽历史问题论文集』
朴真奭 2005 试论中外古书关於高句丽历史地位的记载 『高句丽历史问题论文集』
费驰 2005 对中韩学者关于高句丽遗民问题的比较研究－－兼与韩国学者金玄淑商榷“高句丽遗民的自我意识”问题 『长春师范学院学报』1
厉声 2005 关於“东北工程”与“高句丽历史研究” 的几点见解 : 在 “高句丽历史问题学术研讨会” 上的讲话 『高句丽历史问题论文集』
王绵厚 2005 论高夷 句丽 高句丽与西汉玄菟郡递变与归属关系的历史定位 『高句丽历史问题论文集』
刘国石 2005 有关高句丽研究的两个问题 『北华大学学报』(社会科学版)2
李大龙 2005 从汉唐藩属体制看高句丽政权的归属 『高句丽历史问题论文集』
李英顺 2005 从〈三国史记〉的记载看东北亚古族古国的 “事大” 理念 『东北史地』2005-6
张增香 2005 高句丽归属问题之我见 『白城师范学院学报』4

马一虹 2006 从唐墓志看入唐高句丽遗民归属意识的变化－以高句丽末代王孙高震一族及权势贵族为中心 『北方文物』1

李大龙 2006 不同藩属体系的重组与王朝疆域的形成－以西汉时期为中心 『中国边疆史地研究』1

李大龙 2006 关于高句丽早期历史的几个问题 『高句丽史新研究』延边大学出版社

刘子敏 2006 史学观、方法论及其他－－以古朝鲜、汉四都及高句丽研究为中心 『高句丽史新研究』 延边大学出版社

李宗勋 2006 韩国社会的高句丽意识与我们的研究方法 『高句丽史新研究』 延边大学出版社

10. 사회경제

王立达 1957 新罗, 高句丽, 百济'三国并立'时期朝鲜经济文化的发展及其在构通中日文化上所起的作用 『史学月刊』1957(10)

徐德源 1980 试论高句丽国家的社会性质 『朝鲜史通讯』(2)

安清泰 1980 论高句丽, 百济, 新罗三国的社会性质 『学术研究丛刊』1980(2)

姜孟山 1981 论高句丽国家的社会性质 『朝鲜史通讯』(3)

赵秉新 1981 略论高句丽的社会性质 『朝鲜史通讯』(3)

徐德源 1982 高句丽社会性质问题的综合述评 『辽宁大学学报』1982(6)

孙进己 艾生武 1982 关于高句丽社会性质的几介问题 『朝鲜史通讯』1982(4)

赵秉新 1982 关于'下户'的身分问题 『朝鲜史通讯』1982(4)

韩今玉 1982 三十年来朝鲜历史学界研究三国时期社会性质政况简界 『朝鲜史通讯』(4)

孙进己 1983 高句丽的社会性质 『朝鲜史通讯』4

孙玉良 1984 高句丽社会性质浅析 『博物馆研究』1984(1)

孙玉良 1985 公元五世纪前後高句丽的发展 『北方文物』1985(3)

耿铁华 1986 高句丽渔猎经济初探 『博物馆研究』1986(3)

沈克秋 1987 试论高句丽的社会性质 『中国朝鲜史研究论丛』1987(1)

耿铁华 1988 好太王碑的国烟看烟及其身份问题 『求是学刊』1988(4)

刘永智 1988 从好太王碑看高句丽社会性质 『朝鲜学研究』第一集

耿铁华	1989	集安高句丽农业考古概述	『农业考古』1
方学凤	1989	东女真与高句丽之间发展贸易的原因及其性质	『朝鲜学国际学术会议文集』1989
李宇峰	1990	略述东北古代少数民族的农牧与渔猎经济	『古今农业』1990(2)
金宝忱	1994	东北少数民族狩猎舞	『黑龙江民族丛刊』2
范梨	1997	高句丽先人经过铜器时代	『博物馆研究』1997(2)
张博泉	1997	高句丽社会性质研究	『黑龙江社会科学』4
赵宏伟 黄甲元	1997	高句丽王狩猎考	『高句丽历史与文化研究』, 吉林文史出版社
黄甲元	1997	高句丽王狩猎考略	『通化师范学院学报』1
孙进己	1997	高句丽族的社会制度	『高句丽 渤海研究集成』1 哈尔滨出版社
赵展	1999	试论高句丽的社会制度	『中央民族大学学报』(哲学社会科学版)4
李殿福	2000	高句丽的经济	『博物馆研究』2000-3
朴真奭	1998	关于好太王碑中守墓人烟户的身份	『朝鲜学,韩国学论丛』(6), 延边大学出版社
朴灿奎	1999	论高句丽'下户'的性质	『史学论丛』1999-8.
范犁	1999	好太王碑文烟户,奴客诸词补释	『全国首届高句丽学术研讨会论文集』
王宏刚	2001	古代北方民族妇女社会地位、作用的历史考察	『黑龙江民族丛刊』4
朴灿奎	2003	高句丽之"下户"性质考	『东疆学刊』2003(3)

11. 자연 과학

金虎俊	1995	历史上的中国天算在朝鲜半岛的传播	『中国科技史料』4
潘鼐	1996	中国与朝鲜古代星座同异溯源	『自然科学史研究』1
朱建平	1998	古代中韩医药交流	『当代韩国』1
王利群	2001	高句丽自然灾害初探	『通化师范学院学报』3
王彦	2003	巧解高句丽天书之谜	『兰台世界』4
王利群	2005	高句丽自然灾害发生状况及影响	『中国边疆史地研究』4

12. 성곽 (도성, 산성)

康家兴 1957 吉林市龙泽山高句丽山城和"水牢" 『吉林省文物工作通讯』

方起东 1962 吉林辑安高句丽霸王朝山城 『考古』1962(11)

吉林省博物馆辑安考古队 辑安县文物保管所(方起东, 阵相伟) 1964 吉林辑安高句丽南道和北道的关隘和城堡 『考古』1964(2)

抚顺市文化局文物工作队 1964 辽宁抚顺市高尔山古城址调查管报 『考古』1964-12

庞志国 1980 吉林省古城浅说 『吉林师范大学学报』(人文社会科学版)4

王金波 1981 丹东市叆河尖古城的初步探索 『辽宁省考古博物馆学会成立大会会刊』

刘变 1981 访高句丽早期遗址五女山城 『朝鲜史通讯』1981(3)

张太湘 1981 大城子古城调查记 『文物资料丛刊』4, 1981.3.

徐翰煊, 张志立, 王洪峰 1982 高句丽罗通山城调查 『文物考古汇编』1982-1

李殿福 1982 集安山城子山城考略 『求是学刊』1982(1)

李殿福 1982 高句丽丸都山城 『文物』1982(6)

李殿福 1982 集安高句丽山城子山城调查与考略 『文物考古滙编』1982(1)

陈大为 1982 清源县英额门山城子调查记 『辽宁文物』1982(3)

沈西 1982 关于高句丽丸都山城绍介的几个问题 『文物』1982(9)

粟谷 1983 关于高句丽的山城 『博物馆研究』1983(1)

李健才 1983 桦甸苏密城考 『北方文物』2

传少华 1983 钓鱼台古城 『吉林文物』1983.1.5.

曹桂林 裴跃军 1983 铁领东南部的两座古代城址 『辽宁文物』1983(4)

耿铁华 1984 汉魏高句丽故都-集安 『吉林画报』1984(4)

阎万章 1984 汉代安市县城与高句丽安市城非一地考 『地名学研究』1984(1)

粟谷 1984 关於高句丽的山城 『博物馆研究』(1)

林至德 张雪岩 1984 高句丽两都城-国内城和丸都山城 『文物天地』1984(6)

郑辰 1984 抚顺高尔山城在调查发掘中 『辽宁文物』1984(6)

集安县文管所(阎毅之 林至德) 1984 集安高句丽内城的调查与试掘 『文物』1984(1)

郭俊武 1985 纥升骨城初探 『辽宁本溪丹东地区考古学术讨论会文集』

吉林省文物工作队(徐翰煊 张志立 王洪峰) 1985 高句丽罗通山城调查简报 『文物』1985(2)

抚顺市博物馆 新宾县文化局(佟达 张正岩) 1985 辽宁省新宾县黑沟高句丽早期山城 『文物』1985(2)

朴真奭 1985 高句丽栅遗址考 『朝鲜问题研究丛书』1985(3)

苏长青 1985 高句丽早期平原城-下古城子 『辽宁本溪丹东地区考古学术讨论会文集』

王绵厚 1985 汉晋隋唐之南苏水与南苏城考 『历史地理』1985(4)

魏存成 1985 高句丽初、中期的都城 『北方文物』2

董学增 1986 吉林市龙泽山高句丽山城及其附近卫城调查报告 『北方文物』1986(4)

马俊 1986 五女山山城 『辽宁大学学报』1986(1)

孙力 1986 抚顺市高尔山城 『中国考古学年鉴』, 文物出版社

王承礼 1986 集安高句丽成址 『中国大百科全书』· 考古学 1986-8

陈大为 1986 辽宁高句丽山城初探 『中国考古学会第五次年会论文集』, 文物出版社

崔玉宽 1986 凤凰山古城 『丹东史志』1986(1)

崔玉宽 1986 乌骨城考 『丹东史志』1986(1)

邓常云 1987 燕州城初探 『地名巫刊』1987(4)

朴真奭 1987 城山子山城和土城村土城及其筑城年代 『延边大学学报』1987(4)

方起东 1987 城垣的意外发现 『吉林日报』1987.5.27.

徐家国 孙力 1987 辽宁抚顺高尔山城发掘简报 『辽海文物学刊』1987(2)

苏长清 1987 下古城子-高句丽平原城 환인문화사료과 1987-2

王健群 1987 高句丽千里长城 『博物馆研究』1987(3)

李健才 1987 东北地区中部的边岗和延边长城 『辽海文物学刊』1987(1)

李甸甫 1988 高句丽新城的始筑年代 『辽海文物学刊』1988(2)

엄장록, 정영진 1989 연변지구 고구려고성-책성을 겸하여 논함 『연변대학 제1차 조선학국제토론회 논문집』

吴长山 1989 西丰城子山山城 『辽宁大学学报』(哲学社会科学版)4

李炼 1989 凤凰山山城 『辽宁大学学报』1989(1)

张德玉 1989 军事重镇木底城考 『东北地方史研究』1989(4)

박용연 1990 연변 옛 장성에 관하여 『조선학연구』1990-1

孙德连 1990 卑沙城 『金州博物馆馆刊』1990(1)

李殿福 孙玉良 1990 高句丽的都城 『博物馆研究』1990(1)

장창희 1990 고구려 선인들에게 있은 선사시대의 성에 대하여-방언 '구루(沟娄)'의 언변과정을 중심으로 『조선학연구』 제3권 1990, 연변대학출판사, 연길

佟达 1991 辽宁新宾县转水湖山城 『北方文物』1

辽宁省文物考古研究所 1991 辽宁省宽甸县虎山城 『中国考古学年鉴』, 文物出版社

李健才 1991 唐代高丽长城和扶余城 『民族研究』4

李健才 1991 高句丽的都城和疆域 『中国边疆史地研究报告』1991(1,2)

李殿福 1991 高句丽山城构造与变迁 日本『九州考古学』第66号

抚顺市博物馆 (佟达) 1992 辽宁新宾县高句丽太子城 『考古』1992(4)

朴润武 1992 高句丽渤海都城比较研究 『第四次朝鲜学国际学术讨论会论文概要』1992-8

梁志龙 1992 桓仁地区高句丽城址概述 『博物馆研究』1992(1)

刘永祥 1992 从都城变迁看高句丽的不同发展时期 『东北亚历史与文化』, 辽沈书社

张喜英 1992 千年古代石城调查记 『鞍山文物汇编』

陈大为 1992 抚顺高尔山城结构市局辨析 『辽海文物学刊』1992(2)

孟祥忠 番国庆 郑淑云 1993 西丰城子山山城考 『沈阳文物』1993(2)

王绵厚 1993 "玄菟"与"新城"新解-兼论沈阳东上伯官屯古城的健置名称与时代 『沈阳文物』1993(1)

李晓钟 刘长江 1993 沈阳石台子高句丽山城发掘报告 『辽海文物学刊』1993(1)

迟勇 1993 高句丽都城的战略防御系统 『高句丽研究文集』, 延边大学出版社

佟达 1994 新宾五龙高句丽山城 『辽海文物学刊』1994(2)

朴龙渊 1994 东北地区高句丽长城 『高句丽遗物研究』, 东北朝鲜民族教育出版社

朴润武 1994 高句丽都城与渤海都城的比较 『高丽学研究』1994(1)

朴真奭 1994 高句丽栅城遗址再考 韩国『韩国民族史国际学术讨论会论文集』1994(11)

富品莹 吴洪宽 1994 海城英城子高句丽山城调查简报 『辽海文物学刊』1994(2)

辛占山 1994 辽宁境内高句丽城地的考察 『辽海文物学刊』1994(2)

杨永芳 杨光	1994	岫岩境内五座高句丽山城调查简报	『辽海文物学刊』1994(2)
梁振晶	1994	高句丽千里长城考	『辽海文物学刊』1994(2)
严长禄	1994	从板瓦纹饰看延边地区古城的时代性质	『高句丽遗物研究』东北朝鲜民族教育出版社
王绵厚	1994	鸭绿江古岸高句丽山城综合研究	『辽海文物学刊』1994(2)
张正岩 王平鲁	1994	新城道及新城道上对城考	『辽海文物学刊』1994(2)
曹桂林 王铁军	1994	铁岭境内五座高句丽山城简介	『辽海文物学刊』1994(2)
周向永	1994	高句丽金山城考	『博物馆研究』1994(3)
崔玉宽	1994	凤凰山山城调查简报	『辽海文物学刊』1994(2)
董峰	1995	东北地区高句丽山城的分类及年代	『博物馆研究』1995(3)
王禹浪	1995	中国东北地区古城文化遗迹概述	『黑龙江民族丛刊』4
李健才	1995	吉林市龙潭山山城考	『博物馆研究』1995(2)
陈大为	1995	辽宁高句丽山城再探	『北方文物』3
陈大为	1995	辽阳岩州城山城	『辽海文物学刊』1
陈大为	1995	辽宁高句丽山城再探	『北方文物』1995(3)
陈大为	1995	辽阳岩州城山城	『辽海文物学刊』1995(1)
温秀荣 张波	1996	关于抚顺地区的高句丽山城	『博物馆研究』1996(1)
王绵厚	1996	关于高句丽后期都城平壤"三城一宫"的地理考证	『历史地理』第14集
周向永	1996	辽宁开原境内的高句丽城址	『北方文物』1
周向永 王兆华	1996	辽宁铁岭市催阵堡山城调查	考古 1996(7)
许明网	1996	大连地区高句丽四座山城略考	『博物馆研究』1996(1)
朴润陆 高占一	1997	罗通山城考	『高句丽渤海研究集成』卷一, 哈尔滨出版社
方学凤	1997	中国古代都城制对朝鲜、日本古代都城制的影响	『延边大学学报』(社会科学版)1
孙力	1997	辽宁的高句丽山城及其墓意义	『高句丽渤海研究集成』卷三, 哈尔滨出版社
宋耀环	1997	塞外江南高句丽的古都－集安	『现代交际』2
杨春吉 泛犁	1997	千秋风雨话丸都	『新文化报』1997.8.14.
王连春	1997	丹东市区的高句丽山城	『高句丽渤海研究集成』卷三, 哈尔滨出版社

王绵厚 1997 关于高句丽第二“丸都城”考略 『高句丽渤海研究集成』卷三, 哈尔滨出版社
王绵厚 1997 高句丽的城邑制度与都城 『辽海文物学刊』2
刘兆田 杨光 董玉芹 1997 岫岩娘娘城山城兴废年代初探 『高句丽渤海研究集成』卷三, 哈尔滨出版社
张志立 1997 高句丽南北道和有关城址的考证 『高句丽渤海研究集成』卷一, 哈尔滨出版社
崔双来 1997 丹东地区高句丽山城及其墓葬考察纪要 『高句丽渤海研究集成』卷三, 哈尔滨出版社
冯永谦 1997 高句丽泊汋城址的发现与考证 『北方史地研究』
孙进己 1997 高句丽王国的都城 『高句丽 渤海研究集成』1 哈尔滨出版社
靳颖 1998 辽东高句丽古城遗址旅游产业开发的探讨 『辽宁教育学院学报』3
杨春吉 泛犁 1998 金毓黻丸都访古 『新文化报』1998.4.23.
李殿福 1998 『高句丽山城研究』 『北方文物』1998(4)
李晓钟 刘焕民 1998 沈阳石台子高句丽山城考古发掘取得重要收获 『中国文物报』1998.5.17.
徐日范 1999 北韩境内高句丽城的分布和研究现状 韩国『高句丽山城研究』1999.12.31.
王绵厚 1999 关于高句丽古城研究的若干问题 『全国首届高句丽学术研讨会论文集』
王绵厚 1999 高句丽古城建筑的年代区分及历史背景 韩国『高句丽山城研究』1999.12.31.
魏存成 1999 吉林省内高句丽山城的现状和特性 韩国『高句丽山城研究』1999.12.31.
柳 岚 1999 高句丽和辽金古城的比较研究 韩国『高句丽山城研究』1999.12.31.
李宗勋 1999 也谈高句丽栅城遗址 『史学论丛』
郑永振 1999 关于延边地区的城郭研究 韩国『高句丽山城研究』1999.12.31.
孙进己 2000 沈阳石台子高句丽山城城名及建立时间考 『北方文物』1
辛占山 李新全 梁志龙 王俊辉 2000 桓仁五女山城考古发掘获重要成果 『中国文物报』2000.1.19.
王咏梅 2000 关于安市城址的考察与研究 『北方文物』2
魏存成 2000 吉林省高句丽山城的发现与研究 『黑土地的古代文明』, 远方出版社
柳 岚 2000 高句丽古城研究 『博物馆研究』2000(1)
李健才 2000 再论唐代高句丽的扶余城和千里长城 『北方文物』2000(1)
郝武华 2000 高尔山城考 『中国地名』2
沈阳市文物考古工作队 2001 辽宁沈阳市石台子高句丽山城第二次发掘简报 『考古』3

王绵厚	2001	高句丽城邑制度与山城	『社会科学战线』2001(1)
周向永 王兆华	2001	辽宁铁岭张楼子山城调查	『北方文物』2001(2)
温秀荣	2002	高句丽山城的排水系统	『博物馆研究』2
冯永谦	2002	高句丽千里长城建置辨	『社会科学战线』2002(1)
佡俊岩	2002	从石台子山城看高句丽对山城选置,结构布局及建筑艺术	『博物馆研究』2
翟立伟 仇起	2003	吉林市的城市起源-兼论龙潭山城的始建年代	『博物馆研究』3
赵晓刚	2003	石台子山城城名考辨	『北方文物』3
何明 张雪岩	2003	吉林集安高句丽国内城马面址清理简报	『北方文物』2003(3)
孙进己	2003	「高句丽国内城定点与建城时间论辩－兼考尉那岩城、丸都城、平壤城与黄城诸城址『全国第三届高句丽学术研讨会』2003.10. 集安; 2004『东北史地研究』2	
官晓凤	2004	现存最大的高句丽山城－凤凰山山城	『兰台世界』2
卑琳	2004	高句丽城址出土陶器研究	『东北史地』2004(12)
李健才	2004	再论高句丽迁都到国内以前有无汉代县城的问题	『东北史地』2004(6)
陈平	2004	高句丽山城名辨析	『博物馆研究』2
王禹浪	2005	古代辽阳城建制沿革初探	『大连大学学报』5
张福有	2005	高句丽的平壤 新城与黄城	『高句丽历史问题论文集』
田大方 崔莉 郭跃坤	2005	高句丽王城世界文化遗产保护策略研究	『中国科技信息』2005(2)
陈平	2005	试析高句丽山城的起源	『内蒙古文物考古』2005-2
李殿福	2006	国内城始建于战国晚期燕国辽东郡塞外的一个据点之上	『东北史地』2006-3
任重	2006	北魏城市规划与建筑文化在朝鲜半岛的传播	『当代韩国』1
冯家会	2006	辽河流域举世无双的宏伟建筑－古长城	『辽河』2006-4

13. 건축

张驭寰	1958	集安附近高句丽时代的建筑	『文物参考资料』1958(4)
苏才	1961	吉林辑安高句丽建筑遗址的清理	『考古』1961(1)
曹正榕 朱涵康	1961	吉林集安榆林河流域高句丽建筑遗址的清理	考古1961(1)

方起东	1982	集安东台子高句丽建筑遗址的性质和年代	『东北考古与历史』1982(1)
耿铁华	1993	高句丽墓上建筑及其性质	『高句丽研究文集』, 延边大学出版社
杨志红	1999	高句丽的建筑工艺	『通化师范学院学报』6

14. 문화

柏忱	1984	火炕小考	『北方文物』1
童斌	1986	日本出土反映古代中、朝、日文化交流的超一流马具	『国外社会科学』4
魏存成	1989	高句丽、渤海文化之发展及其关系	『吉林大学社会科学学报』4
郑祖襄	1991	略述两汉时期的少数民族音乐	『民族艺术研究』4
武建军	1993	朝鲜的传统音乐和舞蹈	『中国音乐』3
李连友	1993	朝鲜传统体育的尚武特色及其成因	『成都体育学院学报』3
李殿福	1993	高句丽文化	『中国古代北方民族文化史』, 黑龙江人民出版社
凌瑞兰	1994	东北古代音乐传入中原的文化考察	『乐府新声-沈阳音乐学院学报』4
刘长江	1994	略论地理环境对高句丽文化的影向	『辽海文物学刊』1994(2)
袁辉	1995	丝绸之路丹东段述路	『丹东师专学报』4
郑淑英	1995	高丽宫廷舞蹈的继承	『舞蹈』6
陈蒲清	1995	论古代朝鲜的寓言创伤	『湖南师范大学教育科学学报』6
彭作禄	1995	中朝"丝稠之路"辨考（下）	『丹东师专学报』4
李若迁	1996	高句丽文化与中原文化渊源关系述略	『通化师范学院学报』1
张思齐	1996	论唐太宗唐高宗关于辽东的诗文	『吉首大学学报』(社会科学版)4
赵东艳	1996	高句丽文化中的汉文化因素	『辽宁大学学报』(哲学社会科学版)3
梁利	1997	浅议汉文化在朝鲜的流播和影响	『解放军外国语学院学报』4
严翼相	1997	韩国古代汉字为中国上古音说	『语言研究』1
吴安其	1997	高句丽古音考及朝鲜半岛古文化	『世界民族』1
孙进己	1997	高句丽的文化	『高句丽 渤海研究集成』哈尔滨出版社
祁庆富	1998	俗文学中薛仁贵、盖苏文故事的由来及流变	『社会科学战线』2

王晓卫	1998	论北魏文明太后的族属及所受教育	『历史教学』1
李炬	1998	汉文化对朝鲜司法文化的影响	『中国文化研究』2
张博泉	1998	高句丽与中原文明	『社会科学战线』5
张碧波	1998	高句丽文化渊源考『北方文物』1;1999	『全国首届高句丽学术研讨会论文集』
许能洙	1998	中、朝、日佛教初传期比较	『延边大学学报』(社会科学版)1
耿铁华	1999	「高句丽人的诗作是高句丽历史与文化的结晶-一谈 “长白山诗词选”对『高句丽历史与文化研究』的贡献」	『长白山日报』1999.2.1.
耿铁华	1999	今人对高句丽遗迹的吟咏是对高句丽古老文明的赞颂-三谈 “长白山诗词选”对『高句丽历史与文化研究』的贡献	『长白山日报』1999.2.15.
耿铁华	1999	历代有关高句丽诗作是对高句丽历史与文化的评说-二谈 “长白山诗词选”对『高句丽历史与文化研究』的贡献	『长白山日报』 1999.2.9.
王开文	1999	朝鲜半岛的武技史话	『成都体育学院学报』2
李炬	1999	朝鲜古代汉文诗『箜篌引』与汉文化	『青海师专学报』3
林大雄	1999	中国正史中的中朝音乐文化交流史料研究	『中国音乐』学1
张福有	1999	中华诗词中有关高句丽的诗文考略	『全国首届高句丽学术研讨会论文集』
尹国有	2000	高句丽的石文化	『通化师院学报』2000(1)
张劲锋	2000	鸟羽－－独特的高句丽帽饰	『通化师范学院学报』3
孟古托力	2001	高句丽王国儒家文化述论	『黑龙江民族丛刊』2
阎海 孙璇	2001	试论高句丽与殷商的文化渊源	『辽宁师范大学学报』2001(6)
王丽萍	2001	浅析高句丽舞乐在历史上的地位和作用	『社会科学战线』6
周惠泉	2001	东北民族文化与中华文化	『海南师范学院学报』(人文社会科学版)6
朴钟培	2002	中国文化在韩国的传播与发展	『郧阳师范高等专科学校学报』1
孙进己	2002	高句丽的起源及前高句丽文化的研究	『社会科学战线』2002(2)
辛香兰	2002	民族艺术之花－朝鲜动画片『好童王子和乐浪公主』赏析	『吉林艺术学院学报』3
王禹浪 王宏北	2002	黑龙江渤海山城的高句丽文化典型特征	『黑龙江民族丛刊』2002(3)
张碧波	2002	高句丽文化性质考辨－评90年代国际学界的高句丽研究	『北方民族』2002(2)

赵霞 2002 高句丽乐舞与吴越文化的渊源窥探 『绍兴文理学院学报』6

耿铁华 2003 高句丽文化研究与长白山区旅游资源开发 『通化师范学院学报』5

郭渊 2003 高句丽与中华文明 『北方民族』2003(1)

刘晓东 2003 渤海陶器的分类, 分期与传承渊源研究 『北方文物』1

刘厚生 2003 长白山文化的界定及其他 『中国边疆史地研究』4

李德山 2003 试论长白山文化的特点 『中国边疆史地研究』4

姜维东 2004 高句丽文化渊源概论 『社会科学战线』6

郭渊 2004 略论高句丽民族对中华文明的贡献 『通化师范学院学报』2004(3)

孙泓 2004 高句丽文化的主体 『东北史地』2004(12)

王绵厚 2004 辽东"二江"和"二河"上游青铜文化与高句丽起源 『北方民族』2004(2)

王成国 2004 渤海与高句丽比较研究 『学习与探索』1

刘贵富 2004 中国高句丽世界文化遗产地旅游的可持续发展研究学术交流10

张福有 2004 高句丽、渤海国与长白山文化 『长春师范学院学报』6

华阳 2004 东北地区古代火炕初探 『北方文物』1

徐健顺 2005 论『三国史记』对原典的改造与儒家思想观念 『东疆学刊』1

徐德源 2005 汉字标记高句丽语语间地名字词汉译选释 『东北史地』2005-5

徐德源 2005 高句丽族语言微识彔 『中国边疆史地研究』1

李英武 2005 古代中韩文化交流探析 『东北亚论坛』5

郑欣 2005 论高句丽、渤海及朝鲜族传统体育文化特点及价值辽宁体育科技1

陈鹏 陈琳 2005 高句丽文化归属于中国东北"汉文化圈" 『东北史地』2005-5

于波 2006 汉文化对高句丽文化的影向 『东北史地』2006-2

刘伟 2006 儒家思想在高句丽前期的传播原因及影向 『东北史地』2006-1

李大龙 2006 辉煌的高句丽文化 『寻根』 2006-1

张碧波 2006 朝鲜半岛古文化渊源的考察 『东北史地』2006-1

刘洪峰 张芳 2006 中国高句丽史精品课程建设述论 『通化师范学院学报』3

15. 도로

佟达	1993	关于高句丽南北交通道	『博物馆研究』1993(3)
梁志龙	1995	高句丽南北道新探	『社会科学战线』1995(1)
耿铁华	1996	高句丽南北道的形成与拓展	『通化师院学报』1996(1)
王绵厚	1996	「新城、南苏、木底道与高句丽南北二道的关系」	『社会科学战线』5
宋福娟 赵福香	2000	高句丽的水上交通	『通化师院学报』2000(6)
阎海	2001	高句丽的"建安道"初探	『博物馆研究』

16. 민속

方起东	1980	集安高句丽墓壁画中的舞乐	『文物』1980-7
孙进己	1982	我国古代北方各族葬俗试析	『东北师大学报』(哲学社会科学版)3
耿铁华	1986	高句丽民俗概述	『求是学刊』5
方起东	1986	唐高句丽乐舞扎记	『博物馆研究』1987(1)
方起东	1987	高句丽人的生死观	『吉林日报』1987.6.11.
张国庆	1987	"北人尚炕"习俗的由来	『北方文物』3
耿铁华	1990	高句丽民族的长袖舞	『大古民俗研究』1990-1集
李龙范	1990	关于高句丽人的鸟羽插冠	『大古民俗研究』1990-1集
李殿福	1991	高句丽民族的文学音乐舞蹈体育	『博物馆研究』1991(3)
李殿福	1992	高句丽民族的社会生活	『东北亚历史与文化』, 辽瀋书社
张志立	1992	高句丽风俗研究	『东北亚历史与文化』, 辽沈书社
方起东	1993	高句丽的墓制和葬俗	『东北亚历史与考古信息』1993(1,2)
徐秉琨	1995	中国古代对马的使用	『辽海文物学刊』1
耿铁华	1996	高句丽人的婚姻和家庭	『延边大学学报』(社会科学版)3
顾军	1996	朝鲜半岛"婿留妇家"婚与百越"入赘"习俗的比较研究	『民间文化旅游杂志』3
范犁	1996	高句丽人的婚姻和家庭	『通化师范学院学报』1

丁光勋	1996	魏晋南北朝时期朝鲜的社会风俗	『历史教学』问题6
徐 晔	1997	谈浅古代高句丽民族服饰	『高句丽渤海研究集成』卷二 1997.11.
王纯信	1997	高句丽服饰原流考	『高句丽历史与文化研究』, 吉林文史出版社
王纯信	1997	高句丽服饰考略	『通化师范学院学报』3
尹国有	1997	高句丽汤谷扶桑图及扶桑观念播迁考略	『通化师院学报』1997(2)
孙进己	1997	高句丽的习俗	『高句丽 渤海研究集成』1 哈尔滨出版社
闫海	1999	高句丽物质民俗初探	『辽宁师范大学学报』(社会科学版)4
尹国有	1999	高句丽妇女面妆及头饰	『通化师院学报』1999(1)
尹国有	1999	高句丽妇女面妆与头饰考	『通化师范学院学报』1
李淑英	1999	高句丽人饮酒酿酒考	『通化师范学院学报』6
李彦平	1999	高句丽婚姻的开放性	『北方文物』2
姜维东	2001	高句丽的淫风析源	『博物馆研究』2001-1
李殿福	2001	高句丽古墓壁画反映高句丽社会生活习俗的研究	『北方文物』3
李殿福	2001	高句丽民族的社会生活与习俗	『社会科学战线』2
张碧波	2001	高句丽 "风俗好淫"考辨	『博物馆研究』4
林茂雨 李龙彬	2002	高句丽民族的婚丧习俗及宗教信仰	『北方文物』2002(3)
黄岚	2004	从考古学看高句丽民族的饮食习俗	『东北史地』2004(9)
孙仁杰	2005	从泉氏墓志墓地看高句丽回葬报	『东北史地』2005-4
秦升阳	2005	高句丽自然宗教信仰活动及俗制的解析	『东北史地』2005(1)
李岩	2006	朝鲜古代丧葬仪礼及其灵魂崇拜观念探微	『延边大学学报』(社会科学版)1

17. 종교 신앙

李殿福	1990	高句丽民族宗教信仰	『北方民族』1990(2)
崔羲秀	1992	高句丽火神崇拜	『中国朝鲜民俗论文集』
王纯信	1996	高句丽民族艺术遗存中的生殖崇拜	『社会科学战线』4
柳雪峰	1996	佛教在韩国的传播	『当代韩国』4

张碧波	2000	高句丽原始宗教文化论略	『黑龙江民族丛刊』2000(2)
梁志龙	2001	高句丽隧神考	『北方文物』4
李树林	2002	吉林集安高句丽3319墓日月神阙考释及相关重大课题研究	『社会科学战线』3
黄大年	2002	略论辽东佛教传布	『佛学研究』
李乐营	2003	高句丽自然宗教信仰对象辨析	『中国边疆史地研究』2
张碧波	2003	论高句丽的太阳崇拜文化	『博物馆研究』3
梁志龙	2004	高句丽儒释道三教杂论	『北方文物』2
吴焯	2006	从相邻国的政治关系看佛教在朝鲜半岛的初传	『中国史研究』2006-1

18. 신화 전설

金香	1988	关于"天孙"的理解	『北方文物』2
汪玢玲	1988	东北神话与古代女权	『黑龙江民族丛刊』1
허호일	1990	주몽전설에 반영된 민족문화의식	『조선학연구』 제2권 1990, 연변대학출판사,연길
金宽雄	1991	朝鲜神话与中国东部神话关联初探	『朝鲜历史研究论丛』 2, 延边大学出版社
崔羲秀	1992	朝鲜族和满族的始祖传说的比较	『延边大学学报』(社会科学版)1
金锦子	1993	朱蒙传说初探	『民族文学研究』2
傅朗云	1993	牛河梁"女神庙"族属考	『北方文物』1
都兴智	1995	从始祖神话传说看东北古代民族与中原民族的联系	『辽宁师范大学学报』(社会科学版)5
傅朗云	1995	朝鲜民族族源神话研究	『黑龙江民族丛刊』2
朱恒夫	1996	韩族始祖神话的文化意义及中韩始祖神话比较	『民族艺术』4
陈蒲清	1996	古朝鲜族源神话与古代朝中文化关系	『求索』3
王存信	1997	金蛙传说与蛙纹瓦当-高句丽民族的蛙崇拜析略	『通化师范学院学报』2
魏存成	1997	夫馀高句丽族源传说考	『高句丽渤海研究集成』 卷一, 哈尔宾出版社
李英 范犁	1997	东明王史诗与高句丽传说	『高句丽历史与文化研究』, 吉林文史出版社
朱春荣	1997	高句丽朱蒙神话溯源	『高句丽渤海研究集成』 卷一, 哈尔宾出版社
崔羲秀	1998	朝鲜族与满族始祖传说、神话之比较	『延边大学学报』(社会科学版)2

都兴智 2000 再论从始祖神话传说看东北古代民族与中原民族的联系－兼答吕学雄先生 『辽宁师范大学学报』(社会科学版)3
李钟周 2000 东北亚的圣母柳花—中国东北与朝鲜半岛的柳花神崇拜 『社会科学战线』1
张碧波 2000 殷商高句丽满族“三仙女”族源神话的比较研究 『满语研究』2000(1)
杨军 2001 也谈高句丽柳花神话 『社会科学战线』2001(1)
喻权中 2001 东北亚诸族创世与起源神话考原—兼与“东北亚的圣母柳花”说商榷 『社会科学战线』1
李炳海 2002 夫余神话的中土文化因子—兼论夫余王解慕漱系中土流人 『民族文学研究』1
喻权中 2003 长白山神话与中国东北诸族的文化取向 『学习与探索』1
赵玉敏 2004 好太王碑载高句丽族源神话考 『东北史地』2004(10)
耿铁华 2005 高句丽神话解析 『吉林师范大学学报』3

19. 석각 서체

李殿福 1962 画像石刻 『长春日报』1962.6.3.
华岩 1985 吉林集安出土的几方铜印 『北方文物』4
李正夫 1988 句丽族与汉字 『长白学圃』1988(4)
陈仲明 1990 组犷雄的高句丽书法 『书法报』1990.1.31.
秦维国 1991 「刻在“关东第一石”上的珍贵历史和书法」新加坡 『联合早报』1991.4.26.
王文彬 1992 关于朝鲜书艺同中国书法同源同步之问题－答金膺显先生(1) 『延边大学学报』(社会科学版)1
马 洪 1997 冉牟墓墨铭书法艺术 『博物馆研究』1997(1)
范犁 杨春吉 1997 立在墓旁的石刻人像 『新文化报』1997.9.25.
李树林 1998 高句丽人像石刻是外星人吗 『通化日报』1998.8.15.
王纯信 2000 高句丽石刻画像与母神崇拜 『黑土地的古代文明』, 远方出版社
李乐营 2001 古代高句丽印章文化探析－兼与中原印章文化比较 『长春师范学院学报』1
李乐莹 2001 古代高句丽印章文化初探 『长春师范学院学报』2001-2
耿铁华 2003 晋封高句丽官印考略 『东北史地』2005-3
郭志成 2004 集安八卦图考 『安阳大学学报』1

张福有	2004	集安禹山3319号墓卷云纹瓦当铭文考证与初步研究	『社会科学战线』3
徐德源	2004	集安博物馆藏高句丽印及印文考释	『博物馆研究』3
周向永	2005	辽宁开原建材村所出铜刀铭文涵义考	『北方文物』1
张福有	2005	集安禹山3319号墓卷云纹瓦当铭文识读与考证	『中国历史文物』3

20. 대외관계

铁兄	1984	'毋丘俭'与'母丘俭'辨	『社会科学战线』1984(2)
罗継祖	1985	辽东公孙氏联吴拒魏及其和高句丽的关系	『东北地方史研究』第4) 1985
王建群	1985	好太王碑文中"倭"的实体	『博物馆研究』1985(3)
崔国玺	1986	魏幽州刺史毋丘俭	『东北历史名人传』古代卷上, 吉林文史出版社
朴真奭	1989	「好太王碑中的任那日本府的存在与否问题」	朝鲜『历史科学』1989(1,2)
孙玉良 李展福	1990	高句丽东中原王朝的关系	『博物馆研究』1990-3
王世贤	1992	古代中国与朝鲜半岛国家文化交流述略	『烟台大学学报』(哲学社会科学版)4
黄约瑟(香港)	1993	试论随代对高句丽的认识	『高句丽文化国际学术会论文集』
刘永智	1994	高句丽国与南北朝的关系	『中朝关系史研究』
孙进己	1994	高句丽王国和中央皇朝的关系	『东北民族史研究』1;1997『高句丽,渤海研究集成』哈尔滨出版社
史义银	1995	六朝时期及之前的韩国与中韩关系	『盐城师范学院学报』(哲学社会科学版)3
刘子敏	1995	高句丽国与南北朝的关系	『中朝韩日关系史研究论丛』, 延边大学出版社
李大龙	1995	高句丽与唐王朝互使述论	『黑龙江民族丛刊』1995(1)
李大龙	1995	高丽与唐王朝互使述论	『黑龙江民族丛刊』1
朱旻暾	1995	高句丽与日本的交往	『社会科学战线』1995(5)
韩升	1995	"魏伐百济"与南北朝时期东亚国际关系	『历史研究』3
徐贵通	1996	中原王朝对高句丽诸王的册封	『通化师范学院学报』1
刘子敏	1996	古代高句丽同中原王朝的关系	『东疆学刊』3
康德文	1997	高句丽何以能同'南北朝'长期和平共处	『高句丽历史与文化研究』, 吉林文史出版社
滕红岩	1997	高句丽与倭的关系	『高句丽历史与文化研究』, 吉林文史出版社

杨秀祖 侯雪峰	1997	试论高句丽与夫余的关系	『高句丽历史与文化研究』, 吉林文史出版社
曹德全	1997	论汉武帝置高句丽县时还不存在高句丽族	『高句丽渤海研究集成』 卷一, 哈尔宾出版社
朴灿奎	1998	关于王莽朝高句丽记事的诸史料辨析	『朝鲜学韩国学论丛』6, 延边大学出版社
张博泉	1998	关于箕子朝鲜侯东迁及高丽辽东之地问题研究之我见-兼与李健才先生商讨	『博物馆研究』1998(1)
姜维公 高福顺	1999	陈大德与 "奉使高丽记"	『全国首届高句丽学术研讨会论文集』
王静	1999	北魏四夷馆论考	『民族研究』4
张博泉	1999	中朝关系史研究的问题与构想	『东北民族与疆域研究动态』1999(1)
崔永哲	1999	高句丽与孙吴的交往	『东疆学刊』4
韩升	1999	南北朝隋唐时代东亚的"佛教外交"	『佛学研究』
姜维东	2000	隋唐时出使高句丽的两位使者	『博物馆研究』2000(1)
顾兴斌	2000	晋与南北朝时期古韩国人对华"朝贡"和"归化"考辨	『江西社会科学』5
金宪淑	2000	"百济略有辽西"记事初探	『延边大学学报』(社会科学版)3
卢海鸣	2000	六朝政权与朝鲜半岛国家之间的交流	『金陵职业大学学报』2
朴灿奎	2000	王莽朝高句丽记事的诸史料辨析－王莽朝高句丽记事与高句丽侯騊考(上)	『延边大学学报』(社会科学版)3
朴灿奎	2000	高句丽侯騊考－王莽朝高句丽记事与高句丽侯騊考(下)	『延边大学学报』(社会科学版)4
徐德源	2000	先秦到隋唐时期辽东地方归属问题考论	『黑土地的古代文明』, 远方出版社
刘炬 马彦	2000	论唐朝的开明政策与高句丽灭亡之关系	『社会科学战线』2000(5)
李大龙	2000	唐代使者接待礼仪考	『黑龙江民族丛刊』2
张碧波	2000	论4至6世纪东北亚政治格局及高句丽渤海与日本结援真相	『北方论丛』2000-2
郑玉善	2000	历史上我国东北与朝鲜半岛关系	『大连民族学院学报』2
陈立柱	2000	王莽与周边民族关系新论	『安徽史学』3
韩升	2000	唐朝对高句丽政策论析	『海交史研究』2000-1
都兴智	2001	唐政权与朝鲜半岛的关系述论	『史学集刊』3
朴灿奎	2001	再析『三国志·高句丽传』中的王莽朝高句丽记事－答刘子敏先生	『北方民族』2001(3)

刘子敏	2001	驳『“百济略有辽西”记事初探』	『延边大学学报』(社会科学版)1
刘春英 姜维东	2001	唐王朝对内迁高句丽人的安置措施	『长春师范学院学报』2001(6)
李辉	2001	南北朝时期高句丽强盛原因试析	『长春师范学院学报』6
张碧波	2001	论4至10世纪东北亚政治格局及高句丽渤海与日本“结援”的历史真相	『北方论丛』2001(2)
程尼娜	2001	渤海与日本交聘中“高丽国”的辨析	『吉林大学社会科学学报』4
刁书仁	2001	中朝边界沿革史研究	『中国边疆史地研究』4
智喜君	2001	中原王朝同高句丽的关系不是中外关系—对现行高校历史教材的一点看法	『鞍山师范学院学报』4
马一虹	2002	唐封大祚荣“渤海郡王”号考－兼及唐朝对渤海与高句丽关系的认识	『北方文物』2002(2)
李凭	2002	魏燕战争前后北魏与高句丽的交往	『上海师范大学学报』(哲学社会科学版)6
李云泉	2002	汉唐中外朝贡制度述论	『东方论坛』6
赵福香 黄甲元	2002	高句丽在东北史上的地位	『通化师范学院学报』2002(6)
崔昌源	2002	从图腾文化痕迹看中韩古代民族之关系	『内蒙古师范大学学报』(哲学社会科学版)6
马一虹	2003	靺鞨与东突厥关系考述	『史林』6
范恩实	2003	靺鞨与高句丽关系史研究	『鞍山师范学院学报』1
李大龙	2003	关于高句丽侯驺的几个问题	『学习与探索』5
张久和	2003	两晋十六国时期慕容鲜卑与高句丽的关系	『黑龙江民族丛刊』2003(3)
陈春霞	2003	突地稽“举部落”内附不当简为“举落”内附	『北方文物』2
姜维公	2004	南朝与北朝对高句丽政策的比较研究	『中国边疆史地研究』4
姜维东	2004	中原王朝对高句丽的册封制度研究	『东北史地』2004(12)
顾向明	2004	试论隋文帝时期对高句丽政策的演变	『山东师范大学学报』(人文社会科学版)4
滕红岩	2004	中原王朝对高句丽政权册封新探	『通化师范学院学报』2004(3)
马一虹	2004	靺鞨部族分布地域考述	『中国文化研究』2
苗威	2004	从隋唐君臣的高句丽观看高句丽政权的性质	『北方民族』2004(2)
朴真奭	2004	试论四~五世纪东北亚世界的朝贡册封体系	『高句丽渤海历史问题研究论文集』
魏存成	2004	中原南方政权对高句丽的管辖册封及高句丽改称高丽时间考	『史学集刊』2004(1)
李德山	2004	唐朝对高句丽政策的形成, 嬗变及其原因	『中国边疆史地研究』4

李淑英 耿铁华	2004	两汉时期高句丽的封国地位	『中国边疆史地研究』2004(4)
张增香	2004	浅谈古代中国对朝鲜的影响	『东疆学刊』3
孙泓	2004	百年来中朝关系史研究综述	『中外关系史百年回顾与展望学术会议』珠海
孙泓	2005	中国与东北亚各国关系的历史、现状与未来	『第六届 中外关系史学术研讨会』, 延吉
薛瑞泽	2005	南北朝时期与朝鲜半岛诸国的交往	『吉林师范大学学报』(人文社会科学版)5
孙泓	2004	「高句丽和东北亚各国各族的关系」 韩国·高句丽研究财团『北方史论丛』1; 2005『高句丽历史问题论文集』	
杨军	2005	粟末靺鞨与渤海国	『中国边疆史地研究』2005-3
王臻	2005	高句丽同新罗百济的战和关系	『东北史地』2005(1)
刘玉山	2005	北燕王高云被弑真相探微	『求索』11
刘子敏	2005	中华天下秩序中的高句丽：兼论册封朝贡及割据问题	『高句丽历史问题论文集』
李海叶	2005	慕容氏辽东政权的"侨士"关系	『内蒙古大学学报』(人文.社会科学版)3
管彦波	2006	唐朝与边疆民族政治联系的两种主要途径:册封与和亲	『黑龙江民族丛刊』2
孙祥伟	2006	三国时期东吴, 辽东与三韩关系探略	『陇东学院学报』(社会科学版)1
赵红梅	2006	玄菟太守考略	『史学集刊』2

21. 전쟁

张琏瑰	1980	朝鲜史学界研究隋炀帝征战高句丽有关史料	『国外社会科学动态』1980-5
刘永智	1981	也谈'萨水究在何处'	『朝鲜史通讯』1981(3)
王建群	1983	好太王碑六年丙申,八年戊戌条考释	『学习与探索』1983(4)
王健群	1987	玄菟郡的徙迁与高句丽丽的发展	『社会科学战线』制2) 1987
刘永智	1987	萨水考略	『社会科学战线』1987(4)
张国庆	1988	慕容鲜卑与高句丽的辽东之战	『吉林师范学院学报』1988-2
朴真奭	1991	关于四五世纪东亚东部"国家关系的结构分析"之再分析	『延边大学学报』(社会科学版)1
孟古托力	1993	隋王朝对边疆辽海的经略	『中国边疆史地研究』1993(1)
范犁	1993	毌丘俭征高句丽的几个问题	『高句丽研究文集』, 延边大学出版社

黎虎	1994	孙权对辽东的经略	『北京师范大学学报』(社会科学版)5
陈光崇	1995	论隋唐之际经略辽海地区的战争	『益阳师专学报』1
杨秀祖	1996	隋炀帝征高句丽的几个问题	『通化师范学院学报』1
曾宪姝	1996	高句丽好太王时期的扩张活动	『通化师范学院学报』1
郝庆云	1996	曹魏军队进入“肃慎南界”考	『黑龙江史志』1
韩升	1996	隋炀帝伐高句丽之谜	『漳州师院学报』1996(1)
李三谋	1997	东汉王朝的边疆经略	『中国边疆史地研究』3
韩升	1997	隋炀帝“辽东之役”刍议	『军事历史』2
李大龙	1998	从高句骊县到安东都护府-高句骊和历代中央王朝关系述论	『民族研究』1998(4)
倪军民 秦升阳	1999	高句丽的军事扩张与疆域	『全国首届高句丽学术研讨会论文集』
刘矩	1999	唐太宗东征高句丽胜败辨	『北方民族』1999(3)
刘矩 宁勇	1999	论唐太宗东征高句丽受挫之原因	『全国首届高句丽学术研讨会论文集』
刘子敏	1999	关于毌丘俭征伐高句丽的探讨	『史学论丛』1999-8月
苗威	2000	试论隋与高句丽战争	『延边大学学报』(社会科学版)3
袁刚	2000	炀帝北巡	『沧桑』1
黄斌 黄林岐	2000	浅谈高句丽的战略防御配系和基本战法	『黑土地的古代文明』, 远方出版社
姜维东	2002	唐朝东征高句丽时的粮运措施	『长春师范学院学报』4
高福顺	2002	筚路蓝缕,以启山林-『唐丽战争史』评述	『长春师范学院学报』4
熊义民	2002	唐初海军初探	『史学月刊』11
熊义民	2002	隋炀帝第一次东征高句丽兵力新探	暨南学报(哲学社会科学版)4
袁刚	2002	暴君隋炀帝评价的论辨-关于暴君之暴的政治分析	『南都学坛』4
袁刚	2002	说隋大业十一年雁门事变	大同职业技术学院学报2
汤夺先	2002	试论新莽时期的民族政策	『湖北民族学院学报』(哲学社会科学版)4
苗威	2003	隋朝经略高句丽	『北方民族』2003(2)
孙玉良	2003	唐征高句丽的动机与效果	『中国东北边疆研究』
秦升阳	2003	高句丽的军事扩张及其疆域变迁	『通化师范学院学报』1

厉声·李方 2004 隋唐征伐高句丽争议 『高句丽渤海历史问题研究论文集』
耿铁华 2005 王莽征高句丽兵伐胡史料与高句丽王系问题-兼评『朱蒙之死新探』 『北方文物』2
史未央 2005 高句丽与百济新罗的争霸 『东北史地』2005-3
陈陶然 2005 关于高句丽好太王徵服东夫馀的几个问题 『东北史地』2005-4
李德山 2006 隋朝证讨高句丽的原因试析 『高句丽史新研究』 延边大学出版社

22. 학술회의

豫宛 1982 辽宁召开东北古代各族社会性质学术讨论会 『社会科学辑刊』5
孙进己 1983 "东北民族源流与分布"学术讨论会在抚顺举行 『史学集刊』4
宗然 1993 高句丽文化国际学术会 『世界史研究动态』1993(10)
孙进己 1996 高句丽史学术研讨会会议纪要 『高句丽史学术会议交流』
范犁 1998 全国首届高句丽学术研讨会概述 『通化师范学院学报』3
宏伟 志红 张韬 1999 全国首届高句丽学术研讨会 『全国首届高句丽学术研讨会论文集』
李德山 1999 全国首届东北民族与疆域问题学术讨论会纪要 『黑龙江民族丛刊』4
耿铁华 李乐莹 2000 通化师范学院『高句丽研究』所建所五周年 『东北民族与疆域研究动态』2000(1)
杨雨舒 2002 第二届东北边疆历史与现状暨高句丽学术研讨会综述 『社会科学战线』5
龙木 2002 第二届东北边疆历史与现状高句丽学术研讨会述要 『中国边疆史地研究』2002(3)
章永林 2002 "第二届东北边疆历史与现状暨高句丽学术研讨会"第二阶段会议在我院召开 『通化师范学院学报』6
龙木 2003 "高句丽·渤海问题学术研讨会"纪要 『中国边疆史地研究』2003(3)
孙泓 2003 韩国召开〈高句丽研究现状和课题〉学术会议 『东北边疆历史与现状系列研究工程通讯』3
马一虹 2004 中国与周边国家关系史学术讨论会综述 『中国史研究动态』2
于逢春 2004 高句丽历史问题学术研讨会述评 『中国边疆史地研究』4
东办 2005 "高句丽文化的历史价值" 中韩学术讨论会综述 『中国边疆史地研究』2005(1)
李国强 朴灿奎 于逢春 2005 高句丽历史问题学术研讨会综述 『高句丽历史问题论文集』
李国强 2006 高句丽历史与文化学术研讨会综述 『高句丽史新研究』 延边大学出版社

23. 연구사

李明	1982	国外研究高句丽史近况点滴	『博物馆研究』创刊号
孙进己	1985	东北民族史研究的回顾与展望	『东北地方史研究』1
杨茂盛	1988	「东北民族源流一书评介」	『北方文物』3
俞慈韵	1992	中外文化交流的新成果－汉城版『高句丽简史』评介	『北方文物』2
李殿福	1992	高句丽考古的回顾与展望	『辽海文物学刊』14
耿铁华	1993	中国高句丽文化研究十年	『高句丽研究文集』, 延边大学出版社
耿铁华	1993	中国学者高句丽研究论文目录	『高句丽研究文集』, 延边大学出版社
荣文库	1994	试评金毓黻的东北地方史研究	『辽宁大学学报』(哲学社会科学版)5
李英	1996	四十年来我国高句丽研究的文献计量学分析	『通化师院学报』1996(1)
杨春吉 杜润泽	1997	金毓黻先生对高句丽史的研究	『高句丽历史与文化研究』, 吉林文史出版社
杨春吉 孙金花	1997	国外高句丽历史与考古研究概况	『高句丽历史与文化研究』, 吉林文史出版社
孙进己	1997	关于高句丽研究的国内外动态	『全国朝鲜汉文古籍整理研究会发言』1997.7.
耿铁华 杨春吉	1998	本世纪以来我国对高句丽问题的研究	『东北民族与疆域研究动态』1998(1)
杨昭全	1998	中国朝鲜古代史研究概述	『韩国研究论丛』4, 1998-2.
孙启林	1998	二战后朝鲜史学界高句丽研究概况	『东北民族与疆域研究动态』1998(1)
杨春吉赵宏伟	1998	通化师范学院高句丽研究所近期成果	『东北民族与疆域研究动态』1998(1)
倪军民 秦升阳	1998	首回高句丽研讨会在通化市召开	『东北民族与疆域研究动态』1998(1)
孟庆义 王臻	1999	高句丽研究的新突破 - 一读 "高句丽历史研究"	『全国首届高句丽学术研讨会论文集』
徐德源	1999	关于朝鲜半岛早期史研究经受误导的反思	『全国首届高句丽学术研讨会论文集』
孙启林	1999	二战后朝鲜半岛南北方史学界对高句丽研究综述	『全国首届高句丽学术研讨会论文集』
孙启林	1999	韩国徐炳国著"高句丽帝国史"简介	『全国首届高句丽学术研讨会论文集』
高福顺 李乐莹	2000	东北地方史研究的新收获 - "『黑土地的古代文明』" 评介	『东北民族与疆域研究动态』2000(1)
马大正	2000	中国学者高句骊历史研究的百年历程	『中国边疆史地研究』1
李淑英	2000	中国学者对高句丽历史的研究	『史学集刊』 2000 增刊
孙进己	2001	高句丽文物考古研究综述,	韩国 『高句丽研究』 第七界学

术会议的学术报告;『高句丽遗迹发掘和遗物』学研文化社

郭大顺	2001	世纪之交的辽宁考古	『考古』8
吉林省文物考古研究所	2001	吉林省文物考古的世纪回顾与展望	『考古』8
孙玉良	2001	溯本追源 以成证论-评『古代中国高句丽历史丛论』	『社会科学战线』2001(6)
李治亭	2001	东北地方史研究的回顾与展望	『中国边疆史地研究』4
张碧波	2002	一个研究新阶段的标志-评『古代中国高句丽历史丛论』	『中国边疆史地研究』2002(2)
张碧波	2002	关于东北史研究中的方法论问题-兼评东北史学研究的几种倾向	『哈尔滨学院学报』3
孙进己	2002	少说多做，加强高句丽史研究	『北方民族』1
孙进己 孙泓	2002	高句丽的历史地理研究综述	『东北历史地理论丛』哈尔滨出版社
文章	2003	我院耿铁华教授专著『中国高句丽史』出版发行	『通化师范学院学报』3
李大龙	2003	高句丽史研究的又一部力作-『中国高句丽史』评介	『中国边疆史地研究』4
马大正	2004	再论高句丽历史研究中的相关问题	『高句丽渤海历史问题研究论文集』
刘子敏	2004	新成果新高度 -评『古代中国高句丽历史续论』	『中国边疆史地研究』2004(4)
李健才	2004	近百年国内外有关中国东北史研究回顾与展望	『博物馆研究』3
耿铁华	2005	方起东先生对高句丽考古研究的贡献	『东北史地』2005-5
金旭东 傅佳欣	2005	方起东先生与吉林考古	『东北史地』2005-5
马大正	2005	东北边疆『历史研究』的回顾与思考	『北华大学学报』(社会科学版)1
梁志龙	2005	怀念方起东先生	『东北史地』2005-5
李淑英	2005	高句丽古城研究的新成果-读王绵厚先生的『高句丽古城研究』	『北方文物』4
张福有	2005	跟方起东先生学写古文章	『东北史地』2005-5
刁韦仁 史桂荣	2006	20世纪韩国 朝鲜 日本对古代中朝关系史研究成果概述	『东北史地』2006-1
朱晓东 高文俊	2006	日韩学者对三国史记的研究	『东北史地』2006-2
拜根兴	2006	高句丽、百济遗民关联问题研究的现状与展望	『中国历史地理论丛』2
李乐营	2006	高句丽宗教文化研究述评	『通化师范学院学报』3
李淑英	2006	高句丽民族起源研究述要	『通化师范学院学报』3

24. 사료해석

杨通方 1980 ‘隋书东夷高句丽列传’订误 『朝鲜史通讯』1980(2)

顾铭学 1981 魏志高句丽传考释(上) 『学术研究丛刊』1981(1)

顾铭学 1981 魏志高句丽传考释(下) 『学术研究丛刊』1981(2)

张博泉 1982 『魏书 · 豆莫娄传』中的几个问题 『北方文物』2

顾铭学 1983 ‘三国史记’与‘旧三国史’和‘东明王篇’ 『朝鲜史研究』1983(5)

孙进己 1986 东北史资料信息工作的回顾与展望 『图书馆研究』2

明学 · 中澍 1986 一分更为可信的高句丽史料-关於 ‘翰苑审夷部’ 注人 ‘高丽记’ 佚文 『学术研究丛刊』1986-5

杨保隆 1987 各史『高句骊传』的几个问题辨析 『民族研究』1

张昌熙 1993 东夷传中古高句丽资料辨析-兼谈古高句丽的几个问题 『延边大学学报』1993(2)

刘范弟 1994 『三国志』四夷传偏缺原因试探 『长沙电力学院学报』(社会科学版)3

倪军民 1996 两唐书『高丽传』比较研究 『通化师范学院学报』1

姜孟山 1997 关于编辑『中国正史中的朝鲜史料』的思考 『延边大学学报』(社会科学版)3

顾铭学 1997 关于旧三国史与东明王篇 『高句丽渤海研究集成』 卷一, 哈尔宾出版社

姜维公 1998 『高丽记』成书时间及作者考 『古籍整理研究学刊』2

耿铁华 1998 诗文古典籍证丸都 『长白山日报』1998.6.22.

姜维公 1999 『高丽记』的史料价值 『古籍整理研究学刊』2

梁志龙 1999 高句丽史摭遗 『全国首届高句丽学术研讨会论文集』

于春海 1999 中国野史中的高丽史料研究 『延边大学学报』(社会科学版)1

刘子敏 1999 关于『魏志 · 高句丽传』的探讨 『通化师范学院学报』3

姜维公 姜维东 2000 『高丽记』一则轶文的补订 『通化师范学院学报』2000(3)

高福顺 2000 简论『高丽记』佚文在地名学上的贡献 『东疆学刊』1

刘永智 2000 『三国史记 · 高句丽本纪』校评 『社会科学战线』2000(6)

曹德全 2000 『后汉书』、『三国志』中『高句丽传』的比较研究 『社会科学战线』4

王臻 2001 东北亚古族历史的开篇之作-析陈寿的『三国志 · 东夷传』 『延边大学学报』(社会科学版)2

姜维公 2002 “李绩奏报”的史料价值 『长春师范学院学报』3

刘子敏	2002	几条关于朱蒙记事史料的研究	『博物馆研究』2
姜维东	2004	唐代关于高句丽,新罗的著述考略	『博物馆研究』4
李大龙	2004	五代至明中国正史将高句丽史入王氏高丽传,朝鲜传原因试析	『高句丽渤海历史问题研究论文集』
郑春颖	2004	浅谈正史『高句丽传』的设立	『东北史地』2004(12)
苏长春	2005	一部独特的专志－『五女山志』	『中国地方志』2005-10
禹尚烈	2005	『三国史记』、『三国遗事』之梦的解析	『东疆学刊』2
李春祥	2005	论『三国史记』的编撰方法、历史观及史学思想	『中国边疆史地研究』4

연구동향·연구자·연구논저목록

中國의 高句麗硏究

저　　자 | 이인철
펴 낸 이 | 육락현
표지디자인 | 박기성
편　　집 | 김지숙
인　　쇄 | 한진인쇄공사

인쇄 | 2006. 8. 3.
발행 | 2006. 8. 7.

등록번호 제2-1125호
등록일자 1991. 2. 11

펴낸곳 | 도서출판 백산자료원
㊉100-193 서울시 중구 을지로 3가 334-1
전화 (02)2268-8668 팩시밀리 (02)2267-7710
http://www.paeksan.com
E-mail : pss1966@kornet.net

값 13,000원
ISBN 89-88435-84-2 93910